Mecklenburgische Seenplatte

Christiane Petri

D1380782

Reise-Taschenbuch

Inhalt

Unterwegs in der Seenplatte

Inhalt

Auf Entdeckungstour

Karten und Pläne

▶ Dieses Symbol im Buch verweist auf die
  Extra-Reisekarte Mecklenburgische Seenplatte

Schnellüberblick

Güstrow und südwestliche Umgebung
Die Barlach- und Residenz-Stadt Güstrow ist kulturel-ler Anziehungspunkt im Norden der Seenplatte und Tor zu einem Seengebiet mit verwunschenen Mooren, auf über 180 km durchflossen von Elde, Mildenitz und Warnow.
S. 232

Schwerin und Ludwigslust
Die Landeshauptstadt ist die einzige Großstadt – und westlicher Abschluss der Seenplatte mit zahlreichen kulturellen Highlights.
S. 264

An den großen Seen um Malchow
Das weit verzweigte Netz der Mecklenburgischen Oberseen mit so sehens-werten Städtchen wie Plau am See und Malchow kommt, was die touristi-sche Frequenz im Bereich der Seenplatte angeht, gleich an zweiter Stelle.
S. 112

Rund um die Müritz
Das Müritzgebiet mit dem quirligen Hafenstädtchen Waren und dem Müritz-Nationalpark ist das Herz der Seenplatte und übt die größte Anziehung auf Urlauber aus.
S. 78

Mecklenburgische Schweiz
Stavenhagen, die ›Kinderstube‹ Fritz Reuters, bildet den Auftakt zu dieser sanft gewellten Hügellandschaft am Übergang in die vorpommersche Talzone. Hier reihen sich Schlösser, Burgen und Gutshäuser wie Perlen aneinander.
S. 212

Neubrandenburg und seine Umgebung
Die Vier-Tore-Stadt mit ihrer norddeutschen Backsteingotik auf dem nordöstlichen Landrücken der Seenplatte ist umgeben von attraktiven Zielen für Tagesausflüge.
S. 186

Neustrelitz und die Feldberger Seen
Entlegenes Land der leicht hügeligen Buchenwälder, durchzogen von Kesselmooren und bewaldeten Steilufern an märchenhaft türkis glitzernden Seen.
S. 160

Mecklenburgische Kleinseenplatte
Die am dünnsten besiedelte, aber touristisch gut erschlossene Region der Seenplatte mit ihren dreihundert kleinen und allerkleinsten Seen, allesamt durch Flüsse und Kanäle miteinander verbunden, ist das schönste Paddel-Revier.
S. 138

Mit Christiane Petri unterwegs
Die Kunsthistorikerin und Reisebuchautorin
Christiane Petri ist jedes Jahr zu einer ausge-
dehnten Tour im Bereich der Seenplatte
unterwegs. Sie kennt alle kulturellen
Sehenswürdigkeiten, badet selbst gern in
den Seen und ist auch privat durch viele
Kontakte mit dem Land verbunden. Für
Christiane Petri gilt: Die schönsten Urlaubs-
erlebnisse entstehen fast immer durch
menschliche Begegnungen, durch ein Essen
in einem besonderen Restaurant oder einen
überraschenden Eindruck von einem kulturellen Ort. Deshalb hat sie bei ihren Emp-
fehlungen besonders sorgfältig ausgewählt
und auf Qualität geachtet.

Das Herz von Mecklenburg

Wasser ist im Raum der Mecklenburgischen Seenplatte das allgegenwär-
tige Element – entweder als leise aus
dem Erdreich sickernde Quelle, als
plätscherndes Bächlein oder als ruhig
in der Sonne liegender See mit queck-
silbrig glänzender Oberfläche. Viele
Sommer würden Sie brauchen, die
Mäander der Flüsse und Seen kennenzulernen, die zwischen Rheinsberg und Güstrow, Feldberg und
Schwerin verlaufen: Die Mecklenburgische Seenplatte ist das größte zusammenhängende Wasserrevier Mitteleuropas! Es versteht sich wie von
selbst, dass genau diese natürliche Ge-
gebenheit viele Menschen anzieht,
die gern baden, surfen, segeln, paddeln, Wasserski fahren, tauchen oder
mit dem Hausboot über Seen und Kanäle schippern!

Stille garantiert
Wer Ruhe und Abgeschiedenheit
sucht, um die Seele wieder atmen zu
lassen, ist besonders in den entlege-

neren Refugien der Seenplatte gut
aufgehoben, sogar in den tiefsten
Winkeln des eigentlich beliebten und
viel besuchten Müritz-Nationalparks
oder in der Kleinseenplatte südlich
von Mirow oder dem Krakower Seengebiet. Mir liegt diese menschen-
arme, aber natursatte Seenplatte
mehr als die touristischen Hauptan-
ziehungspunkte rund um die Müritz.
Zu den Menschen, die hier leben,
finde ich leichter Zugang. Eben weil
Begegnungen nicht so häufig stattfinden, schaut jeder den anderen genauer an und hört ihm besser zu. Das
genieße ich! Mit nur 78 Mecklenburgern, die hier durchschnittlich auf einem Quadratkilometer leben, gibt es
keine dünner besiedelte Gegend in
ganz Deutschland, sodass einsame Badestrände und stille Waldwege geradezu garantiert sind. Ich denke gern
daran zurück, wie mir ein versierter
Kanu-Guide im Rahmen einer Wasser-
wandertour in der Feldberger Seenlandschaft angeboten hat, mir Buchten

zu zeigen, an denen tagelang niemand vorbeikommt – höchstens ein Otter!

Gemächlichkeit ist ein Genuss

Wenn Sie das Auto einmal stehen lassen und sich zu Fuß, auf dem Fahrrad, zu Pferd oder per Boot bewegen, sind Ihnen einprägsame Natureindrücke sicher. Aber im Grunde genommen macht selbst das Autofahren in der Seenplatte mehr Spaß als anderswo, allein das kilometerlange Dahingleiten unter den grünen Baumalleen rechts und links der Deutschen Alleenstraße ist ein Erlebnis. Zögern Sie nicht, eine bucklig gepflasterte Dorfstraße im Zweifelsfall einer geteerten Bundesstraße vorzuziehen, denn Gemächlichkeit ist in der Seenplatte ein Faktor des genüsslichen Erlebens. Überhaupt spielt Zeit in Mecklenburg eine immense Rolle – aus irgendeinem Grunde gibt es auf dem Lande nämlich mehr davon!

Von den Vorzügen der Provinz

Es ist nicht zu leugnen, dass sich die Zahl der Mecklenburg-Touristen im Vergleich zu den ersten Jahren nach der Wende auch im Raum der Seenplatte vervielfacht hat und nach wie vor steigt. Erfreulicherweise ist aber der Andrang nicht zu vergleichen mit den Ferienorten an der Ostseeküste, wo es schwierig ist, in den Sommermonaten spontan eine Unterkunft zu finden. In der Seenplatte ist manches noch nicht so durchgestylt, schick und makellos. Dieser Umstand wirkt sich auch auf das Preisniveau aus, was die Region besonders familienfreundlich macht. Für mich erhebt sich die Frage, ob man nicht vielleicht eines fernen Tages, wenn jedes Haus durchsaniert und jeder Feldweg asphaltiert ist, den charmanten Nimbus der Rückständigkeit, der das Herz von Mecklenburg so liebenswert macht, sehr vermissen wird.

Bevor es losgeht

Ach, übrigens: Wenn Sie nach Mecklenburg fahren, bedenken Sie, dass die Einheimischen ihr Land mit lang gezogenem »e« aussprechen. Es heißt also nicht Mecklenburg wie in »meckern«, sondern ›Meeecklenburg‹ wie in »Beethoven«.

Blick über das weite Blau der Müritz vom Turm der Marienkirche in Röbel, S. 106

Lieblingsorte!

In der Schäferei in Hullerbusch gibt es nicht nur feinen Käse, S. 180

Ein perfekter Ort für inspirierende Gespräche: die Büdnerei Lehsten, S. 206

Ein stilles Plätzchen zum Sinnieren: der
Kirchhof der Petruskirche in Stuer, S. 134

Hautnah erleben, wie die Natur erwacht:
Urlaub in einem Bootshaus, S. 144

Die Reiseführer von DuMont werden von Autoren geschrieben, die ihr Buch
ständig aktualisieren und daher immer wieder dieselben Orte besuchen.
Irgendwann entdeckt dabei jede Autorin und jeder Autor seine ganz persönlichen Lieblingsorte. Dörfer, die abseits des touristischen Mainstream liegen,
eine ganz besondere Strandbucht, Plätze, die zum Entspannen einladen, ein
Stückchen ursprünglicher Natur – eben Wohlfühlorte, an die man immer wieder
zurückkehren möchte.

Der Kräutergarten des Naturmuseums
Goldberg verzaubert alle Sinne, S. 250

Wie in Bullerbü – Hinterhofidylle in
Schwerins Schelfstadt, S. 276

Reiseinfos, Adressen, Websites

Feriendomizile wie im Bilderbuch: Bootshäuser nahe Güstrow

Informationsquellen

Infos im Internet

www.mueritz-online.de
Tourismusverband-Website speziell für die Seenplatte mit Hinweisen zu Unterkünften, Sehenswürdigkeiten, Ausflugszielen, Online-Ticketservice und aktuellem Müritz-Wetter.

www.mecklenburg-vorpommern.de
Website des Innenministeriums für touristische, wirtschaftliche, politische und kulturelle Belange, ausgezeichnet recherchiert und angenehm in der Benutzung, weil frei von kommerziellen Einträgen.

www.mvweb.de
Aktuelles und fein aufgegliedertes Internetportal zu den drei maßgeblichen Zeitungen des Landes mit Links zu allen Freizeitsportarten, Kulturveranstaltungen und Unterkunftsfragen.

Tourismusverbände

Tourismusverband Mecklenburg-Vorpommern e. V.
Platz der Freundschaft 1, 18059 Rostock, Tel. 0381 403 05 00, Fax 0381 404 05 55, www.auf-nach-mv.de.

Regionaler Fremdenverkehrsverband Mecklenburgische Seenplatte e. V.: Turnplatz 2, 17207 Röbel/Müritz, Tel. 039931 53 80, Fax 039931 538 29, www.mecklenburgische-seenplatte.de.

Tourismusverband Mecklenburgische Schweiz e. V.: Am Bahnhof 4, 17131 Malchin, Tel. 03994 29 97 80, Fax 039 94 29 97 88, www.mecklenburgische-schweiz.com.

Tourismusverband Mecklenburg-Schwerin e. V.: Alexandrinenplatz 7, 19288 Ludwigslust, Tel. 03874 66 69 22, Fax 03874 66 69 20, www.mecklenburg-schwerin.de.

Spezialreiseveranstalter

Frauen
www.frauenblicke.de: Vielfältiges Frauenreiseangebot für ganz Mecklenburg-Vorpommern; von Frauen geleitete Unterkünfte, virtuelle Pinnwand zum Finden einer passenden Reisebegleiterin.

Kinder und Jugendliche
Klax-Indianerdorf: c/o Bio-Bauernhof Peitz, Feldweg 3, Moltzow, Tel. 039933 734 76, www.klax-online.de, Mai–Sept., 2 km westl. von Ulrichshusen. Mit Spielwiese, Tagescafé und tgl. wechselnden Kreativangeboten, z. B. Trommeln bauen oder Indianerschmuck anfertigen.
AG Junges Land für Junge Leute: Platz der Freundschaft 1, 18059 Rostock, Tel. 0381 375 77 70 72, Fax 0381 375 77 71, www.mcpom.com. Die aktuelle Jahresbroschüre »Auf nach MeckPom« liefert ausführliche Informationen zu attraktiven Gruppen- und Klassenfahrten für Kinder und ältere Jugendliche im Alter von 6–26.
Thünenkate: Auf dem Thünengut, Warnkenhagen, OT Tellow. Tel. 039976 54 10, www.thuenen-museum-tellow.m-vp.de, Strohboden pro Kind 7 € (ohne Frühstück). Die Jugendbegegnungsstätte östl. von Güstrow ist besonders für Gruppenübernachtungen von Kindern und Jugendlichen mit Betreuer geeignet. Strohboden mit 30 Plätzen plus Allergikerraum für empfindsame Naturen.

Lesetipps

Henry M. Doughty: Mit Butler und Bootsmann, gebundene Ausgabe 2001. Eine unterhaltsam und spannend geschriebene Reisebeschreibung eines englischen Adligen, der 1890 zu einer Reise durch Mecklenburg bis nach Böhmen aufbrach.

Fritz Reuter: Die Urgeschicht von Meckelnborg, Hinstorff-Verlag 1994. Dieser amüsante plattdeutsche Titel erinnert daran, dass das Fach Belletristik im Hinstorff-Verlag ja durch Reuters Werke erst begründet wurde (auch als Hörbuch erhältlich!).

Cornelia Nenz: Auf immer und ewig, Dein Fritz Reuter. Aus dem Leben der Luise Reuter, Hinstorff-Verlag 2002. Reuter einmal durch die private Brille gesehen; einfühlsam geschrieben von der Direktorin des Reuter-Literaturmuseums, mit vielen zuvor unveröffentlichten Briefen und Dokumenten.

Helmuth Borth: Zwischen Fürstenschloss und Zahrenhof. Unterwegs zu Guts- und Herrenhäusern im alten Mecklenburg-Strelitz, Verlag Steffen, gebunden. Eine schöne Lektüre für Menschen, die an den Schicksalen einzelner Adelsbauten im Ostteil der Seenplatte Interesse haben.

Beate Schöttke-Penke und Christian Lehsten: Offene Gärten zwischen Müritz und Usedom, Steffen Verlag 2011. Dieser sehr persönlich gehaltene Text-Bildband entführt in gehegte und gepflegte mecklenburgische Kleinparadiese, davon einige im Herzen der Seenplatte, und erzählt Geschichten ihrer begeisterten Gärtner. Jeder Garten ist öffentlich zugänglich.

Tom Crepon: Leben und Tode des Hans Fallada, gebundene Ausgabe, Mitteldeutscher Verlag 1989. Mitfühlend und mit sehr vielen Äußerungen von Fallada selbst schildert Crepon auf bereichernde Weise das tragische Auf und Ab dieses Schriftstellerlebens.

Karl Eschenburg und Jürgen Borchert: Das alte Mecklenburg, Hinstorff-Verlag 2001. Die beiden Journalisten haben viele schöne historische Aufnahmen zusammengetragen.

Aktiv bis in die Abendstunden: Jugendfreizeit an der Müritz

Wetter und Reisezeit

Klima

Das gemäßigte, milde Reizklima der Seenplatte ist der Gesundheit und dem Wohlbefinden des menschlichen Organismus generell sehr zuträglich. Nur selten herrscht das gleiche Wetter über mehrere Tage vor.

Im mecklenburgischen Binnenland ist es generell im Sommer heißer als an der Küste, was einfach an der fehlenden frischen Küstenbrise liegt. Im Juli und August, den zwei heißesten Monaten, gibt es an der Seenplatte die meisten Sommergewitter.

Wetterinfos

www.mueritz.de-mueritzwetter: Tageswetter an der Wetterstation des Müritzhofes im Müritz-Nationalpark. Sogar ein aktuelles Landschaftsfoto wird eingescannt, damit man sich besser vorstellen kann, was die schnöden Daten wirklich meinen.

Klimatabelle für die Seenplatte

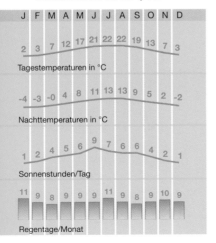

J	F	M	A	M	J	J	A	S	O	N	D
2	3	7	12	17	21	22	22	19	13	7	3

Tagestemperaturen in °C

-4	-3	-0	4	8	11	13	13	9	5	2	-2

Nachttemperaturen in °C

1	2	4	5	6	9	7	6	6	4	2	1

Sonnenstunden/Tag

11	9	8	9	9	9	11	9	8	9	10	9

Regentage/Monat

Reisezeiten

Grundsätzlich bilden die Monate Mai bis Oktober die Hauptreisezeit für die Seenplatte, denn dann bieten sich die meisten Möglichkeiten für Freizeitaktivitäten in der Natur. Dennoch hat jede Jahreszeit ihren individuellen Reiz.

Frühjahr

In der Regel bildet das Osterfest den Auftakt zur Saison in Mecklenburg-Vorpommern, auch läutet es das Anseln auf den Seen ein. Die beste Zeit zum Wandern und Radfahren ist die Vor- und Nachsaison, wenn es nicht ganz so heiß ist, also in den Monaten von Mitte Mai bis Juni sowie Mitte September bis Oktober.

Sommer

Im Juni und Juli blühen die Seerosen und verzaubern die Gewässer. Wer das in seiner ganzen Pracht genießen will, kann sich bei der nächstliegenden Kanustation nach Seerosenvorkommen erkundigen und dann dorthin paddeln. Mit dem Baden beginnen viele schon ab Ende Juni. Im Hochsommer dann herrscht natürlich rund um die Ufer der Seen der größte Urlauberandrang. Auch an Wochenenden setzt erfahrungsgemäß ein Ansturm von Tagesausflüglern ein, vor allem aus dem Hamburger und Berliner Raum.

Herbst

Eine Seenplattenreise im Herbst bietet den Vorteil von Naturerlebnissen in der Stille, da man im Müritz-Nationalpark und den anderen Naturparks viel seltener auf Menschen trifft. Außerdem kann man unter Umständen bis in den Oktober hinein baden. Auch wer lieber Sightseeing und Museumsbesuche ma-

Zug der Kraniche im September und Oktober

Um die Sammlung und den Zug der Kraniche ins südliche Winterquartier mit-
zuerleben, muss man ab Anfang September bis Anfang Oktober an die Seenplatte fahren. Der große **Rederangsee** bei Federow (s. S. 89) im Müritz-Nationalpark ist einer der bevorzugten Sammel- und Rastplätze der »Vögel des
Glücks«. Hier veranstalten alljährlich Ende September etwa 9000 Kraniche einen
echten Höhepunkt des ›Spektakels‹. Zwar beginnt das ganze Schauspiel allmählich schon Ende August, wenn sich die einheimischen Kraniche dort in Scharen
einfinden und schlafend auf ihren hohen, dünnen Stelzen im Flachwasser stehen. Aber spätestens Ende September bis Anfang Oktober kommen dann Tausende Kraniche aus Skandinavien hinzu. Ihr lautes Trompeten hört man schon
zwei Kilometer, bevor sie landen.
Geführte Touren zum Kranichflug: Nationalpark-Service Federow, Tel. 03991
66 88 49, www.nationalpark-service.de. Die tägliche Besucherzahl ist auf 130
begrenzt, daher rechtzeitig ›Kranich-Tickets‹ reservieren.

chen möchte, reist angenehmer in der
ferienfreien Zeit.

Winter

Von November bis Februar werben die
großen Hotels mit günstigen Wellness-
Angeboten, einer heißen Tasse Kakao
vor dem prasselnden Kaminfeuer und
den schönen Adventsmärkten wie z. B.
in Ulrichshusen, Tellow oder Bollewick.

Außerdem kann man Eisangeln, auf
den zugefrorenen Seen Schlittschuh
laufen oder Spaziergänge in der von
Raureif verzauberten Landschaft genießen.

Insbesondere im Januar und Februar
haben einige Hotels und Restaurants
geschlossen und auch die Museums-
öffnungszeiten sind zum Teil stark eingeschränkt.

Rundreisen planen

Wer die Seenplatte noch gar nicht kennt und einen repräsentativen ersten Eindruck gewinnen möchte, dem sei eine Rundreise mit den schönsten Ausflugszielen ans Herz gelegt. Diese »Kennenlerntour« ist so konzipiert, dass man überall gut einsteigen kann.

Da die meisten Besucher mit Kindern kommen und das Gebiet der Mecklenburgischen Seenplatte recht überschaubar ist, wurden des Weiteren speziell für Kinder interessante Ziele im Gebiet der Seenplatte für mögliche Tagesausflüge zusammengestellt.

Kennenlerntour

Die Tour beginnt am buchtenreichen **Plauer See** mit seinen vielen schönen und intimen Badestellen und Sandstränden, die erst einmal zum Faulenzen einladen. Entlang der B 198 führt der Weg in das romantisch anmutende Städtchen **Mirow**, dessen verwunschener Park auf der Schloss- und der Liebesinsel zum Besuch des Barockschlos-

Stationen der Kennenlerntour

ses und der Johanniterkirche einlädt. Wer die Seenplatte einmal vom Wasser aus kennenlernen möchte, kann von hier aus binnen wenigen Minuten zur **Schleuse Diemitz** fahren und sich beispielsweise bei Biber-Tours einer Kanu-Wandertour anschließen.

Weiter geht es Richtung Westen nach **Neustrelitz**, in dessen planmäßig angelegter Barock-Innenstadt und dem angrenzenden Schlossgarten noch etwas vom einstigen Glanz der herzoglichen Residenz zu spüren ist. Von hier aus lockt ein Abstecher an den herrlichen **Schmalen Luzin**, einen charakteristischen flussartigen eiszeitlichen Rinnensee in der Feldberger Seenlandschaft, der vor allem wegen seiner bis zu 40 m hohen, bewaldeten Steilufer beeindruckt. So ganz nebenbei leuchtet er schon von Weitem helltürkis, ist von Nahem kristallklar und hat in Carwitz eine freie Badestelle auf der Wiese. Bei dieser Gelegenheit im Hotel-Restaurant »Alte Schule Fürstenhagen« einzukehren, ist nicht verkehrt.

Über das Städtchen **Burg Stargard**, wo man die älteste und auch am besten erhaltene Höhenburg Norddeutschlands in Ruhe durchstreifen kann, geht es nach **Neubrandenburg** am Tollensesee. Die sogenannte Vier-Tore-Stadt ist das einzigartige Zeugnis norddeutscher Backsteingotik im Raum der Seenplatte. Ein Spaziergang entlang des doppelten Wehrwalls rund um die Altstadt macht mit den imposanten 400-jährigen Tortürmen und Wiekhäusern sowie der zur Konzertkirche umgestalteten Marienkirche bekannt.

Über die sehenswerte alte Burg in **Penzlin** das auch gruselige Kellerverliese im Museum für Magie und Hexenverfolgung zu bieten hat, geht es weiter nach **Waren** ins Herz der Seenplatte. Der traditionsreichste und bestbesuchte Ferienort am Nordufer der Müritz ist vom Hafen bis hoch in die Altstadt sehr hübsch terrassenförmig angelegt. Wer einen gelungenen Einstieg in die Natur und Umwelt des Müritzgebietes haben möchte, besucht die Ausstellung im Müritzeum.

Von Waren sind es nur wenige Kilometer nach Norden entlang der B 108 zum **Schloss Ulrichshusen**, dem Paradebeispiel in der Region der Mecklenburgischen Seenplatte dafür, was sich mit viel Geschmack und noch mehr Engagement aus einer abgebrannten Ruine wieder machen lässt, nämlich eines der schönsten Schlosshotels der ganzen Seenplatte, ohne dass man gleich arm werden muss, wenn man hier logiert.

Über das eher stille Städtchen **Teterow** mit seinem »Bergring« für Grasbahn-Motorradrennen führt die B 104 nach **Güstrow**. Die einstige Residenz der Herzöge von Mecklenburg mit ihrem stattlichen Schloss im Renaissancestil und den Barlach-Stätten ist das kulturelle Zentrum im Norden der Seenplatte. Man kann es auch so sehen: eine schöne alte Residenz- und Ackerbürgerstadt als begehbares Museum.

Auf keinen Fall entgehen lassen sollte man sich den **Altslawischen Tempelort Groß Raden**, der nur ein paar Kilometer nördlich von Sternberg liegt. Der archäologisch gut erforschte und rekonstruierte slawische Siedlungskomplex vermittelt ein aufregendes Bild davon, wie es im 9. und 10. Jh. n. Chr. in dem Halbinseldorf und dem Inselheiligtum ausgesehen haben könnte.

Krönender und glanzvoller Höhepunkt der Kennenlerntour ist die Landeshauptstadt **Schwerin** mit ihrem von Wasser umgebenen Schloss, das wegen seines historistischen Baustils mit ungezählten Türmchen und Erkerchen auch oft als »Märchenschloss« bezeichnet wird und als Mecklenburg-Vorpommerscher Regierungssitz regelrechten Wahrzeichencharakter hat. Von hier aus kann man gut die anderen Sehenswürdigkeiten in der Innenstadt besichtigen.

Tagesausflüge mit Kindern bei gutem Wetter

Geführte Kinder-Naturwanderung durch den Müritz-Nationalpark: Eine speziell auf Kinder (allerdings nur in Begleitung ihrer Eltern) abgestimmte zweistündige Naturwanderung, s. S. 96.

Sommerrodelbahn mit Affenwald bei Malchow: Eine recht eigene Mischung aus Spaßevent und Zoobesuch für Kinder von 3–14 Jahren, s. S. 118.

Wisent-Schaugehege auf dem Damerower Werder bei Jabel: Hier gibt es hautnah Wisente zu bewundern. Restaurant mit Kinderspielplatz, s. S. 121.

Ausflugsziele bei gutem Wetter

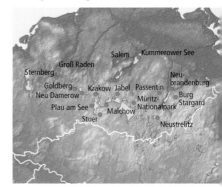

Reiseinfos

Ausflugsziele bei schlechtem Wetter

Bärenwald Müritz in Stuer: Sehr großes Braunbär-Freigehege mit kleiner Ausstellung, s. S. 137.

Kletterpark in Plau am See: Überwachtes Klettern in luftiger Höhe und durch lebende Bäume, s. S. 133.

Sommerrodelbahn in Burg Stargard: 720 m lange Sommerrodelbahn; manchmal Nachtrodeln mit Grill-Lagerfeuer und Musik, s. S. 210.

Seilgarten Salem am Kummerower See: Schön gelegene Anlage mit kreativem Angebot an Klettergeräten, s. S. 226.

Apachen-Live-Show im Reiterhof und Tipilager Neu Damerow bei Goldberg: Vorführungen an den Wochenenden von August bis September, s. S. 253.

Slawendorf Passentin bei Neubrandenburg, Slawendorf Neustrelitz und Tempelort Groß Raden bei Sternberg: Hier wird slawisches Brauchtum museumspädagogisch interessant und erlebnisorientiert dargeboten: Neustrelitz s. S. 167; Passentin s. S. 201, Groß Raden, die authentischste Stätte der drei, s. S. 260.

Tagesausflüge mit Kindern bei schlechtem Wetter

Müritzeum in Waren-Müritz: Beeindruckend schön und stellenweise zum Mitmachen gestaltet! Ein für Kinder jeden Alters ganz wunderbares Naturerlebnis-Zentrum, s. S. 84.

Hörspielkirche in Federow: Hier werden von Anfang Juli bis Anfang September Hörbücher auch speziell für Kinder abgespielt, s. S. 89.

Müritz-Therme in Röbel: Ein Spaßbad mit einer 57 m langen Wasserrutsche und vielen weiteren Attraktionen, s. S. 108.

Luftfahrttechnisches Museum in Rechlin: Besonders technikinteressierte Kinder können hier einen echten Transporthubschrauber besteigen, s. S. 99.

Natur- und Umweltpark in Güstrow: Zooähnliches Freigelände mit kindgerechter Ausstellung über den Lebenskreislauf des Wassers und interaktiven Themenstationen, s. S. 244.

Badeparadies Oase in Güstrow: Attraktives Hallenbad mit Sportbecken und einem fantasievollen Spaßbad, s. S. 246.

Karower Meiler in Karow: Abwechslungsreiche Ausstellung über den Naturpark, in der geraten, gemalt, durch Löcher in Wänden geschaut sowie geschraubt und gedreht werden kann, s. S. 248.

Erlebnisbad im Van der Valk Resort Linstow bei Krakow am See: Vergnüglich und kinderfreundlich gestaltetes Freibad, s. S. 256.

Anreise und Verkehrsmittel

Anreise und Ankunft

... mit dem Auto

Aus Richtung Süden erreicht man das Gebiet der westlichen Mecklenburgischen Seenplatte zwischen Plau und Waren über die A 19 (Autobahn Wittstock–Rostock) sowie die östliche Seenplatte um Neustrelitz und Neubrandenburg über die B 96 (Bundesstraße Berlin–Greifswald). Von Westen erreicht man das Gebiet um Schwerin und Ludwigslust über die A 24 (Autobahn Hamburg–Berlin). Wer in den Norden der Seenplatte nach Güstrow, Teterow oder die Reuterstadt Stavenhagen möchte, fährt am besten entlang der B 104 (Bundesstraße Lübeck–Stettin).

... mit der Bahn

DB-Tageszüge: Reiseservice der Deutschen Bahn AG, Tel. 11861 (24 Std.).

Durch Mecklenburg verlaufen zwei durchgehende Intercity-Strecken: Ham-burg–Schwerin–Rostock–Stralsund–Ostseebad Binz/Rügen sowie Berlin–Wittenberge–Ludwigslust–Hamburg. Der ICE verkehrt auf den Strecken Berlin–Waren/Müritz–Rostock und Berlin–Wittenberge–Ludwigslust–Hamburg.

Kostenlose Fahrplanauskunft Tel. 0800 150 70 90, Buchung über: www.bahn.de (nur mit Kreditkarte).

DB-Nachtzüge: Hotline Nachtzugreise 01805 14 15 14. Nachtzüge fahren allabendlich von Köln über Berlin, wo man am Hauptbahnhof am frühen Morgen in den Regionalexpress Richtung Waren oder Rostock umsteigen kann. Eine zweite Nachtverbindung geht von München über Frankfurt am Main nach Berlin; auch hier Umstieg in den Regionalexpress nach Waren.

... mit dem Flugzeug

Die Mecklenburgische Seenplatte wird von Urlauber-Charterflügen oder Linienmaschinen nicht direkt angeflogen. Nächstliegende Airports sind **Rostock-Laage** (Tel. 01805 00 77 37), **Heringsdorf** auf Usedom (Tel. 01805 58 37 83), **Hamburg** (Tel. 040 50 75 25 57) und **Berlin-Brandenburg** (Tel. 0180 50 00 186). Generelle Fluginfos: www.waren-tourismus.de/service-kontakt/anreise-verkehr.de.

Zur Weiterreise von Rostock-Laage bis vor die Türe jeder Urlaubsadresse fährt ein Kleinbus namens **Müritz-Shuttle** (Tel. 039823 26 60, www.auf-nach-mv.de/flug), pro Pers. ab 6 Jahre: 17 €.

Wer die Seenplatte mit dem motorisierten Privatflugzeug anfliegen will, hat vier Möglichkeiten:

Flughafen Schwerin-Parchim: Dammer Weg, Parchim, Zentrale: Tel. 03871 607-0, www.airport-parchim.de. Rundflüge für Touristen über die im Flughafen ansässige Firma FLM, Tel. 03871 607 95 od. 0172 750 26 74, www.flm-aviation.com.

Der Flughafen ist zurzeit im Umbruch, da das Land ihn an chinesische Investoren verkauft hat, die ihn im Laufe der nächsten Jahre zu einem internationalen Frachtdrehkreuz ausbauen wollen. Der zivile Luftverkehr kann den Flughafen aber trotzdem rund um die Uhr anfliegen.

Flugplatz Waren-Vielist: Waren/Müritz, Warener Luftsportverein, Tel. tagsüber 03991 12 24 76 od. 03991 16 71 90, ab 17 Uhr und am Wochenende: 03991 16 85 13 oder 12 24 76. Regionaler Sonderverkehrslandeplatz für einmotorige Privatflugzeuge. Außerdem werden Wochenend-Rundflüge über die Seenplatte angeboten.

Müritz-Flugplatz Rechlin-Lärz: Lärz, Tel. 039833 22281-82, www.mueritz flugplatz.de. Der Müritzer Flugplatz südlich von Waren ist ein kleiner Verkehrslandeplatz, d. h. hier kann jedes Flugzeug bis zu 14 Tonnen Gewicht landen. Rundflüge über die Seenplatte in viersitzigen Cessnas 172 oder TB 10.

Neubrandenburg-Trollenhagen: Flughafenstr., Trollenhagen, Tel. 0395 455 40, www.flughafen-neubrandenburg. de. Dieser Militärflughafen am nördlichen Stadtrand von Neubrandenburg wird auch zivil genutzt. Rundflüge über das Tollenseegebiet in der viersitzigen Cessna 172 möglich.

Verkehrsmittel im Raum der Seenplatte

Eigenes Auto

Das Auto ist in einem so dünn besiedelten Gebiet wie der Seenplatte nach wie vor das Hauptverkehrsmittel. Und wer Großstädte wie Berlin, München, Köln oder Hamburg gewöhnt ist, empfindet das Autofahren im Raum der Seenplatte als Entspannung. Wenn es allerdings in der Provinz auf Holperwegen mit Schlaglöchern schon mal ordentlich schaukelt oder staubt, darf man nicht zimperlich sein.

In den größeren Orten und Städten wie Waren, Neustrelitz und Neubrandenburg wird es zunehmend schwieriger, preiswerte Parkplätze zu finden (s. Parkempfehlungen unter den jeweiligen Orten).

Leihwagen

Die Adressen kleiner Autovermietungsgesellschaften vermitteln die örtlichen Tourismusbüros, ansonsten kann man telefonisch zum Nulltarif reservieren:
Avis: Tel. 01805 55 77 (zentrale Buchung weltweit, Stationen in Neu-

brandenburg, Schwerin, Waren, Güstrow und Rostock)
Europcar: Tel. 01805 80 00 (zentrale Buchung weltweit, Stationen in Güstrow, Neubrandenburg, Neustrelitz, Schwerin, Waren und Wismar)
Hertz: Tel. 01805 33 35 35 (zentrale Buchung weltweit, Stationen in Schwerin und Rostock)
Sixt: Tel. 01805 25 25 25 (zentrale Buchung weltweit, Stationen in Waren, Neustrelitz, Neubrandenburg, Güstrow, Schwerin und Rostock)

Bus

Manche Dörfer werden gar nicht oder nur zweimal am Tag angefahren und so muss, wer zurückgezogen wohnen will, komplizierte Verbindungen oder lange Wartezeiten in Kauf nehmen. Ausflüge in entlegene Gebiete sind mit öffentlichen Verkehrsmitteln oftmals unmöglich. Aus diesem Grund bleibt das Auto hier nach wie vor das Verkehrsmittel Nummer eins. Am besten ist es, sich bei der Touristinformation des nächstgrößeren Ortes nach einem Busfahrplan zu erkundigen.

Bahn

Ans **Regionalbahnnetz** sind folgende Städte der Seenplatte angeschlossen: Waren/Müritz, Güstrow, Teterow, Karow, Krakow am See, Malchow, Mirow, Neubrandenburg, Neustrelitz, Plau, Schwerin, Reuterstadt Stavenhagen, Rheinsberg. Das Beste ist, man informiert sich über die Zugverbindungen vor Ort beim **Reiseservice der Deutschen Bahn AG:** Tel. 11861 (rund um die Uhr).

Ausflugsschifffahrt

Von einigen Städten aus ist es möglich, mit einem Fahrgastschiff Tagesausflüge in andere Regionen zu unternehmen (s. Aktiv & Kreativ in Waren/Müritz, Malchow, Plau und Mirow).

Übernachten

Von der luxuriösen Schlosshotelsuite mit Sternekoch-Restaurant und Wellness-Angebot bis hin zum Biwakplatz beim Nationalparkfischer gibt es an der Seenplatte die passende Schlafstelle für jeden Geldbeutel und Geschmack.

Vor allem im Gebiet um die Müritz, Neustrelitz und Plau ist in den Sommerferien manchmal jedes Bett ausgebucht. Man sollte also rechtzeitig reservieren.

www.zimmerboerse-mv.com: Unterkünfte aller Kategorien können hier online gebucht werden.

www.hrs.de: Auch an der Seenplatte kann man über den weltweit operierenden Hotel Reservation Service kostenlose Online-Buchungen ohne Kreditkarte vornehmen.

www.hotelbewertungen.de: Zu dem ein oder anderen Hotel an der Seenplatte gibt es hier hilfreiche Kommentare.

www.tourismusmacher.de: Gezielte Vermittlung von Hotels, Pensionen, Zimmern und Erlebnisübernachtungen im Raum Seenplatte und Mecklenburgische Schweiz.

Große Auswahl

An der Seenplatte reicht die Klasse der Hotels von ganz ausgezeichneten Viersternehäusern bis hin zu eher sparsam hergerichteten Häusern. In den ersten Jahren nach der Wende sollte es mit dem Aufbau von Unterkünften schnell gehen und so umweht gerade die neu eingerichteten Häuser häufig der kühle Charme seelenloser Hotelmaschinerie. Erfreulicherweise mehrt sich in den letzten Jahren wieder die Zahl der Unterkünfte mit individueller Note und persönlicher Gästebetreuung.

Bauernhöfe

Wer eine einfache, erholsame und preisgünstige Unterkunft auf dem Lande sucht, sollte Urlaub auf dem Bauernhof machen. Insbesondere Kinder haben hier Auslauf nach Herzenslust und dürfen sich auch mit um die Hoftiere kümmern.

Verein Landurlaub Mecklenburg-Vorpommern e. V., Tel. 038208 606 72, www.landurlaub.m-vp.de: Kostenloser Unterkunftskatalog für Bauernhöfe, Reiterhöfe, Heuherbergen, aber auch für Ferienhäuser, Wohnungen und Pensionen auf dem Lande. Auf der Homepage kann man die Unterkünfte auch anschauen.

Biohotels

Momentan gibt es in Mecklenburg-Vorpommern acht Biohotels mit Restaurants, die nach strenger Prüfung den Namen dieser europäischen Gemeinschaftsmarke tragen dürfen (www.biohotels.info). Ihre Anzahl steigt erfreulicherweise beständig. Drei liegen im Bereich der Seenplatte: das **Landhotel Zur Scheune** in Bollewick (s. S. 101), **Gut Gremmelin** bei Vietgest nahe Güstrow (www.gutgremmelin.de) und das **Biohotel Amadeus** in Schwerin (www.biohotel-amadeus.de).

Bootshäuser

Eine Spezialität der Seenplatte sind diese meist privat vermieteten, ins Wasser hinaus gebauten Holzhäuser (mit oder ohne Sanitäranlagen/Heizung), Auskunft erteilen die Touristenbüros.

Campingplätze

Da Camping zu DDR-Zeiten häufig die einzige Urlaubsmöglichkeit darstellte, ist die Seenplatte seit eh und je sehr gut mit Zeltplätzen bestückt. Die Plätze sind ausnahmslos landschaftlich wunderschön – immer direkt an Seeufern – gelegen, der Standard ist jedoch sehr unterschiedlich, verbessert sich aber von Jahr zu Jahr. In der Ferienzeit ist eine Reservierung anzuraten.

Den besten Überblick gibt der **ADAC-Campingführer, Bd. 2: Deutschland – Nordeuropa**. Ansonsten kann man sich auch von den Touristenbüros Campingplatzbroschüren schicken lassen. Das sogenannte **Schwarzcampen** ist in allen mecklenburgischen Naturschutzgebieten grundsätzlich streng verboten.

Ferienwohnungen und -häuser

Vor allem in Rechlin und am Bolter Ufer sowie im Land Fleesensee am Fleesensee gibt es zusammenhängende Feriendörfer. Zahlreich sind die frei stehenden Einzelobjekte der privaten Anbieter und der Häuser, die über Reisegesellschaften vermietet werden. Sehr beliebt sind die farbigen Holzhäuschen mit Veranda im skandinavischen Stil.

www.ferien-privat.de: Weltweiter Anbieter ausgewählter und ausgesprochen netter Häuser.

www.1001-ferienhaus.de: Allein über 3000 Angebote in Mecklenburg-Vorpommern, alle mit mehreren Bildern.

www.atraveo.de: Ferienwohnungsangebote von Veranstaltern wie TUI, Wolters, Terra und Interhome sowie Unmengen von Feriendomizilen ausgewählter Spezial- und Privatvermie-

ter der Region; Tel. 0211 58 33 54 46, Mo–Fr 9–18, Sa 9–13 Uhr.

Heuherbergen

Sehr gern von Wanderern und Fahrradfahrern wahrgenommen werden die Unterkünfte in Heuherbergen, auch Heuhotels genannt, die mit Preisen zwischen 10 und 14 € pro Person die bei Weitem preiswerteste Übernachtungsmöglichkeit darstellen. Man schläft im Heu- oder Strohlager im (eigenen) Schlafsack in einer dafür hergerichteten Scheune und bekommt ein Badezimmer und eine kleine Küche zur Verfügung gestellt. Manche haben sogar ein Allergikerzimmer. Siehe auch unter **www.m-pv.de/Unterkunft/, »Schlafen im Heu«.**

Jugendherbergen

Jugendherbergen gibt es im Bereich der Seenplatte in Waren/Müritz, Zielow, Mirow, Burg Stargard, Dahmen und Güstrow, Feldberg, Schwerin, Flessenow am Schweriner See, Malchow und Teterow. Die Standards der Häuser sind recht unterschiedlich.

Deutsches Jugendherbergswerk – Landesverband Mecklenburg-Vorpommern e. V., Erich-Schlesinger-Str. 41, Rostock, Tel. 0381 776 67-0, **www.djh-mv.de.**

Robinson Club

Bis jetzt gibt es in ganz Mecklenburg nur einen Robinson Club, und zwar ganz in der Nähe von Malchow an den Mecklenburgischen Oberseen:

Robinson Club Fleesensee, Tel. 039932 802 00 (rund um die Uhr), **www.robinson-fleesensee.de**, ganzjährig geöff-

Übernachten wie die Fürsten: hier im Schlosshotel Göhren-Lebbin

net, auf 66 000 m^2 mit Strandabschnitt am Fleesensee und über 200 komfortabel ausgestatteten Doppel- und Familienzimmern in sechs Kategorien.

Schlosshotels

Die Vielzahl der bewohnbaren Schlösser und Herrenhäuser ist eine mecklenburgische Besonderheit in der deutschen Hotelszenerie. Die gediegene, alterwürdige Wohnatmosphäre in geschichtsträchtigen Räumen kommt bei vielen Urlaubern sehr gut an, zudem bewegen sich die Übernachtungspreise in vergleichsweise moderatem Rahmen.
www.schlosshotel-mv.de: Über 20 Adelssitze haben sich zur »Vereinigung der Schlösser, Herrenhäuser & Gutshäuser in Mecklenburg-Vorpommern« zusammengetan. Sieben davon befinden sich an der Seenplatte: die Schlösser Schlemmin, Daschow, Frauenmark, Kaarz und Basthorst sowie die

Gutshäuser Gottin und Gremmelin, alle übersichtlich auf der Website präsentiert.
www.mecklenburg-vorpommern.de-Linkkatalog-UrlaubundFreizeit-Themenurlaub: Kleiner Ausschnitt von etwa 70 Schlössern, Burgen und Gutshäusern in Mecklenburg, alle mit Hotelbetrieb. Allerdings keine Sortierung nach Küste und Binnenland.

Reisen von Schloss zu Schloss
Darüber hinaus gibt es einige Anbieter für Rad-, Auto- oder Wandertouren von Schloss zu Schloss inklusive Gepäcktransfer und Fahrradverleih.
www.urlaubsservice-mv.de: Geführte Schlossrundreisen (zu Fuß oder per Rad) von April bis Oktober. In jedem Hotel gibt es zwei Übernachtungen in Standardzimmern.
www.mecklenburger-rad-und-boots reisen.de: Organisierte Schlössertouren in der Seenplatte. Der Vorteil dieses Unternehmens ist, dass auf Wünsche von Gruppen eingegangen wird.

Essen und Trinken

Viel Bewegung an der guten Luft der Seenplatte macht bekanntlich Appetit, und wer unterwegs ist, merkt schnell, dass der Hunger hier größer ist als zu Hause. Preiswert zu essen, ist in Mecklenburg kein Problem: Relativ häufig trifft man auf Döner-Buden, Thai-Imbisse und China-Restaurants, was sicherlich seine Begründung in den niedrigeren Preisen der türkischen und der Asia-Küche hat, auf die viele Einheimische aufgrund hoher Arbeitslosigkeit angewiesen sind. Abgesehen davon reicht die Spanne der Möglichkeiten guten Essens in Mecklenburg erfreulicherweise von Fischräuchereien über Ausflugsgaststätten und Dorfkrüge bis zu den Restaurants der Schlösser und Gutshäuser. Auch den steigenden Bedürfnissen nach einer gesunden Bio-Küche und rein vegetarischen Mahlzeiten kommen die Gastronomen durch ein entsprechendes Angebot immer mehr entgegen.

Bodenständig und herzhaft

Der klassische Mecklenburgische Speisezettel bietet bodenständige, herz- und schmackhafte Kost. Im 18. und 19. Jahrhundert machte man nicht viel Aufhebens um die feine Küche. Bei armen Leuten war es üblich, den Tag mit einer kräftigen Suppe zu beginnen. Aus Pommern stammt die Kliebensuppe, für die handgemachte Eiernudeln in kochender Milch garen müssen – wie überhaupt Milchsuppen in Mecklenburg sehr beliebt sind. Eine Spezialität ist auch das **Mecklenburger Sauerfleisch**, für das durchwachsenes Schweinefleisch sauer gekocht und kalt zu Bratkartoffeln serviert wird.

Zum Nachspülen genehmigt man sich einen klaren Kümmelschnaps, den ›Köm‹, der in Waren-Müritz ›Düp Düp‹ heißt, oder den reichlich herben Kräuterlikör »Waldrausch«. Ein Wasser aus

Aale und Maränen: sie gehören auf jede traditionelle mecklenburgische Speisekarte

der Region ist das Güstrower Schloss-quell. Ein schlichtes Gemüt aus Plau am See hat es einmal auf den Punkt gebracht: »Fiensmekker bün'k nich, ick ät giern, wat gaud smeckt.«

Fisch in allen Variationen

Ein Charakteristikum mecklenburgischer Speisekarten ist erwartungsgemäß das abwechslungsreiche, frische Fischangebot. Den **Aal** findet man hier auf jeder anständigen Speisekarte, oft in mehreren Variationen, eine köstlicher als die andere. Zum geräucherten Aal, dem ›Rökeraal‹, isst man herzhaftes Schwarzbrot und trinkt ein kühles Bier, vorzugsweise das Lübzer Pils. Aber auch sonst rangiert Fisch auf jeder Karte ganz oben, so locken etwa Gerichte wie gebratenes Barschfilet auf Senfbutter mit Dillkartoffeln oder Zander im Mangoldkleid.

Ein häufig vorkommender Fisch, der in den mecklenburgischen Oberseen von der Müritz bis zum Plauer See in großen Schwärmen schwimmt, ist die **Maräne**, auch Renke genannt. Das helle Fleisch dieses silbrig glänzenden heringsähnlichen Fischchens aus der Familie der Forellen braucht einfach nur in Butter gebraten zu werden und ist fein und wohlschmeckend!

Für Feinschmecker

In einem bundesweiten Vergleich kam zutage, dass Mecklenburg-Vorpommern mit überdurchschnittlich vielen Spitzenrestaurants gesegnet ist. So buhlen auch in der Seenplatte viele Top-Restaurants mit einer jungen und kreativen Küche um die Gunst verwöhnter Feinschmecker. Meist liegen sie versteckt in der Pro-

Mein Tipp

Flusskrebse selbst gekocht

Wer mit dem Zelt unterwegs ist oder im Ferienhaus gern selber köchelt, tut gut daran, beim Fischer nach ›Beifang‹ zu fragen – am besten gleich frühmorgens, wenn die Netze geleert werden. Damit sind Flusskrebse gemeint, die man dann je nach Geschmack mediterran mit Thymian oder nordisch mit Dill im Wassertopf fünf Minuten leicht sieden lässt – auf keinen Fall länger, da das Krebsfleisch sonst schrumpft und hart wird. Dazu Pasta mit roter Tomaten- oder heller Weißweinsauce – und der Abend wird ein Erfolg!

vinz, zuweilen verbunden mit einem nicht weniger exquisiten Hotel. Die herausragendsten Küchen, die ihre mehrgängigen Menüs auch mit einer entsprechenden Weinkarte ergänzen können, sind sicherlich das »Kleine Meer« in Waren-Müritz (s. S. 85), die »Alte Schule« in Fürstenhagen bei Feldberg (s. S. 183), der »Wappensaal« in der Burg Schlitz (s. S. 225), das »Ich weiß ein Haus am See …« in Krakow am See (s. S. 255) und das »Ambiente« im Landhotel de Weimar in Ludwigslust (s. S. 283).

Ein Gourmet-Gipfel wird alljährlich im April im Rostock gefeiert, bei dem die sechs besten Köche Mecklenburgs ihre Kunst in einem Sieben-Gänge-Menü vereinigen. Wer beim großen Gourmet-Preis dabei sein und mitschlemmen möchte, meldet sich in der Yachthafenresidenz Hohe Düne, Rostock-Warnemünde, Tel. 03 81 50400, Karte ca. 160 €, www. desas.de, dazu an.

Aktivurlaub, Sport und Wellness

Angeln

Die Seenlandschaft Mittelmecklenburgs ist das reinste Anglerparadies. Das Wasser bringt gesunde Fische von beachtlicher Größe hervor. Zwanzigpfündige Hechte sind hier kein Anlass zur Aufregung. Im reichhaltigen Unterwasserrefugium der Seenplatte leben Aal, Barsch, Blei, Döbel, Gründling, Güster, Hecht, Karausche, Karpfen, Kaulbarsch, Große und Kleine Maräne, Plötze, Quappe, Rapfen, Rotfeder, Schleie, dreistachliger Stichling, Ukelei und Zander. Für Touristen, die nur im Urlaub einmal hobbymäßig angeln möchten, gibt es in Mecklenburg den **Touristenfischereischein**, mit dem Fried- und Raubfische geangelt werden dürfen, darüber hinaus wird eine **Angelkarte** benötigt (siehe Kasten). Die Fischermeister bieten **geführte Angeltouren**, aber auch **Eisangeln** im Winter an. Aufgrund des Naturschutzes ist Angeln nicht überall erlaubt. Ratsam ist es auch, sich über Schonzeiten, Mindestmaße und Fangbeschränkungen aufklären zu lassen.

Angelinfos
www.angeln-in-mv.de: Ansprechende Angler-Website für ganz Mecklenburg.
www.mueritzfischer.de: Extra-Tipps zum Angeln durch die Jahreszeiten; Broschüre »Mehr als Angeln an der Müritz« (Klappkarte mit allen Angelgewässern zwischen Dobbertin und Neubrandenburg) zu beziehen über Tel. 03991 153 40.
Angelparadies im Land der Tausend Seen: Kostenlose, informative Broschüre des Landesfischereiverbandes Mecklenburg-Vorpommern, zu beziehen über Tel. 0381 403 05 00 oder info@auf-nach-mv.de.

Touristenfischereischein
Erhältlich bei den Tourismusämtern für 20 € (nur einmal im Kalenderjahr, Mindestalter 10 Jahre, Gültigkeit 28 aufeinanderfolgende Tage).

Angelkarte
Erhältlich beim Inhaber oder Pächter des jeweiligen Angelreviers, in den Touristenbüros oder über **www. angelkarten-online.de**.

Baden

Von keinem Städtchen oder Dörfchen der Seenplatte sind es mehr als ein paar Kilometer bis zum nächsten See – die Region ist das reinste Badeparadies. Weiche, feine Sandstrände sind hier typisch und auch die Ufer sind meist lang und flach, was besonders für kleinere Kinder schön zum Spielen ist. Für die Größeren sind oftmals Rutschen mitten ins Wasser gestellt. Viele Strände werden offiziell bewacht. Infos erteilen die Tourismusämter vor Ort. Zur **Badewasserqualität** einzelner Seen und zu **FKK** s. S. 49.

Fahrrad fahren

Bis auf die Mecklenburgische Schweiz, wo sich schon mal ein 100 m hoher ›Berg‹ erheben kann, ist das Gebiet der Seenplatte flach, nur gelegentlich leicht hügelig und daher zum Radfahren ohne schweißtreibende Anstrengungen bestens geeignet. Auch die Winde sind nicht so stark wie an der

Zum Radfahren ideal: der Müritz-Nationalpark

Küste. Da es jedoch bei jeder Fahrrad-tour neben den gut befestigten Wegen immer wieder Abschnitte auf Kopfsteinpflaster oder Feld- und Waldwegen gibt, wird ein **Trekkingrad** oder zumindest ein stabiles Fahrrad mit breiten Profilreifen benötigt.

Radwandern

Im Bereich der Seenplatte gibt es einige größere, gut ausgeschilderte Streckenfahrten: **Fahrrad-Tour de Müritz** (85 km; s. S. 84), den **Radweg Hamburg-Rügen** (500 km), den **Mecklenburgischen Seen-Radweg** (625 km, von Lüneburg bis nach Wolgast) und den **Radfernweg Berlin-Kopenhagen** (630 km). Der Tourismusverband Mecklenburg-Vorpommern (s. S. 14) verschickt hierzu den kostenlosen Katalog »Radfernwege sieben abwechslungsreiche Erlebnistouren«.

Rad-Reiseveranstalter

Die Mecklenburger Radtour: Stralsund, Tel. 03831 30 67 60, Mo–Fr 8–17 Uhr, www.mecklenburger-radtour.de.

Radreisen in Mecklenburg: Kreien, Tel. 038733 22 98 16, www.radreisen-mecklenburg.de.
Mecklenburger Fahrrad-Touristik: Brüel, Tel. 038483 203 86, www.mecklenburger-rad-und-bootsreisen.de.

Golfen

Die weitläufigen und vielerorts unberührten Landschaften der Seenplatte, vor allem die sanften Hügel der Mecklenburgischen Schweiz, bieten sich wie von selbst als reizvolle Golfanlagen an. Im Raum der Seenplatte gibt es momentan sechs ganzjährig bespielbare Plätze und zwar bei Neubrandenburg (s. S. 199), Göhren-Lebbin am Fleesensee (s. S. 120), Teterow (s. S. 231), Serrahn und Schwerin. Fast alle von ihnen befinden sich in direkter Nachbarschaft zu schönen Golf- und Wellnesshotels.

Golfverband Mecklenburg-Vorpommern e. V.: Tel. 0385 557 77 88, www.golfverband-mv.de.

Hausboot fahren

Im Raum der Seenplatte darf man die schwimmenden Ferienwohnungen zwischen Schwerin und Rheinsberg ohne ›Pappe‹ anfahren, kurz vor Berlin ist das führerscheinfreie Revier jedoch zu Ende. Kuhnle-Tours, der Hauptanbieter im Raum der Seenplatte, verleiht ausschließlich Boote im Fünf-Sterne-Komfort in verschiedenen Größen für Crewstärken von Paar bis Kegelclub. Angler können zusätzliche Extras ordern wie Beiboot, Kühlbox und Räucherofen.

Kuhnle-Tours: Hafendorf Müritz, 1724 Rechlin (Müritz), Tel. 039823 266-0, www.kuhnle-tours.de.

Paddeln

Die besten Kanureviere im Raum der Seenplatte liegen im Müritz-Nationalpark, auf der Mecklenburger Kleinseenplatte sowie der Feldberger Seenplatte. Anfänger sollten die ganz großen Seen wie die Müritz oder den Plauer See meiden, da es hier bei stärkerem Westwind oder durch vorbeifahrende Fahrgastschiffe schon mal zu unangenehm hohem Wellengang kommen kann.

Sind Kinder mit dabei, sollten die Eltern darauf achten, dass die Kinderrettungsweste ohnmachtssicher ist. Besonderen Spaß macht es den Kleinen, wenn man eine beköderte Angelleine ans Heck hängt.

Preise ohne Guide: für die Ausleihe eines 2er-Kajaks oder eines 2er-Kanadiers muss man so um die 20 € für einen halben Tag und um die 30 € für einen ganzen Tag rechnen. Fast alle Verleiher geben für größere Gruppen, die gleichzeitig mehrere Boote mieten, Rabatte. Im Mietpreis enthalten sind immer die Paddel, eine Schwimmweste (Pflicht!) und ein wasserdichter Packsack.

Übrigens: Das Kanu ist der Oberbegriff für das Kajak, das nach Eskimo-Art mit einem Doppelpaddel gelenkt wird, und für den Kanadier, der nach Indianer-Art mit einem Stechpaddel gefahren wird.

Reiten

Die Mecklenburgische Seenplatte ist das beliebteste deutsche Gebiet für Hobbyreiter schlechthin. Seit der ›Wende‹ sind flächendeckend Reiterhöfe für Reiter mit und ohne eigenes Pferd entstanden. Da fast alle Anlagen relativ neu sind, stehen neben modernen Ställen und Boxen meist auch Reithallen, Dressurvierecke und Springplätze zur Verfügung. Eine hofeigene Weide ist schon fast eine Selbstverständlichkeit und wird kostenfrei sogar schon von einigen Hotels und Pensionen angeboten, in deren Umgebung sich adäquates Reitgelände befindet.

Landesverband Mecklenburg-Vorpommern für Reiten, Fahren, Voltigieren e. V.: Tel. 0381 377 87 35, www.pferde-in-mv.de. Die Homepage bietet eine Übersicht über zertifizierte mecklenburgische Reiterhöfe mit verschiedenen Angeboten zum Ferien- und Pensionsbetrieb und Hinweisen auf Turnierveranstaltungen.

Segeln

Bedeutende Segelreviere in der Seenplatte sind die Müritz, der Plauer See und der Kummerower See. Für Segeljachten mit und ohne Skipper gibt es Charterbasen in allen größeren Hafenstädten. Bei Übernahme eines Bootes ist meistens eine Kaution zu hinterlegen. Zum Schutz der Holzböden wird weiches Schuhwerk verlangt.

Grundsätzlich ist in Deutschland auf Binnengewässern der »Amtliche Sportbootführerschein Binnen« erforderlich. Führerscheinfrei sind Segelboote bis zu 12 m² Segelfläche und Motorboote bis 3,68 kW Antrieb.

Deutscher Segler-Verband: Tel. 040 632 00 90, www.dsv.org (u. a. Verzeichnis der Segelbootverleiher).

Sportbootführerschein auf der Müritz
Sportbootfahren erlernt man in drei Tagen, zum Segelschein braucht nur 5 Tage, wer die Theorie schon mitbringt.

Bootsführerschein Horst Malow: Ernst-Thälmann-Str. 42, Waren/Müritz, Tel. 03991 124 21, www.bootsfahrschule-malow.de.

Katamaran- und Surfmühle: Auf dem Campingplatz am Bolter Ufer, Boeker Mühle, Tel. 039823 213 80 oder 0172 659 93 11, www.fun-mueritz.de, April–Okt. tgl. 10–18 Uhr.

Wandern

Wandern ist in Mecklenburg ein zunehmend großes Thema. Allein die Nationalparks, Biosphärenreservate und Naturparks bieten unglaublich schöne Natureindrücke. Wer auf der Webseite www.auf-nach-mv.de des Tourismusverbandes den Link Wandern anklickt, bekommt reichlich Informationen und Kontaktadressen zu Wanderreisen, Pilgerwegen, Kurz- und Mehrtagestouren. Eher Spaziergängen gleich sind die Schnuppertouren von 2 bis 3 km Länge, ideal für Familien.

Wellness

Aufgrund des milden Reizklimas, der guten Luft und der hervorragenden Wasserqualität sowie jodhaltiger Solevorkommen ist Wellness in Mecklenburg ein großes Thema. Im Bereich der Seenplatte sind die Hauptanbieter momentan Schloss Teschow bei Teterow (s. S. 230), das Fleesensee-SPA in Göhren-Lebbien (s. S. 120), der Seehof Zielow in Ludorf an der Müritz, das Seehotel Ichlim bei Lärz (s. S. 147), das Hotel Bornmühle in Groß Nemerow bei Neubrandenburg (s. S. 197) und für die Medical Wellness die Klinik am Haussee in der Feldberger Seenlandschaft. Die weitaus größere Menge an Wellness-Häusern steht allerdings in den Ostseebädern an der Küste (Informationsbroschüre des Tourismusverbands Mecklenburg-Vorpommern, Tel. 0381 403 05 00, info@ auf-nach-mv.de).

Wellness-Zertifizierung
Wer eine wirklich gute Wellness-Behandlung erfahren will, sollte auf die folgenden Zertifikate des Deutschen Wellnessverbandes achten (die Prüfungen werden alle zwei Jahre wiederholt):

Basis-Zertifikat: angemeldete Prüfung der Basisstandards bezüglich Ausstattung, Wellness-Angebot, Gastronomie, Gästebetreuung und Preiswürdigkeit.
Voll-Zertifikat: unangemeldete Prüfung anhand von 750 Kriterien, kann mit gut, sehr gut und exzellent bestanden werden.

Deutscher Wellness Verband e. V.: Düsseldorf, Tel. 0211 679 69 11, www.wellnessverband.de (zertifizierte Wellnesshotels und aktuelle Wellness-Nachrichten).

Feste und Veranstaltungen

Die Seenplatte bietet neben vielen Volksfesten, historischen Festivitäten und Kunsthandwerkermärkten auch hochkarätige Veranstaltungen im Bereich Kultur und Sport, s. u. Die meisten Feste und Veranstaltungen finden natürlich während der Sommermonate statt.

Kulturfestivals und Märkte

Mittelaltermarkt in Groß Raden

Hobby-Slawen und -Wikinger treffen sich zu Ostern und am ersten Septemberwochenende auf dem Freigelände in diesem altslawischen Tempelort und praktizieren ein Lagerleben wie um 900 n. Chr (s. S. 260), Tel. 03847 22 52, www. kulturerbe-mv.de.

Neubrandenburger Jazzfrühling

Ende März–Anfang April: Konzerte und Jazz-Partys von Dixieland bis Free-Style, mit großem Eröffnungskonzert in der Neubrandenburger Konzertkirche, Jazz Connection Neubrandenburg e. V. Tel. 0395 457 53 22, www.jazz fruehling-nb.de.

FilmKunstFest Schwerin

Das Datum Ende April–Anfang Mai hat einen festen Platz im Terminkalender vieler Filmfreunde, denn dann wird Schwerin zu einer Hochburg für Kino-Kunst, Tel. 0385 551 57 70, www. filmkunstfest-mv.de.

Kunst offen

Alljährlich öffnen zu Pfingsten fast 500 Künstler aller Disziplinen in ganz Mecklenburg ihre Ateliers und Werkstätten, meist gibt es auch Kaffee und Kuchen oder Wein, Oliven und Käse, www.kunst-offen.de.

Festspiele Mecklenburg-Vorpommern

Renommiertes Festival mit zahlreichen Kammer- und Orchesterkonzerten in ganz Mecklenburg-Vorpommern an ungewöhnlichen Spielstätten, von Juni bis Ende September und an den Adventswochenenden, s. S. 66.

Reuterfestspiele in Stavenhagen

Das Niederdeutsch-Festival Mecklenburg-Vorpommerns findet am 3. Sonntag im Juni auf dem Stavenhagener Marktplatz statt; Auftakt ist der Plattdeutsche Gottesdienst. Theaterstücke, Tänze, Chor- und Sologesang, Instrumentalmusik; viele Marktstände, Tel. 039954 27 98 35.

Schlossfestspiele Schwerin

International renommiertes Festival mit Großer Oper von Juni bis in den August hinein auf der Freilichtbühne im Schlossgarten Schwerin, Tel. 0385 592 52-12/13/14.

Central-Mecklenburgischer Töpfermarkt

Am ersten August-Wochenende zeigen über 40 professionelle mecklenburgische Werkstätten am Fuße der Burg Schlitz, außerhalb von Hohen Demzin künstlerische Einzelstücke und Gebrauchskeramik. Kunstverein Teterow e.V., Tel. 03996 17 26 57, www.ga-lerie-teterow.de.

Picknick-Pferde-Sinfoniekonzerte

Mehrmals im Rahmen der Festspiele Mecklenburg-Vorpommern auf dem Landgestüt Redefin bei Ludwigslust. Nachmittags Open-Air-Picknick mit anschließender Pferdeshow, abends Klassikkonzert in der Großen Reithalle, s. S. 66.

Dokument-Art Neubrandenburg

Das internationale Festival macht die Stadt im September zu einer Art Mekka des jungen europäischen Dokumentarfilms, Tel. 0395 544 25 70 (Kino Latücht), www.dokumentart.org.

Sportveranstaltungen

Müritz-Sail

Dreitägige offene Regatta und Städte-Regatta für alle Bootsklassen sowie ein Wett-Kuttersegeln mit attraktivem Rahmenprogramm im Mai: Festumzug, Höhenfeuerwerk und Mitflüge in einem Wasserflugzeug. Townet Management, Tel. 0381 71 90 74, www.mueritzsail.net.

Internationales Teterower Bergringrennen

An Pfingstsamstag und -sonntag internationales Motorradrennen auf der Grasbahn des Bergrings und in der Arena am Kellerholz in Teterow, Appelhäger Chaussee 1, Tel. 03996 15 96 92 oder über www.bergring-teterow.de.

Malchiner Motorradtreffen

Größter drei- bis viertägiger Biker-Treff um den 1. Mai im Norden der Republik, bei dem Biker aus Deutschland und dem nahen Ausland in die Mecklenburgische Schweiz kommen und die neue Waldarena im Malchiner Hainholz bevölkern. Musik, Showeinlagen und immer mindestens eine echte Biker-Hochzeit, Tel. 03994 64 01 11, **www.motorradtreffen-malchin.de**.

Internationaler Tollenseseelauf in Neubrandenburg

Marathon über 40 km, Halbmarathon über 20 km, Nordic Walking über 10 km, Staffelmarathon rund um den See und auch Kinderläufe. SV-Turbine Neu-

www.mvtermine.de

Dieser Online-Kalender listet alle Fest- und Veranstaltungstermine für ganz Mecklenburg-Vorpommern auf; unterschieden wird nach Themen-, Tages-, Regional- und Feiertagskalender.

brandenburg e. V., Tel. 0395 566 53 77, www.tollenseseelauf.de.

Ganschower Stutenparade

Jedes Jahr an drei aufeinanderfolgenden Wochenenden im Juli, jeweils beginnend am 2. Julisonntag, startet in Ganschow ein großes Schauprogramm mit etwa 20 Schaubildern aus Zucht, Sport und Kunstritt. Ein Höhepunkt ist die größte deutsche Zweispännerquadrille mit 16 Gespannen. Tel. 038458 202 26, www.gestuet-ganschow.de, Sitzplatz überdachte Tribüne 23,50 €, nicht überdachte Sitzplätze 15 €, Kinder bis 13 Jahre 6 €.

1000-Seen-Marathon

Jedes Jahr Ende September/Anfang Oktober organisiert Biber-Tours diesen krönenden Abschluss der mecklenburgischen Kanusaison, bei dem drei Wasserwanderstrecken über 21 km, 42 km und 62 km ausgewiesen werden. www.1000seen-marathon.de.

Hengstparade in Redefin

Über Mecklenburg hinaus bekannte Reit- und Dressurvorführung auf dem schönen Landgestüt Redefin nahe Ludwigslust an den vier Wochenenden im September. Höhepunkt für Züchter, Reiter und Pferdeliebhaber. Vierstündiges Dressur-, Spring- und Fahrprogramm mit höchster Reitkunst. Tel. 03 8854 62 00 od. 620 13, www.landgestuet-redefin.de, 25 € (überdachte Tribüne, Schalensitz), Karten auf telefonische Bestellung.

Festkalender

März/April

Neubrandenburger Jazzfrühling: Ende März–Anfang April

Ostermarkt auf der Burg Stargard: Letztes Wochenende vor Ostern

Großer Mittelaltermarkt im Altslawischen Tempelort Groß Raden: Karfreitag bis Ostersonntag oder -montag

Opernproduktion der Musikakademie Rheinsberg: Ostern (Premiere)

Mai

Kunst offen: Pfingstsamstag bis -montag in ganz Mecklenburg

Müritz-Sail: 3-tägige Segelregatta

Internationales Teterower Bergringrennen: Pfingstsamstag u. -sonntag

Malchiner Motorradtreffen: um den 1. Mai, drei- bis viertägig

Sternberger Rapsblütenfest: an einem Wochenende von Fr–So

Mittelaltertage auf der Burg Stargard: und September, jeweils 3. Mi

Juni

Festspiele Mecklenburg-Vorpommern: bis Ende Sept. in ganz Mecklenburg

Internationaler Tollenseseelauf in Neubrandenburg: 3. Sa

Festspiele im Schlossgarten Neustrelitz: Termine bis in den Aug.: www.festspiele-im-schlossgarten.de

Reuterfestspiele in der Reuterstadt Stavenhagen: 3. Wochenende So

Juli

Schweriner Töpfermarkt: 1. Wochenende

STATT-Fest: an einem Sa Anfang Juli in Feldberg mit Drei-Seen-Schwimmen und Tanz

Ganschower Stutenparade: an den drei Wochenenden ab 2. So

Müritzfest: 2. Wochenende Fr–So

Lichterfest rund um den Kummerower See: Am letzten Wochenende

Schlossfestspiele Schwerin: im Juli/Aug.

August

Vier-Tore-Fest in Neubrandenburg: 4-tägig, Konzerte, Märkte u. a.

Picknick-Pferde-Sinfoniekonzerte in Redefin: An einem Wochenendtag

Central-Mecklenburgischer Töpfermarkt: 1. Wochenende, Hohen Demzin

Mittelalterliches Burgfest Burg Stargard: 2. Wochenende

Drachenbootfestival in Schwerin: 4. Wochenende Fr–So

September/Oktober

Slawenland in Wikingerhand: 1. Wochenende in Groß Raden

Bauernmarkt/Scheunenfest auf dem Thünengut bei Teterow: 1. Sept.-So

1000-Seen-Marathon: Ende Sept./Anf. Okt. für Kanuten in Diemitz

Dokument-Art in Neubrandenburg: Sept. od. Okt., fünf- bis sechstägig

Hengstparade in Redefin: an den vier Wochenenden

Müritz Fischtage: Kochaktion der Müritzfischer in den ersten 3 Okt.-Wochen

Rheinsberger Töpfermarkt: An zwei Wochenendtagen im Okt.

November/Dezember

Lange Nacht der Künste in Rheinsberg: am ersten Novembersamstag

Kunstmarkt Neubrandenburg: 3. Adventswochenende

Weihnachtsmarkt auf Schloss Ulrichshusen: an den Adventswochenenden

Mäkelborger Weihnachtsmarkt in Schwerin: tgl. bis zum 31. Dez.

Reiseinfos von A bis Z

Feiertage

1. Januar (Neujahr), März–April (Karfreitag, Ostermontag), 1. Mai (Maifeiertag), Mai–Juni (Christi Himmelfahrt, Pfingstmontag), 3. Oktober (Tag der Deutschen Einheit), 31. Oktober (Reformationstag), 25./26. Dezember (erster und zweiter Weihnachtsfeiertag).

Karten

Kleine faltbare Stadtpläne (von unterschiedlicher Qualität) schicken die örtlichen Tourismusbüros als Bestandteil einer Image-Broschüre auf Anfrage kostenfrei zu (Adressen im Reiseteil).

Straßenkarte
Falkplan Straßenkarte Mecklenburg-Vorpommern: 1:250 000 (sehr übersichtlich, mit Ortsregister).

Rad- und Wanderkarten
Die schönsten Rad-, Wander- und Paddelkarten sowie auch Angel- und Gewässerkarten hat der Klemmer-Verlag, www.klemmer-verlag.de, Maßstab 1:50 000, alle GPS-geeignet; sehr detailreich; Logos für jede Sehenswürdigkeit; ohne Ortsregister. Das Programm wird ständig erweitert. Vor Reiseantritt per Internet-Shop zu kaufen oder bei den örtlichen Touristenbüros erhältlich.

Medien

Radio
Norddeutscher Rundfunk: Landesfunkhaus, Mecklenburg-Studio Schwerin, Tel. 0385 5959 50. NDR 1 bis 4 und NDR Jugendradio N-Joy.

Antenne Mecklenburg-Vorpommern (UKW): Plate bei Schwerin, Tel. 03861 550 00 oder Service: 01805 74 04 74. Röbel 93,8 – Marlow 100,8 – Schwerin 101,3 – Helpter Berge 103,8.

Ostseewelle – Hitradio Mecklenburg-Vorpommern (UKW): Rostock, Tel. 0381 49 13 40. Marlow 104,8 – Helpter Berge 105,8 – Schwerin 107,3.

Zeitungen
Die drei größten Tageszeitungen des Landes sind die »Ostsee-Zeitung« aus Rostock für den Bereich der Küste, die »Schweriner Volkszeitung« für den westlichen Bereich der Seenplatte und der »Nordkurier« aus Neubrandenburg für den östlichen Bereich der Seenplatte.

National- und Naturparks

Insgesamt gibt es in Deutschland 14 Nationalparks. Das sind Gebiete mit dem weltweit höchsten Schutzstatus überhaupt. Einer davon, nämlich der **Müritz-Nationalpark,** befindet sich auf dem Gebiet der Seenplatte und stellt zugleich ihr heimliches und »gefühltes« Zentrum dar. Weiterhin gibt es auf dem Gebiet der Seenplatte vier Naturparks: **Feldberger Seenlandschaft, Mecklenburgische Schweiz und Kummerower See, Nossentiner/ Schwinzer Heide** und **Sternberger Seenlandschaft** (s. S. 52; Kontaktadressen s. Infokästen im Reisezielteil).

Weiterführende Naturparkinfos
www.natur-mv.de: Sehr gute Beschreibungen aller Gebiete, übersichtliche Karte, komplette Adressenleiste, ausführlicher Veranstaltungskalender

Sensibles Ökosystem Seenplatte

Regeln der Müritz-Nationalparkverwaltung zum Schutz des Naturerbes:

- keine Pflanzen pflücken
- Hunde an die Leine nehmen
- Keine Motorboote
- Boot fahren nur auf dafür ausgewiesenen Seen
- Befahren und Anlanden nur in markierten Uferbereichen
- Röhrichtbestände und dicht bewachsene Uferbereiche meiden
- In der Kernzone nur ausgewiesene Wanderwege benutzen
- Angeln, Baden und Campen nur an ausgewiesenen Stellen
- Lärm vermeiden, Müll mitnehmen

(interessante geführte Wanderungen durch die Parks).
www.nationale-naturlandschaften.de: Berichte über aktuelle Geschehnisse in den Parks, z. B. gibt es einen Pressespiegel zu wichtigen Medienereignissen wie Klimakonferenzen etc.

»Natur erleben Mecklenburg-Vorpommern«: 472 Seiten. Dieses vom Klartext-Verlag 2011 herausgegebene Buch berichtet von den insgesamt drei Nationalparks, sieben Naturparks und zwei Biosphärenreservaten Mecklenburg-Vorpommerns. Sehr anregend sind die zahlreichen Routenvorschläge für Wanderungen, Fahrrad- und Kanutouren durch die Gebiete samt einer appetitanregenden Vorstellung kulinarischer Besonderheiten in den einzelnen Regionen.

Notruf

Feuerwehr/Notarzt: Tel. 112
Polizei: Tel. 110
Ärztlicher Bereitschaftsdienst: Tel. 116 117
Sperrung von Handys, EC- und Kreditkarten: 116 116

Die Uferbereiche sind ein äußerst sensibler Lebensraum für Flora und Fauna

Öffnungszeiten

In den größeren Städten Mecklenburg-Vorpommerns gelten die offiziellen deutschen Ladenöffnungszeiten: Mo–Fr 8–20, Sa 8–20 Uhr. Die Geschäfte und Läden auf dem Land handhaben ihre Öffnungszeiten individuell – so wird häufig eine Mittagspause eingelegt und ab 18 Uhr geschlossen.

Pannenhilfe

ADAC: Tel. 0180 222 22 22, vom Handy 22 22 22. Bundesweit und rund um die Uhr wird man mit der nächstliegenden Pannenstation verbunden.
ACE-Autoclub Europa: Tel. 01802 34 35 36. Bundesweit und rund um die Uhr informiert bei einem Anruf die Zentrale den nächstliegenden Pannendienst.

Preise

Generell liegen die Preise im Bereich der Seenplatte unter denen an der Küste. Für den Eintritt in eine ungeheizte, mit muffigem Alltagsgerümpel gefüllte Heimatstube zahlt man jedoch als Erwachsener schon einmal 2,50 € (1,50 € pro Kind). Oder blättert für die schlichte Innenraumbetrachtung der leeren Konzertkirche Neubrandenburg 4 € pro Person hin. Es wäre sinnvoll, sich gegebenenfalls gleich an Ort und Stelle zu beschweren, damit allmählich überall ein Bewusstsein für angemessene Preise entsteht.

Reisen mit Handicap

Ohne Barrieren e. V.: Elmenhorster Weg 36, 18109 Rostock, Tel. 0381 252 48 48, www.barrierefrei.m-vp.de.

Spartipp
Mit der **1000SeenCard,** die immer bis zum Jahresende gültig ist, erhalten Sie zahlreiche Vergünstigungen im Großraum rund um die Müritz. Beteiligte Partner sind Hotels, Restaurants, Fahrrad- und Bootsvermieter, Museen, Thermen sowie Freizeitparks. Die Karte ist erhältlich über Tel. 03991 63 46 91 (Mo–Fr 9–16 Uhr), www.1000seencard.de.

Naturbeobachtung ohne Hindernis: Im Müritz-Nationalpark ist eine Reihe von Naturbeobachtungsstätten barrierefrei gebaut. Der Erlebnispfad Kratzeburg-Dambeck ist für Blinde und Sehbehinderte. Infos: Nationalparkamt Müritz, Tel. 039824 25 20 oder 252 31.

Souvenirs

Da die Seenplatte keinen landestypischen Stil bei kunsthandwerklichen Produkten hervorgebracht hat, eignen sich die Schätze der Natur am besten als Mitbringsel. So werden an Straßenverkaufsständen selbst gemachte Marmeladen, Honig und Sanddornprodukte angeboten. Urlauber mit kurzer Anreise nehmen auch gern frischen und geräucherten Fisch mit, den es an vielen Stellen in Räuchereien oder bei den Fischern zu kaufen gibt.

Auch von Künstlern getöpferte Keramik ist als Mitbringsel beliebt. Wer es lieber etwas ausgefallener mag, kann sich ein Stück ›**Sternberger Kuchen**‹, ein von der Natur gepresstes Muschelkalkgebilde mit nach Hause nehmen (s. S. 257) oder bei der Warener Touristeninfo ein Tütchen **Thermalsolen-Badesalz** erwerben (das Salz verschafft u. a. Heilung bei Hauterkrankungen, Bronchitis und Rheuma).

Panorama – Daten, Essays, Hintergründe

Wie ein Willkommensgruß: die Adorantinnen am Stargarder Tor in Neubrandenburg

Steckbrief Mecklenburgische Seenplatte

Lage und Fläche: Die Seenplatte zwischen Schwerin im Westen, Woldegk im Osten, Waren im Norden und der brandenburgischen Landesgrenze im Süden umfasst mit ca. 6000 km^2 ein Viertel der gesamten Landesfläche Mecklenburg Vorpommerns. Rechnet man Güstrow und die Mecklenburgische Schweiz noch dazu, bildet es sogar ein knappes Drittel des Bundeslandes. **Einwohner:** etwa 460 000 (1 681 000 im ganzen Bundesland).

Der Landtag tagt im Schweriner Schloss

Geografie und Natur

Von oben gesehen ist die Seenplatte ein sichelförmiges Gebilde in der Mitte und im Süden des Landes Mecklenburg-Vorpommern. Sie wird von einem nördlichen und einem südlichen Endmoränenzug begrenzt. Das westliche Ende bildet der Schaalsee an der Grenze zu Schleswig-Holstein, das östliche der Abhang zum Ückertal hinter Friedland. Der Begriff ›Platte‹ rührt daher, dass das ganze Gebiet auf einer riesigen, höher gelegenen Zechsteinmeersalzplatte liegt. Aufgrund der Plattenlage liegt auch die Wasseroberfläche aller Seen über dem Niveau des Meeresspiegels.

Der größte See ist die **Müritz** mit 117 km^2 Wasserfläche, nach dem auf 3 Länder verteilten Bodensee der zweitgrößte See in Deutschland. Der tiefste ist mit 58 m der **Breite Luzin**. Höchste Erhebung in ganz Mecklenburg sind mit 179 m die **Helpter Berge** bei Woldegk in der Feldberger Seenlandschaft.

Nach Jahrhunderten des Raubbaus an einheimischen Buchenwäldern und immer neuer Anpflanzung zum Abholzen bestimmter Kiefernwälder wird heute wieder verstärkt mit Mischwald aufgeforstet. Im Raum der Seenplatte finden sich Exemplare der ältesten Bäume Deutschlands.

Geschichte und Kultur

Die ältesten kulturellen Spuren führen zurück zu den Trichterbecherleuten um 4000 v. Chr. Erste nachvollziehbare Siedlungsorte bildeten um 600 n. Chr. die Slawen. Im hohen Mittelalter, als Mecklenburg deutsches Herzogtum wurde, legten die Bauern erste Reihen- und Haufendörfer mit niederdeutschen Hallenhäusern an. Zwischen 1250 und 1300 entstanden die ersten Klöster, um 1550 die ersten Schlossbauten; bis ins 19. Jh. wuchs die Zahl der Adelshäuser auf über 2000.

Zu den herausragenden Mecklenburger Kulturschaffenden gehören der Bildhauer Ernst Barlach und die Schriftsteller Fritz Reuter und Hans Fallada. Bekanntere Literaten-Namen aus aktueller Zeit sind Brigitte Reimann und Christa Wolf. Heute leben in Mecklenburg etwa 500 freie Künstler, unter denen die Keramiker die größte Gruppe bilden. In der Musik glänzt Mecklenburg mit seinen herausragenden Konzertreihen wie den Festspielen Mecklenburg-Vorpommern im Sommer oder dem Neubrandenburger Jazzfrühling.

Staat und Politik

Nach 1945 entstand zum ersten Mal der Landesname unter den Sowjets, als das historische Land Mecklenburg und die ehemalige preußische Provinz Vorpommern zu einem Land vereint wurden. 1990 entstand Mecklenburg-Vorpommern ein zweites Mal durch die Zusammenlegung der DDR-Verwaltungsbezirke Schwerin, Rostock und Neubrandenburg. Das heutige Bundesland besteht zu zwei Dritteln aus dem Territorium des alten Mecklenburg.

Aus den Landtagswahlen 2006 ging eine große Koalition aus SPD und CDU hervor. 2008 hat der Landtag Erwin Sellering zum SPD-Ministerpräsidenten gewählt, der damit seinen Parteikollegen Harald Ringsdorff ablöste.

Wirtschaft und Tourismus

Stärkste Wirtschaftszweige im Raum der Seenplatte sind die Landwirtschaft, die Fischerei und natürlich der zunehmende Tourismus. Einige Bedeutung hat auch die Viehzucht. Die wenigen industriellen Standorte konzentrieren sich auf Schwerin, Neubrandenburg und Waren. Vorherrschende Gewerbezweige sind die Veredelung landwirtschaftlicher Produkte, die Lebensmittelindustrie, die Produktion von Spezialtechnik für die Forstwirtschaft, die Zulieferindustrie für den Schiffbau in den großen Werften an der Ostseeküste sowie die Rohholzgewinnung und -verarbeitung. Bodenschätze hat Mecklenburg so gut wie keine.

Die Rate der Arbeitslosigkeit liegt durchschnittlich bei 11 Prozent und hat eine leicht sinkende Tendenz. In erster Linie füllt mehr und mehr der Tourismus die häufig leeren Geldbeutel der Einheimischen; die Beliebtheit Mecklenburgs als Urlaubsland steigt insbesondere bei den Deutschen selbst wie auch bei den Skandinaviern, Niederländern, Österreichern und Schweizern.

Bevölkerung

Mit 74 Einwohnern pro km^2 hat Mecklenburg-Vorpommern die geringste Bevölkerungsdichte in der gesamten Bundesrepublik – mit sinkender Tendenz. Auch der Ausländeranteil ist der geringste der Republik. Da die Seenplatte bis auf Neubrandenburg keine größeren Städte vorzuweisen hat, leben die meisten Menschen in kleinen Stadtgemeinden, die in der Regel aus mehreren Siedlungen bestehen. 50 % dieser Gemeinden haben weniger als 500 Einwohner.

Eine große Veränderung in der Bevölkerungszusammensetzung brachte die Zeit nach dem Zweiten Weltkrieg, als hier viele Heimatvertriebene aus Ostpommern und Ostpreußen sesshaft wurden, später ergänzt von Zugezogenen aus anderen Regionen der DDR.

Sprache und Religion

Mecklenburg-Vorpommern gehört dem ostniederdeutschen Sprachraum an. Das vom Hochdeutschen über Jahrhunderte als Schriftsprache verdrängte Niederdeutsche erfährt gegenwärtig ein ›Revival‹, dennoch wird es in weiten Teilen des Landes aktiv vorwiegend nur von der älteren Generation gesprochen, von vielen Jüngeren aber immerhin noch verstanden.

Etwa 82,5 % der Bevölkerung in diesem Bundesland sind als konfessionslos verzeichnet, etwa 14 % gehören der evangelischen und circa 3,5 % der katholischen Kirche an.

Geschichte im Überblick

Eiszeit
10 000 v. Chr.
Ganz Mecklenburg ist von 1000 m hohen Eiskappen bedeckt. Am Ende der Eiszeit leben hier an Kälte gewöhnte Tiere wie der Eisfuchs, das Ren, das Mammut und der Höhlenbär.

Mittelsteinzeit
10 000– 4000 v. Chr.
In der Mittelsteinzeit, die mit dem Ende der Eiszeit beginnt, siedeln die ersten Menschen in dem Gebiet der Seenplatte. Sie leben von der Jagd und vom Fischfang und hinterlassen mit ihren imposanten Großsteingräbern der Nachwelt sichtbare Spuren.

Germanenzeit
um Christi Geburt
Römische Kundschafter ermitteln, dass im Mecklenburger Gebiet Germanen siedeln.

300 n. Chr.
In der Zeit der Völkerwanderung ziehen die Germanen nach Süden.

Slawenzeit
500
Slawische Stämme kommen in die menschenleeren mecklenburgischen Wälder. Sie roden große Flächen, bewirtschaften die Sandböden, bauen sich Hütten und befestigen ihre Siedlungen mit Burgen und Wällen, im Westen die Obotriten, im Osten die Wilzen. Eine ihrer Burgen, die **Mikilinborg** (slaw.: »große Burg«) bei Wismar, begründet den heutigen Landesnamen.

1147
Mit dem Wendenkreuzzug verzeichnen die deutschen Herrscher ihre ersten Erfolge bei der Vertreibung und Unterwerfung der Slawen.

1160
Der letzte freie Obotritenfürst Niklot setzt seine Burgen in Schwerin, Mecklenburg, Dobbin und Ilow in Brand. Auf der Flucht vor deutschen Rittern wird er getötet.

Deutsche Kolonisation
1154 und 1160
Die Bistümer Ratzeburg und Schwerin werden gegründet und nehmen ihre Missionstätigkeit auf. Daneben gibt es viele Städtegründungen und bäuerliche Kolonisation. Das alles fördert die Eindeutschung des Landes ohne blutige Kämpfe.

1167
Niklots Sohn Pribislaw lässt sich taufen und darf als Vasall von Herzog Heinrich dem Löwen das Land regieren. So wird er zum Stammvater des mecklenburgischen Fürstenhauses.

1348
Kaiser Karl IV. erhebt die mecklenburgischen Fürsten zu reichsunmittelbaren Herzögen.

42

1549	Der Sternberger Landtag erklärt das Luthertum zur Landesreligion.

Dreißigjähriger Krieg

1618–48 Während des Dreißigjährigen Krieges wird das Mecklenburger Land von durchziehenden Truppen aus Brandenburg und Schweden aufs Schlimmste geplündert und verwüstet. Auch benachbarte Adlige und Ritter berauben sich untereinander. In den Städten wütet die Pest.

1621 Mecklenburg wird in die Herzogtümer Mecklenburg-Schwerin und Mecklenburg-Güstrow geteilt.

1627 Beide Herzöge werden wegen ihres Bündnisses mit Christian IV. von Dänemark vom deutschen Kaiser vertrieben.

1629 regiert Wallenstein ganz Mecklenburg als Lehen. Erst 1631 führt Gustav Adolf die geächteten Herzöge nach Schwerin und Güstrow zurück.

Das 18. Jahrhundert

ca. 1660–1760 Blütezeit der Mecklenburger Glasmanufakturen, die mit dem für sie typischen braunen und grünen Waldglas berühmt werden.

1695 Mit dem Tod Gustav Adolfs von Mecklenburg-Güstrow erlischt die Güstrower Linie. Ein Erbfolgestreit bricht aus, der erst 60 Jahre später durch den »Erbvergleich« besiegelt wird.

1701 Nach langen Wirren zwischen Herzögen und Ständen kommt es zum sogenannten Hamburger Vergleich. Unter Gustav Adolfs Schwiegersohn, Herzog Adolf Friedrich II. (Thronzeit 1701–08), entsteht die Linie Mecklenburg-Strelitz mit Residenz in Mirow.

ca. 1750 Um das Holzaufkommen zu erhöhen, werden die Buchenwälder abgeholzt und Kiefernforste angelegt. Die Kiefer wird zum typischen Baum der mecklenburgischen Heidewälder. Sie wird im 15. Jh. zum ersten Mal erwähnt und nimmt seitdem in ihrer Bedeutung für das Land stetig zu.

Napoleonische Besatzung

1813 Dem Beispiel Preußens folgend, erlässt Herzog Carl II. von Mecklenburg-Strelitz (Thronzeit 1794–1816), Vater der Königin Luise, einen Aufruf zum allgemeinen Widerstand gegen die napoleonische Fremdherrschaft. Das nach Carl benannte C-Husarenregiment wird unter dem Oberbefehl Blüchers in die Schlesische Armee Preußens integriert und zieht in die Völkerschlacht bei Leipzig.

Das 19. Jahrhundert

1815   Beide Mecklenburger Herrscherhäuser werden Großherzogtum.

1820   Als letztes Land auf deutschem Boden hebt die mecklenburgische Ritterschaft schrittweise die Leibeigenschaft der Bauern auf.

ab 1821   Infolge einer Agrarkrise und der fehlenden industriellen Entwicklung setzt eine große Auswanderungswelle nach Amerika ein. So ziehen Gutsbetriebe polnische Landarbeiter zur Erntearbeit heran.

1848/49   In Mecklenburg-Strelitz formiert sich mit der Vereinigung der Reformer und der Demokraten eine starke kleinbürgerliche Opposition gegen den Großherzog. Es gelingt ihnen, das ständische System aufzuheben, ein demokratisches Wahlrecht, Presse- und Versammlungsfreiheit zu etablieren.

1849   Als der preußische König Friedrich Wilhelm IV. in Berlin die Revolution vom Militär niederknüppeln lässt, bezwingt auch Großherzog Georg (Thronzeit 1816–60) ›seine‹ Aufständischen und stellt die alten Zustände wieder her. Die von Georg unterstützte Bemühung um eine Verfassungsreform scheitert am Widerstand der Ritterschaft. In der Nachfolgezeit bleibt Mecklenburg sowohl politisch als auch wirtschaftlich eines der rückständigsten Länder auf deutschem Gebiet.

ca. 1880–1919   Die seit dem 17. Jh. verbreiteten Mecklenburger Glashütten stellen ihre Produktion ein, da sie der industriell gefertigten Konkurrenz nicht mehr gewachsen sind.

Weimarer Republik

1918   Der Schweriner Großherzog Friedrich Franz IV. dankt ab, die Volksvertretung in Ratzeburg tritt freiwillig nicht mehr zusammen. Auch in Mecklenburg-Strelitz geschieht Einschneidendes: Der letzte Großherzog Adolf Friedrich VI. (seit 1914 Regent) begeht am 24. Februar Selbstmord. Vor Regelung der Erbfolge bricht die Revolution aus, und erst jetzt wird in Mecklenburg der mittelalterliche Ständestaat offiziell abgeschafft.

1920 und 1923   Der Freistaat Schwerin gibt sich eine Verfassung und das Land Mecklenburg-Strelitz ein Landesgrundgesetz, wodurch beide parlamentarisch-demokratische Republiken werden.

Nationalsozialistische Zeit

1. Januar 1934   Beide Länder werden zum 15 700 km² großen Gau Mecklenburg vereinigt. Regierungssitz der 900 600 Mecklenburger wird Schwerin.

Nach 1945

1945 Nach Beendigung des Zweiten Weltkrieges wird Mecklenburg sowjetische Besatzungszone. Durch den Flüchtlingszustrom aus Ostpreußen, Westpreußen und Pommern verdoppelt sich die geringe Siedlungsdichte: statt 50 leben hier nun 100 Einwohner pro km^2. Mecklenburg wird um Vorpommern, den verbliebenen Teil Pommerns westlich der Oder, auf 23 000 km^2 vergrößert und trägt seitdem den Namen Mecklenburg-Vorpommern.

1946 Mit der Bodenreform wird der Großgrundbesitz über 100 ha entschädigungslos enteignet und in Neubauernwirtschaften aufgeteilt. Nach dem Motto »Junkernland in Bauernhand« stößt die Bodenreform auf die Sympathie von Landarbeitern in dem jahrhundertealten Wunsch nach eigenem Land. Die schlossähnlichen Herrenhäuser und Parks werden entweder abgerissen oder zweckentfremdet genutzt.

DDR-Zeit

1949 Mecklenburg wird Teil der Deutschen Demokratischen Republik. Die aufgrund der Einheitsliste durchgeführten Wahlen sichern der SED 1950 die Mehrheit im Landtag.

23. Juli 1952 Während der DDR-Verwaltungsreform werden Landesregierung und Landtag aufgehoben und das historische Mecklenburg-Vorpommern in die drei Bezirke Rostock, Schwerin und Neubrandenburg aufgeteilt.

Mecklenburg-Vorpommern heute

1990 Mit der deutschen Vereinigung kommt es zur Neugründung des Landes Mecklenburg-Vorpommern.

1995 Mecklenburg-Vorpommern begeht seine Tausendjahrfeier mit vielen Festen, sportlichen und kulturellen Veranstaltungen.

2011 Die Landtagswahlen im September erbringen die Wahl des Ministerpräsidenten Erwin Sellering (SPD). An Zweitstimmen erhielt die SPD 35,6 %, CDU 23 %, Die Linke 18,4 %, Die Grünen 8,7 % und NPD 6 %. Die FDP und die Piraten haben keine Sitze im Landtag.
Gleichzeitig tritt eine Kreisgebietsreform in Kraft. Danach gibt es nun zwei kreisfreie Städte (Schwerin und Rostock) sowie sechs Landkreise: Mecklenburgische Seenplatte, Rostock, Vorpommern-Rügen, Nordwest-Mecklenburg, Vorpommern-Greifswald und Ludwigslust-Parchim.

2012 Die Tourismusbranche boomt stärker denn je zuvor und verbucht für das 1. Quartal 2012 in Mecklenburg-Vorpommern einen Besucherrekord von gut 3 Mio. Übernachtungen (10,4 % mehr als im Vorjahr).

Faszination Wasser – im Land der tausend Seen

Als »Augen der Erde« hat der Astronaut Ulf Merbold die großen Seen der Welt bezeichnet. Ob er von dort oben, aus der Umlaufbahn um die Erde, auch die Mecklenburgische Seenplatte erkannt hat? Vermutlich nicht, denn so groß wie der tibetische Qinghai Hu am Ostrand des tibetischen Hochlandes oder der Baikalsee in Sibirien sind die Gewässer der Seenplatte nicht. Doch auch wenn die Mecklenburgischen Seen aus der Ferne des Weltalls schon keine Augen sein dürften, so doch zumindest ein Gesprengsel zarter Sommersprossen …

Wie viele Seen sind es denn nun eigentlich im Mecklenburgischen Binnenland? Das Güstrower Landesamt für Umwelt, Naturschutz und Geologie wollte diese viel diskutierte Frage

klären. Bei 2014 hörte man auf mit dem Zählen, Gewässer mit einer Wasseroberfläche unter 10 000 m^2 wurden erst gar nicht mehr berücksichtigt. Hätte man auch die allerkleinsten Seechen, Sölle und Tümpel noch miteinbezogen, wäre die Zahl der mecklenburgischen Gewässer vermutlich um ein Vielfaches höher, doch eine genaue Angabe verweigert die Statistik. Seit dieser Erhebung betrachten die Mecklenburger die Frage nach der exakten Zahl ihrer Gewässer eher als Scherzfrage. Egal, wie viele Seen es im Einzelnen auch sein mögen – die Mecklenburgische Seenplatte ist neben der Masurischen und der Pommerschen eine der drei größten Seenlandschaften Mitteleuropas, und die Müritz mit ihren 117 Quadratkilometern das größte Binnengewässer Deutschlands.

Woher das viele Wasser kommt

Ihre heutige Prägung erhielt die Mecklenburgische Seenplatte durch die letzte, die sogenannte Weichsel-Eiszeit vor etwa 12 000 Jahren. Zu jener Zeit schoben 1000 m dicke Eisgletscher wie eine Planierraupe ungeheure Geröllmassen aus Skandinavien durch die Ostsee Richtung Süden. Die Riesengletscher stauchten die Erdmassen einerseits zu Moränen vor sich auf und drückten andererseits Hohlräume in den Boden. Nach dem Abtauen der Gletscher blieb das Wasser in den Rinnen und Senken stehen – die Mecklenburgische Seenplatte war entstanden! So kommt es, dass der Mecklenburger Boden eigentlich aus Skandinavien stammt und man sich beim Anblick eines baumumstandenen Sees an die urwüchsige Schönheit der norwegischen Landschaft erinnert fühlt.

Grundmoränensee oder Rinnensee?

Die Mecklenburgischen Seen sind sehr unterschiedlich tief – je nachdem, welchem geologischen Phänomen sie ihre Entstehung verdanken. Grundmoränenseen entstanden aus Senken und sind eher flache Gewässer, Rinnenseen bildeten sich aus den schmalen, bisweilen sehr tiefen Rinnen, in denen unter einem Gletscher das Schmelzwasser abfloss. Manche Seen verbinden beide Varianten – so beispielsweise die Müritz. An den meisten Stellen ist sie ein relativ seichtes Gewässer mit einer maximalen Tiefe von 10 m. Dort, wo ehe-

malige Schmelzwasserrinnen sie
durchziehen, erreicht sie allerdings
eine Tiefe von bis zu 30 m. Der Schmale
Luzin dagegen ist ein typischer Rinnensee. Er ist fast 7 km lang, aber nur
200 bis 300 m breit, dafür bis zu 34 m
tief.

Labiles Gleichgewicht

Im Gegensatz zu Flüssen, die sich durch
ständige Frischwasserzufuhr selbst
durchspülen können, sind Seen hochempfindliche Ökosysteme, sogenannte Nährstoff-Fallen. Was einmal
hineingelangt ist, kommt so schnell
nicht wieder heraus. Zwar ist die Seenplatte ein riesiger Seenverbund, aber
die Fließgeschwindigkeit der Flüsse
und Kanäle zwischen den Seen ist zu
gering, als dass eine Reinigung aus eigener Kraft erfolgen könnte. In den
tieferen Seen erfolgt bestenfalls während der Erwärmung im Frühjahr und
der Abkühlung im Herbst eine Durchmischung der Wasserschichten auf natürliche Weise: Sauerstoff wird nach
unten und die in Düngesalzen enthaltenen schädlichen Nährstoffe wie

Stickstoff und Phosphor werden nach
oben gespült.
Der Großstädter mag es kaum glauben, aber der größte Feind der Mecklenburger Seen ist nicht etwa die Industrie, die es im Bereich der Seenplatte sowieso kaum gibt, sondern die
Landwirtschaft! Schätzungweise gehen 90 % aller Wasser-Umweltsünden
auf das Konto der Bauern. Am schädlichsten ist die Düngung und Begüllung der Äcker. Den zweiten Platz auf
der Hitliste der Wasserverschmutzer
besetzten jahrzehntelang die Kommunen. Leider schenkten die DDR-Regimegrößen einer umweltgerechten
Abwasserentsorgung wenig Aufmerksamkeit. Damals mussten viele Städte
mit völlig veralteten Kläranlagen aus
der Vorkriegszeit auskommen oder
hatten gar kein Klärsystem. Nach dem
Abzug der sowjetischen Militärs kam
auch so manche Umweltsünde ans Tageslicht: So war beispielsweise eine
gängige Methode der Russen sich der
Ölschmiere ihrer Übungsfahrzeuge zu
entledigen, die Panzerwäsche im See
...

Kaffeekochen mit Müritzwasser

Dass die Wasserqualität der Mecklenburgischen Seen heute hervorragend
ist, weiß man seit 1994. Damals gab das
Schweriner Umweltministerium das sogenannte «Seenprojekt» in Auftrag. In
einer groß angelegten dreijährigen
Untersuchung wurde der Zustand jedes einzelnen Gewässers ermittelt, um
nötigenfalls »Gesundungsmaßnahmen« in die Wege leiten zu können.
Das Ergebnis: Fast alle mecklenburgischen Binnenseen erfreuten sich ausgezeichneter Wasserqualität! Die Tourismusverantwortlichen konnten auf-

Völlig entspannt zwischen Himmel und Wasser – Badender im Fleesensee

atmen und die vielen Camping- und Outdoor-Fans wussten nun, dass man das Wasser der meisten Seen – freilich nach dem Filtern – sogar zum Kaffeekochen benutzen kann. Damit diese Gewissheit auch bleibt, entnehmen die 18 örtlichen Gesundheitsämter der Landkreise und kreisfreien Städte während der Saison von Mai bis September alle zwei Wochen Uferproben, die nach den strengen EU-Badewasserrichtlinien auf ihren bakteriologischen Gehalt untersucht werden. Sollten hygienisch bedenkliche Situationen auftreten – was sehr selten der Fall ist –, wird die Badestelle vorübergehend oder dauerhaft gesperrt.

Hüllenloses Badevergnügen

Wo Wasser ist, wird gebadet und wo gebadet wird, ist man gern hüllenlos. Das war schon immer so. Zu DDR-Zeiten nahm sich die Freikörperkultur nicht so kompliziert aus wie im Westen, in Ostdeutschland war Nacktba-

den geradezu »in«! Obwohl diese Angewohnheit nach der Wende viele »Wessis« schockierte, haben sich die Mecklenburger von ihrer Tradition nicht abbringen lassen und praktizieren auch heute noch ein wohltuend unaufgeregtes Nackt-Badeleben. Wie von selbst haben sich manche Wiesen und Buchten zur FKK-Zone herausgebildet, im Zentrum der Seenplatte zum Beispiel am Ufer des Kölpinsees, gleich hinter Klink. Ausgesprochene FKK-Hochburgen sind heute die Insel Bohnenwerder im Carwitzer See (s. S. 184), die Landzunge Buchenort am Tollensee bei Neubrandenburg und die Halbinsel Alt Schwerin am Plauer See. Wer das nicht mag, legt sich einfach woanders hin, denn offizielle Badestellen, an denen FKK nicht erwünscht ist, gibt es auch genügend. Wie bei allem, kommt es auch hier sehr auf das »Wie« an. Wer einmal erlebt hat, wie schön es ist, in den Abendstunden ganz entspannt und unbehelligt in der stillen Bucht eines kleinen Sees nackt zu baden, wird dieses Erlebnis nicht wieder vergessen.

Mecklenburg – das ›steinreiche‹ Land

Dass Mecklenburg ein steinreiches Land sei, diese Doppeldeutigkeit kursiert schon lange in der Bevölkerung. Nach dem Abtauen des Eiszeiteises vor circa 10 200 Jahren blieb der sogenannte skandinavische Geschiebemergel, ein weit gereistes ungeordnetes Material aus Ton, Schluff, Sand, Kies, kleineren Steinen und riesengroßen Brocken, auf mecklenburgischem Boden liegen. Im kürzlich gegründeten Geopark Mecklenburgische Eiszeitlandschaft kann man sich jetzt näher darüber informieren.

So manches Bauern Fluch

Jahrhunderte hat es gedauert, bis die Bauern ihre Wiesen und Äcker von den lästigen Kieseln und dickeren Steinen befreit hatten. Immer wieder holten Egge und Pflug neues Geröll nach oben und so manche Sense schrammte mit scharfem Klirren auf Widerstand, sodass es in den Ohren schmerzte. Bis heute hat Mecklenburg eiszeitliche Steine in allen Größen und Formvarianten zu bieten, vom hühnereigroßen glatten Kiesel bis zum scharfkantigen zentnerschweren Felsblock.

Findlinge an den Feldberger Seen

50

Urdolmen

Die ganz großen Findlinge sammelten schon die mecklenburgischen Landesureinwohner seit der Jungsteinzeit vor 5000 Jahren für ihre Großsteingräber. Die älteste Form dieser sogenannten Urdolmen besteht aus zwei mächtigen Trägersteinen, auf denen ein großer Deckstein liegt. Viele dieser ehemals zigtausend Gräber sind längst verschwunden. Sie fielen im 19. Jh. dem ›Besiedlungsfortschritt‹ zum Opfer. Die Steine in zahllosen Feldsteinsockeln von Kirchen oder die Stadtmauer von Neubrandenburg waren einmal Urdolmen und auch das holperige Pflastergestein vieler Dörfer sowie die Mauern der Tagelöhnerkaten sahen einmal anders aus. Im Mittelalter waren Feldsteine das billigste Baumaterial. Mittlerweile sind die Urdolmen als archäologische Bodendenkmäler geschützt.

Geopark

Der **Geopark Mecklenburgische Eiszeitlandschaft** ist einer von neun Nationalen Geoparks in Deutschland, ein circa 5000 m^2 großes geologisches Modellgebiet, das sich zu rund 91% im Bereich der Seenplatte befindet. Seine Aufgabe ist es, den eiszeitlichen Formenschatz für Touristen erlebbar zu machen. Der wichtigste Weg durch den Geopark ist

Geopark Mecklenburgische Eiszeitlandschaft: Neubrandenburg, Tel. 0395 568 34 33, www.eiszeitgeopark.de. Infos über den Geopark und zum Thema Eiszeit, außerdem Buchung von Vorträgen sowie Busexkursionen.

Fahrradtour Eiszeitroute
Die Eiszeitroute ist eine etwa 666 km lange Radfahrstrecke durch den Geopark. Infobroschüre über den Tourismusverband Mecklenburgische Seenplatte in Röbel, Tel. 0399 31 53 89, info@mecklenburgische-seenplatte.de, 4 € zzgl. Porto.

die Eiszeitroute, die wichtigsten Anlaufpunkte sind zehn Aktionszentren, wie zum Beispiel die Findlingsgärten.

Findlingsgärten

Genauer zu studieren sind prachtvolle Einzelexemplare in den mecklenburgischen Findlingsgärten, schön sortiert und beschriftet nach Alter, Herkunft und Gesteinsart. Der größte unter ihnen befindet sich im vorpommerschen **Schwichtenberg**, 12 km östlich von Friedland (Zur Kleinbahn 8, Gahlenbeck, OT Schwichtenberg, Tel. 039607 203 90 od. 202 39, www.museumsdorf-schwichtenberg.de), aber auch in den Findlingsgärten **Prälank-Kalkofen** am Buteberg bei Neustrelitz (s. S. 169) und in **Wesenberg** (s. S. 156) sind solch dicke Brocken zu betrachten.

Der größte deutsche Einzelfindling überhaupt steht – 500 t schwer – am Klosterhof von **Altentreptow**, 16 km nördlich von Neubrandenburg. Und auch in der Müritzgegend zwischen Röbel und Klink finden sich beeindruckende Steine, zum Beispiel der sogenannte **Schälchenstein**, ein interessanter Findling aus der Bronzezeit (1800–600 v. Chr.) mit kleinen napfartigen Vertiefungen auf der Oberfläche, die vermutlich kultischen Zwecken dienten. Man findet ihn, wenn man an der Landstraße zwischen Röbel und Groß Kelle ab dem Seerosenparadies Rohrteich der Beschilderung folgt.

Geschützte Natur – die National- und Naturparks der Seenplatte

»Wenn es so ein schöner Abend ist, an dem die Sonne glutrot untergeht, der See ganz glatt wie ein Spiegel liegt und sich die Bäume vom Ufer darin wiederfinden, und dann auch noch die Kraniche laut trompetend auf das Wasser herunterfliegen – ja, dann möchte ich manchmal vom Feierabend noch nichts wissen!«

Christine Dingler, Rangerin im Müritz-Nationalpark

Schöpfungsgeschichte à la Reuter

Wie meistens, wenn eine Landschaft durch ganz besondere Schönheit glänzt, wird der spröden naturwissenschaftlichen auch eine legendäre Entstehungsgeschichte zur Seite gestellt. Im Fall von Mecklenburg übernahm es der berühmte Dichter Fritz Reuter, die volkstümliche Schöpfungsgeschichte des Landes zu erzählen, in seiner vor

knapp 150 Jahren geschriebenen »Ur-geschicht von Mekelnborg«. Darin liest man: »... unser Herrgott machte das ganz fix eigenhändig, auf der einen Seite bei Ratzeburg und Schwerin, auf der anderen Seite bei Stavenhagen und Neubrandenburg« (Übersetzung ins Hochdeutsche durch die Autorin). Auch sogar das Paradies verpflanzte der Heimatverliebte nicht einfach irgendwohin, sondern: »... nach den zuverlässigen Nachrichten meines Ahnherrn Noah und nach Ansicht meiner ganzen Familie und unserer ganzen Sippschaft lag der Garten Eden in Mecklenburg«, und zwar schlichtweg dort, »wo es zuallererst trocken wurde und wo die ersten Menschen erschaffen worden sind: bei Groß Bäbelin, Serrahn und Krakow ...« – im Gebiet um den Naturpark Nossentiner/Schwinzer

Heide also liegt nach Reuter die Wiege der Menschheit!

Heute gibt es in ganz Mecklenburg-Vorpommern 13 Nationale Naturlandschaften – wie man National- und Naturparks sowie Biosphärenreservate zusammengefasst bezeichnet – und das sind immerhin fast 20 % der gesamten Landesfläche. Allein im Gebiet der Seenplatte liegen fünf dieser Gebiete: der **Müritz-Nationalpark** sowie die vier Naturparks **Mecklenburgische Schweiz und Kummerower See, Feldberger Seenlandschaft, Nossentiner/Schwinzer Heide** und **Sternberger Seenland**.

Vorbild Yellowstone

Die Idee des Nationalparks stammt aus den USA. 1872 wurde sie mit dem Yel-

Totholz: Ein Biotop für waldbewohnende Insekten, Vögel und Kleinsäuger

lowstone-Park erstmals realisiert. Heute gibt es fast 2000 Nationalparks in 120 Ländern der Erde, deren Gründung auf die Einsicht zurückgeht, dass der Mensch, wenn er auf diesem Planeten überleben will, die Natur Natur sein lassen muss, damit sie sich nach ihren eigenen Gesetzen fortentwickeln kann. Nationalparks bewahren nicht nur die Reste von ›Urnatur‹, die es noch gibt, sie überlassen auch einst von Menschen genutzte Landschaften wieder der Natur. Für die Deutschen erweist es sich nun als Vorteil, dass Mecklenburg nicht jede moderne Entwicklung mitgemacht hat und nicht bis in den letzten Winkel so erschlossen und schnurgerade flurbereinigt wurde wie weite Regionen der alten Bundesrepublik. Dadurch blieb ein reiches Naturparadies erhalten, das heute von den National- und Naturparkverwaltungen professionell betreut wird.

Zonen im Müritz-Nationalpark

Der Müritz-Nationalpark genießt, wie jeder Nationalpark nach internationaler Abmachung, den höchstmöglichen Schutzstatus. Er ist in drei Schutzzonen unterteilt:

Zum einen gibt es den »**Kernbereich**« (Schutzzone 1), der 29 % der Gesamtfläche einnimmt. Dieser Bereich setzt sich im Wesentlichen zusammen aus ehemaligen Militärflächen, weil man hier davon ausgehen konnte, dass vergleichsweise geringe Nutzungsansprüche bestanden. Wanderer dürfen die Kernzone zwar betreten, die markierten Wege aber keinesfalls verlassen. Zum anderen gibt es die **»Pflegebereiche«** (Schutzzone 2 mit 3 % der Gesamtfläche). Sie bestehen meist aus Wiesen und Weiden und dienen der Erhaltung historischer Kulturlandschaften.

Und schließlich gibt es noch die **»Entwicklungsbereiche«** (Schutzzone 3 mit 68 % der Gesamtfläche) mit einem beständig größer werdenden Flächenanteil, wo sich die Natur ohne Zutun des Menschen selbst entwickeln kann. Dennoch darf man die Wanderwege verlassen und sich querbeet durch den Wald schlagen, was vor allem Pilz- und Beerensammler erfreut. Verboten ist dies nur dann, wenn die Waldbrandstufe IV als höchste Brandwarnstufe ausgerufen wird – was mehrmals im Jahr der Fall ist. Eines der schönsten Beispiele für eine **Moor-Renaturierung** ist die von der Havel durchflossene, 1000 Hektar große Zot-

zensee-Niederung zwischen Krienke und Babke. Früher wurde das Gebiet einfach entwässert und als Weideland genutzt. Heute vollzieht sich hier wieder ein Wandel durch Vernässung und Überflutung der nährstoffreichen Wiesen, der viele Entenarten, Kraniche, die vom Aussterben bedrohte Große **Rohrdommel** und besonders

Auch die scheue Rohrdommel wurde schon im Müritz-Nationalpark gesichtet

den **Moorfrosch** anzieht, ein in der Laichzeit leuchtend hellblaues Wesen, dessen dumpfes Blubbern im Frühjahr an eine im Wasser untergehende Flasche erinnert.

Nicht die Kiefer, nein, die Buche war's

Alle Nationale Naturlandschaften der Seenplatte umfassen weite Waldgebiete, ja in grauer Vorzeit, als die Menschen noch Jäger und Sammler waren, war das Land fast vollständig von Wald bedeckt. Aber anders, als die meisten Menschen denken, bestand der typische Ur-Wald der Seenplatte nicht aus Kiefern, sondern aus Buchen!

Unter Nationalparkfans gilt **Serrahn**, 10 km östlich von Neustrelitz, als Geheimtipp für seine naturbelassenen Buchenwälder, die wie der reinste Urwald wirken und mit die ältesten in Deutschland sind. Am Eingangsbereich in Zinow beginnt der **Wald-Erlebnis-Pfad Serrahn,** der Mecklenburgs Waldentwicklung im Zeitraffer aufzeichnet. Auf dem Wanderweg durchschreitet man mehrere Phasen der Forstgeschichte – und kurz bevor man am Ziel, dem alten Forsthaus in Serrahn ankommt, betritt man einen über 50 Jahre nicht bewirtschafteten Buchenwald und kann sehen, wie es einmal aussehen wird – wenn sich am Klima nichts ändert!

Unrühmliche Waldgeschicht'

Mecklenburgs nährstoffarmer Sandboden war noch nie die allerbeste Grundlage für wirklich ertragreichen Ackerbau. Das erkannten schon die Menschen im Mittelalter. So holzte man lieber die Bäume ab, denn auf diese Weise ließ sich mehr und schneller Geld verdienen. Und auf einmal war der Buchenwald auf einen Flächengesamtanteil von nur 10 % zusammengeschrumpft. Im 18. und 19. Jh. pendelte sich schließlich so etwas wie ein Rhythmus ein: Vor allem die Teeröfen und Glashütten betrieben erst den Raubbau an der Natur, indem sie weite Areale urwüchsigen Mischwalds ungehemmt für die Brennholzgewinnung abholzten. Noch heute erinnern Ortsnamen wie **Nossentiner Hütte** und **Wooster Teerofen** an diese Zeit. Dann wurden die Sandwüsten gleich wieder als reiner Kiefernwald planmäßig angelegt – zum erneuten Abholzen!

Doch wie sich zeigte, bilden reine Kiefernwälder kein intaktes Ökosystem. Sie sind anfällig für Schädlinge, produzieren wenig Humus und kni-

Abendstimmung im Müritz-Nationalpark

cken bei Sturm leichter um. Wieder-aufgeforstete Areale erkennt man leicht an ihrer Monostruktur. 1934 vernichtete ein großer Waldbrand in der heutigen Kernzone zwischen Klockow und Krienke südlich von Speck ca. 2000 Hektar Wald. Das nutzte die sowjetische Armee und machte dort die riesigen Sandflächen zu militärischen Übungsgebieten, bei denen das, was überhaupt noch stand, so lange von Panzerketten zermalmt wurde, bis gar nichts mehr da war.

Doch planmäßig wieder aufforsten will das Nationalparkamt nicht. Stattdessen wächst der ehemalige sowjetische Truppenübungsplatz allmählich wieder zu. Auf natürliche Weise haben sich vor allem Birken und Kiefern angesiedelt, die mittlerweile immerhin eine Höhe von etwa 5 m aufweisen.

Die uralten Damen von Ivenack

Erfreuliches gibt es zu vermelden: Trotz dieser massenhaften Baumvernichtung über Jahrhunderte kann sich die Seenplatte rühmen, Standort der ältesten Bäume Deutschlands zu sein, denn hier wachsen die mittlerweile 1000-jährigen Stieleichen von Ivenack (s. S. 218) sowie die etwa 340-jährigen Buchen von Neuhof nahe Feldberg (s. S. 179). Seit ihrer frühesten Jugend lieferten die »uralten Damen von Ivenack« den Slawen und später den Bauern ihre Eicheln zur Schweinemast, denn die durch ihre Bitterstoffe für den Menschen ungenießbaren Baumfrüchte mochten die Schweine dafür umso lieber. Die Tiere wurden aufgrund des hohen Stärkeanteils darüber hinaus schön dick und fett davon.

57

Mecklenburgs »Tafelsilber« – Burgen, Schlösser, Herrenhäuser

Schloss Basedow: Renaissancebau par excellence

Mecklenburgs historische Adelssitze – auch als »Tafelsilber« des Landes bezeichnet –, sind aus seiner Kulturgeschichte nicht wegzudenken. In fast jeder Ortschaft findet man eine dieser eindrucksvollen Hinterlassenschaften aus der Feudalzeit, ja manchmal – wie im Fall von Schloss Burg Ulrichshusen in der Mecklenburgischen Schweiz – gibt erst das Schloss dem Flecken die Seele! Über 2400 herrschaftliche Anwesen hatte das Land bis 1945 vorzuweisen und immerhin 1800 sind auch heute noch vorhanden. Die meisten befinden sich in Privatbesitz und etwa 1010 stehen unter Denkmalschutz. Inzwischen stehen ca. 230 Schlösser und Gutshäuser dem Tourismus zur Verfügung, die meisten als Ferienwohnungen, einige als Schlosshotel mit Restaurant.

Einmal im Leben ... morgens im Himmelbett aufwachen, das knarzende Parkett unter den Fußsohlen fühlen, nach dem Frühstück durch den Park schlendern, sich beim Fünfuhrtee auf der Gartenterrasse die wechselvolle Geschichte des Hauses vom Urenkel des Erbauers erzählen lassen und abends am prasselnden Kamin im Gewölbekeller das vom Hausherrn erlegte Wildbret genießen – auch wenn man nicht immer alles so perfekt antrifft: Mindestens aus einem dieser Gründe ist das Wohnen im stilvollen Ambiente eines mecklenburgischen Herrenhauses so beliebt!

Der Komfort in Mecklenburgs Schlosshotels ist höchst unterschiedlich und das Urlaubsangebot reicht von der schlichten Einzelübernachtung bis zu fertig geschnürten Event-Paketen inklusive Jagdausritt oder Golfkurs übers Wochenende. Genauso vielfältig ist auch das Preisniveau: Wer in der Nebensaison reist, kann ein einfaches Zimmer im Gutshaus durchaus schon für 30 € pro Nacht bekommen, während eine Suite im exquisiten Luxus-Schlosshotel der Kategorie Relais & Chateaux schon mal mit 450 € zu Buche schlägt.

Eine beliebte Gepflogenheit ist das sogenannte **Schlösser-Hopping**, bei dem kleine oder größere Reisegruppen vom Liebespärchen bis hin zu mehreren befreundeten Familien jeden Tag in ein neues Schlosshotel umziehen. Kein Adelsdomizil ist wie das andere und genau das wird im Zeitalter von stereotypen Hotelausstattungen immer mehr geschätzt. Doch was sich für die Gäste als höchst abwechslungsreich darstellt, stößt bei den Hoteliers verständlicherweise nur bedingt auf Gegenliebe.

Die ehemals ›härteren‹ Zeiten

Nicht in allen Epochen war das Wohnen im Schloss ein wirkliches Zuckerschlecken. Man hatte bis ins 20. Jahrhundert hinein tüchtig mit der Kälte zu kämpfen, denn große Schlösser haben große Flure und Flure wurden nicht beheizt, was kalte Zugluft heraufbeschwor. Wirklich warm war es nur in den Salons und Zimmern, die die Dienerschaft vom Flur aus durch eine Klappe mit Holz befeuerte. Zwar linderten die dicken Teppiche und schweren Vorhänge, die vor allem in der Gründerzeit modern wurden, das Übel etwas, doch ging das so bis in die 1920er-Jahre – erst dann kam die Zentralheizung. Auch in der Schlossküche gab es einige Unbequemlichkeiten, die mit viel Arbeit verbunden waren: Bevor in den 1930er-Jahren der erste Kühlschrank Einzug hielt, mussten jeden Winter Eisblöcke gesägt werden, mit denen man das Wild im Eiskeller im Park bis in den Sommer hinein schön frisch halten konnte.

Fürstlich-Staatliches und Landadelig-Privates

Bei den mecklenburgischen Adelsbauten gilt es zu unterscheiden: Einerseits gibt es die repräsentativen Schlossbauten der Krone, genauer: der großherzoglichen Landesfürsten von Mecklenburg-Strelitz und Mecklenburg-Schwerin in den großen Städten wie Güstrow und Schwerin, zu denen später noch Mirow, Neustrelitz, Hohenzieritz und Ludwigslust als Sommer-, Zweit- oder Witwenresidenz hinzukamen.

Andererseits gibt es die weitaus zahlreicheren Burgen, Guts- und Herrenhäuser des privaten Landadels aus dem 18. und 19. Jahrhundert, wie die der wohlhabenden Familien von Maltzahn, von Bassewitz, von Hahn und von Plessen – um nur einige der bekanntesten Namen zu nennen.

Zur Architektur der Adelsstätten

Die Geschichte der mecklenburgischen Adelsstätten setzte schon im 12. Jahrhundert mit den großen Burganlagen ein, die sich die christlichen Ordensritter erbauten. Meist ordnen sich die einzelnen Gebäude einer Kernburg um ein oder zwei Innenhöfe, so wie in **Burg Stargard** bei Neubrandenburg. Bald schon genügten diese den Ansprüchen der neuen Herren nicht mehr und auch die Wehrhaftigkeit war nicht mehr gefordert. Deshalb ging man im Laufe des 16. Jh. an die Errichtung der ersten Guts- und Herrenhäuser, die meist aus **Fachwerk** erbaut wurden. Einen eigenständigen lokaltypischen Baustil – wie zum Beispiel die Sakralbauten der Backsteingotik – haben die mecklenburgischen Herrenhäuser nie entwickelt. Eher adaptierte man die gerade ›modernen‹ Grundrisse und Bauformen aus dem übrigen Westeuropa. Und so kommt es, dass in Mecklenburg Schlösser und Herrenhäuser in allen Baustilen zu finden sind: Eindrucksvolle Anschauung für den prachtvollen Baustil der **Renaissance** aus der Zeit um 1550 bieten Schloss **Güstrow** sowie Bauteile der Schlösser in **Schwerin** und **Basedow**. Ein Charakteristikum dieser Zeit sind die hübschen rötlich-braunen Terrakottaschmuckfliesen an den Außenmauern. Da diese Art der Fassadengestaltung während der Regierungszeit des Herzogs Johann Albrecht I. von Mecklenburg entstand, wird sie von der Kunstge-

schichte als »Johann-Albrecht-Stil« bezeichnet.

Eine schwere Zäsur in der Geschichte der Herrenhäuser waren im 17. Jh. die Verwüstungen und Zerstörungen durch den Dreißigjährigen Krieg. Nach Kriegsende entstanden durch das »Bauernlegen«, bei dem der Landadel die brachliegenden Äcker der vormals selbstständigen und selbstbewussten Bauern zu dem ihrigen ›legten‹, neue Zuständigkeiten, und jetzt begann eine Phase, in der viele, ganz wunderbare **Barock- und Rokokoschlösser** entstanden, die vom Reichtum des wieder aufblühenden Landes zeugten. Da Versailles, das große französische Vorbild, nicht wirklich in mecklenburgische Verhältnisse passte, leistet man dem Anspruch nach Repräsentanz Genüge, indem man Wirtschaftsgebäude und Stallungen dreiseitig um einen Ehrenhof gruppierte, wie in **Ludwigslust, Hohenzieritz, Ivenack und Kummerow,** überhaupt ging der Trend dahin, wie in **Schloss Diekhof** bei Güstrow die Wirtschaftsgebäude vom Haupthaus zu trennen.

Auch barocke Parkanlagen mit geometrisch angeordneten Blumenbeeten, Rasenflächen und Springbrunnen entstanden, aber eine wirklich vollständige Barockanlage existiert auf dem Gebiet der Seenplatte heute nicht mehr – zu oft wurde später in der Mode des englischen Landschaftsgartens überformt, meist durch den preußischen Gartenkünstler **Peter Joseph Lenné**.

Über das gesamte 19. bis in die Anfänge des 20. Jh. setzte sich die Blütezeit der mecklenburgischen Gutswirtschaft fort und brachte zahlreiche neue Herrenhäuser im Stil des **Klassizismus** und des **Historismus** hervor. Einige der schönsten Beispiele sind **Kittendorf, Burg Schlitz** und **Schwerin**.

Eines der Vorzeige-Schlösser Mecklenburgs: Schloss Güstrow

Abgesehen von den Zerstörungen während der beiden Weltkriege hatten es die Adelssitze auch zu DDR-Zeiten schwer, denn den Kommunisten galt Mecklenburg als das Land der verhassten Junker und so manches Anwesen wurde aus ideologischen Gründen dem Verfall preisgegeben.

Schwere Zeiten nach der »Wende«

Die Wiedervereinigung Deutschlands brachte für etliche Adelssitze die Rettung, denn viele Alt- und Neueigentümer haben saniert – nicht wenige um den Preis einer hohen Verschuldung. Trotz dieser zahlreichen Bemühungen wird man bei einer Fahrt durch Mecklenburg feststellen, dass viele Schlösser und Herrenhäuser – so beispielsweise Ivenack oder Kummerow – im Verfall begriffen sind.

Der Hauptgrund ist, dass viele große Hofanlagen zum Zeitpunkt der »Wende« nicht in einer Hand waren. Im Zuge der Enteignung und Agrarreform wurde das Land oft in Einzelgrundstücke auf 20 oder 30 Besitzer aufgeteilt. Ein Kavaliershaus konnte schon mal zwei Besitzer haben, rechts eine Umsiedlerfamilie aus Ostpommern und links eine Umsiedlerfamilie aus Ostpreußen. Nur das Haupthaus gehörte der Gemeinde. Die allerdings war mit einer angemessenen Behandlung vollkommen überfordert, vermietete an Kindergärten, Schulen oder an eine LPG – zum Schluss war alles zweckentfremdet und verwohnt. 1989 war eine solche Hofanlage geradezu filetiert und wirtschaftlich unrentabel – ein Zustand, der durch die Arbeit der Treuhand schließlich manifest wurde. Seitdem sind Haupthaus, Wirtschaftsgebäude und Ackerland getrennt – was man, gelinde gesagt, als »unglücklich« bezeichnen kann. Es eignen sich eben nicht alle Herrenhäuser für eine Umwandlung in ein Schlosshotel!

Uppassen, nu ward platt snackt!

Buer Schütt un Buer Börger drapen sick mit Pird un Wagen up de Landstrat. In'n Vörbiföhren röppt Schütt: »Du, Börger, mien een Pird is krank; hett Kolik.« »Kolik?«, seggt Börger. »Hett mien ok hatt.« »Prrr!«, seggt Schütt un hölt still. »Wat hest em denn gäben?« »Terpentin heff ick em gäben.« »So, Terpentin? Hü!«, seggt Schütt. – Acht Dag later begägnen sei sick wedder up de Landstrat. »Du, Börger«, röppt Schütt, »mien Pird is dotbläben nah dat Terpentin.« »Mien ok«, seggt Börger.

Kostprobe verstanden? Macht nichts! Das war die Geschichte vom »Feinen Doktor« – und dergleichen gibt es natürlich noch viel mehr! Dazu müssen Sie aber schon nach Mecklenburg fahren, denn gegenwärtig erlebt das »Platt« hier wieder eine Renaissance.

Frigen up platt

Freien auf Platt – das ist möglich, seitdem die EU 1999 das Niederdeutsch offiziell als richtige Sprache anerkannt hat. Seitdem ist das Platt von Amts wegen kein Dialekt und keine Mundart mehr, sondern man kann in mecklenburgischen und niedersächsischen Standesämtern sogar auf Platt heiraten und bekommt eine international gültige Urkunde auf Platt ausgestellt.

Gelebt wird die Freude an dieser Sprache auf vielfältige Weise. So gibt

›Klönsnack‹ auf dem Pferdemarkt in Güstrow

62

es zum Beispiel in ganz Mecklenburg-Vorpommern Feste und Veranstaltungen, die sich die besondere Pflege des Plattdeutschen auf die Fahne geschrieben haben. Was auch jungen Leuten Spaß daran macht? Es ist zum einen der schlagend trockene Humor und zum anderen die Lust an dieser warmherzigen und wortreichen Sprache, bei der selbst in der derbsten Beschimpfung noch eine Portion Wohlwollen durchklingt.

Wenn ein Mecklenburger so richtig loslegt, wird es höchstens jemandem aus Westfalen, Hamburg, Niedersachsen oder Schleswig-Holstein gelingen, mit ihm ein paar »olle Kamellen« auszutauschen oder gar einen «bannich gauden Klönsnack« hinzulegen.

Der reinste Sprachmischmasch

Die Ursache für diese empfundene »Verwandtschaft« unter Norddeutschen lässt sich bis ins Mittelalter des 12. und 13. Jh. zurückverfolgen, als die deutschen Fürsten die in Mecklenburg lebenden Slawen besiegten, das Land mit »ordentlichen« Christen besiedeln wollten und zu diesem Zweck Bauern aus Niedersachsen, Westfalen und Schleswig-Holstein zur »Verstärkung« anwarben. Die noch in Mecklenburg verbliebenen Slawen vermischten sich durch Heirat mit den eingewanderten Kolonisten. Nach 1356 kamen durch den Einfluss der Hanse noch die Flamen hinzu. Einen zweiten Vermischungs-Schub gab es gut 600 Jahre später, als sich nach dem Zweiten Weltkrieg Scharen von Flüchtlingen aus Ostpreußen, Westpreußen und Hinterpommern in Mecklenburg niederließen. Die fremden Mundarten mischten sich mit dem Mecklenburger Platt auf

unterschiedliche Weise und so spricht noch heute jede Region in Mecklenburg ihr eigenes Plattdeutsch – und wie es in ländlichen Gebieten oft so ist: Selbstverständlich beharrt jeder darauf, dass sein Platt das richtige sei. So ist zu resümieren, dass es *das* Platt folglich gar nicht gibt! Ein ›waschechter‹ Mecklenburger gehört demnach im volkskundlichen Sinne zu einem deutschen Neustamm, in dessen Adern osteuropäisches Blut zirkuliert, dessen Urahnen einst dem freien Bauernstand angehörten und dessen Sprache aus allerlei niederdeutschen Mundarten hervorgegangen ist.

Niederdeutsch als Schriftsprache

Mit dem Niedergang der Hanse zu Anfang des 16. Jh. ging auch das allmähliche Aussterben des Mittelniederdeutschen als Schriftsprache einher. Auch der pommersche Reformator **Johannes Bugenhagen** (1485–1558), der Luthers Bibelübersetzung ins Niederdeutsche übertrug, vermochte das nicht aufzuhalten.

Im Volk aber feierte die Gebrauchsliteratur mit ihren genrehaften Hochzeitsgedichten und den Märchenerzählungen weiterhin ein fröhliches Dasein: 1777 trat **Johann Heinrich Voß** (1751–1826) mit seinen niederdeutschen Gedichten an die Öffentlichkeit. In seinen realistischen Schilderungen wie der »Leibeigenen-Trilogie« und »De Geldhapers« stand die Sprache im Dienst des politischen Anliegens der Aufklärung, die Leibeigenschaft aufzuheben und das Schicksal der Landsleute gegenüber der Ritterschaft zu verbessern. Etwa 50 Jahre später schrieb auch **John Brinckman** (1814–70) für demokratische Freiheiten. Als

Rostocker Kapitänssohn kleidete er seine Geschichten zumeist in das Hafen- und Schiffermilieu seiner Kindheit. Von ihm stammen humorvolle Erzählungen wie die berühmte Lügengeschichte »Peter Lurenz bi Abukir« und die Tierfabel »Voß un Swinegel«.

Darüber hinaus hat der Hinstorff-Verlag mit seinem »Plattdütsch Billerbauck«, einer hübsch illustrierten Kinderverssammlung norddeutscher Autoren des 19. Jh., bis heute großen Erfolg.

Fritz Reuter macht's wieder salonfähig

In den Salons der gebildeten bürgerlichen Kreise und der Adligen aber, in denen man auf Hochdeutsch und Französisch zu parlieren pflegte, galt das Platt als Sprache der einfachen Landbevölkerung als minderwertig und höchst verpönt. Gegen Mitte des 19. Jh. kam dann einer, der das Niederdeutsche aus seiner beinahe schon angestammten Schmuddelecke wieder herausholte, indem er es als Schriftsprache salonfähig machte – und das war Fritz Reuter (1810–74), der seine Kindheit in Stavenhagen verbrachte und nach einer ereignisreichen Jugend- und Studentenzeit viele Jahre in Neubrandenburg lebte.

Sensibel gelauscht, mit Herz gereimt

Kraft seines unschlagbaren versöhnlichen Humors, mit dem er die Sprache des Volkes noch verfeinerte, feierte der sensible Gemütsmensch die allergrößten literarischen Erfolge. Schon zu Lebzeiten avancierte er zum damalig meistgelesenen deutschsprachigen Autor. Das sogenannte Binnenplatt, das man heute im Raum um Stavenhagen herum spricht, wird gelegentlich

auch als Reuter-Platt bezeichnet. Seine Zeitgenossen empfanden Reuter als Volkes Anwalt in Volkes Sprache. Er war der einzige, der ganze Romane auf Platt verfasste und lebendig ausgestaltete. 1853 erschien sein Erstlingswerk »Läuschen un Rimels« (Erlauschtes und Gereimtes), auf das weitere autobiografische Romane und zahlreiche Schwänke bzw. Volkserzählungen folgten.

»Platte Sprüche« auf weißen Manschetten

Ein Mann, der sein ganzes Leben dem Erforschen und Bewahren der »echten« Mecklenburger Sprache widmete, war **Richard Wossidlo** (1859–1939), zugleich Begründer der mecklenburgischen Volkskunde und einer der bedeutendsten Feldforscher der europäischen Ethnologie. Der Sohn eines Rittergutsbesitzers verdiente seine Brötchen als Latein- und Altgriechischlehrer am Gymnasium in Waren. Jede freie Minute opferte er seiner Leidenschaft, dem Sammeln volkskundlicher Quellen, darunter auch zigtausend ›platte‹ Sprüche. Ab 1884 bereiste er nahezu jeden Ort in Mecklenburg – und dies gleich zwei- oder dreimal. Alles Interessante, das die Menschen ihm erzählten, schrieb er auf Notizzettel, in der Eile zuweilen sogar auf seine Manschetten!

Wossidlo'sche Zettelwirtschaft

Nach seinem Tod hinterließ er einen Nachlass, der die Wissenschaft bis heute in Atmen hält: die Wossidlo'sche Zettelwand! Die 6 m lange und 4 m hohe Karteikastenwand besteht aus 800 Zettelkästen in Zigarrenkisten-Format und enthält buchstäblich zwei Millionen handtellergroße Zettel, akribisch sortiert nach Sachgruppen und

Orten. Das vereinigte Sammelsurium steht heute in der Abteilung Volkskunde der Philosophischen Fakultät der Universität Rostock. Die eines fernen Tages vollständige Auswertung dieses Schatzes lässt noch Interessantes über die mecklenburgische Volksseele erwarten! Wossidlo jedenfalls verbreitete seine plattdeutschen Sprichwörter nach absolvierter Reisetätigkeit in seinem mehrbändigen Werk, den »Mecklenburgischen Volksüberlieferungen.« Weiteres zum Thema Wossidlo über **www.volkskunde.uni-rostock.de**.

Aktuelles Revival

Zu DDR-Zeiten wurde mit Schulkindern meist Hochdeutsch gesprochen. Zwar wurde eigens zur Pflege der plattdeutschen Sprache und der Bräuche Mecklenburgs in den 1970er-Jahren das Mecklenburgische Folklorezentrum in Rostock gegründet, aber nichts desto trotz wurde Platt auch in den Dörfern immer seltener in den Mund genommen – so ist die Fähigkeit »Platt zu snacken« allmählich verkümmert.

Mit der »Wende« sind Traditionen wieder mehr in das allgemeine Bewusstsein der Menschen gerückt. Regelmäßig treffen sich private Gruppen zum Platt-Plaudern. Sogar über das Internet kann man sich finden

(www.groops.de/platt). Auch brachte der Langenscheidt-Verlag zur Jahrtausendwende das Lilliput-Wörterbuch »Plattdeutsch« heraus. Und auf den Bühnen ist das Niederdeutsche schon seit Jahren zugkräftig vertreten: Neben dem im Westen altbekannten Hamburger Ohnsorg-Theater bilden die Schauspieler der Fritz-Reuter-Bühne am Staatstheater in Schwerin das niederdeutsche Berufsensemble aus Mecklenburg. Die Literaten der Gegenwart haben sich im Bund Niederdeutscher Autoren organisiert und die Theater im Niederdeutschen Bühnenbund Mecklenburg-Vorpommern e. V. Es ist eben wirklich so, wie die charmante Fernsehmoderatorin und Kabarettistin Ina Müller auf ihrer gleichnamigen CD gern lautstark behauptet: »Platt is nich uncool«!

Klassik in der Scheune

Fachwerkakustik: Konzert in der Festspielscheune in Ulrichshusen

»Anne-Sophie Mutter hat mich schon gefragt, ob wir da mit dem Pferd auftreten, weil das Konzert in der Reithalle stattfindet. Aber ich habe sie beruhigen können.« So der Cellist und Festspiele-Preisträger Daniel Müller-Schott vor einem Konzert der Festspiele Mecklenburg-Vorpommern im Landgestüt Redefin.

Eine Reithalle als Konzertstätte? Ein Liederabend in einer Scheune? Bei den Festspielen Mecklenburg-Vorpommern sind unkonventionelle Aufführungsorte keine Ausnahme, sondern die Regel. Keine eigens zu diesem Zweck gebauten Konzertbauten, son-

dern Schlösser und Herrenhäuser, aber auch Scheunen und Reithallen, Gutshäuser, Dorfkirchen, ja sogar Dome und Synagogen dienen dem Festival als Spielstätten. Wichtiger als die professionelle Ausstattung ist die Patina und die Ausstrahlung eines Ortes, die sich auf Musiker und Publikum gleichermaßen überträgt.

Picknick-Pferde-Sinfoniekonzerte

Einer dieser besonderen Orte ist das **Landesgestüt Redefin** nahe Ludwigslust. Die dortigen sommerlichen Pick-

nick-Pferde-Sinfoniekonzerte haben sich mittlerweile zu einem gesellschaftlichen Ereignis gemausert, zu dem nicht nur die Mecklenburger und ihre Feriengäste, sondern auch Wochenendausflügler aus dem nahen Hamburg, aus Bremen und Schleswig-Holstein anreisen. Dann verwandelt sich die cremeweiße 200-jährige Reithalle mit dem klassizistischen Portal in die berühmte »Redefiner Philharmonie« – mit einer sehr guten Akustik übrigens. Doch bevor das Konzert am Abend über die Bühne geht, können die Besucher am frühen Nachmittag durch die Stallungen der edlen Rösser spazieren und sich die historischen Ge-

bäude ansehen. Später präsentiert das Gestüt eine bunte Pferdeschau mit Spring-, Fahr- und Dressurvorführungen sowie sehr abwechslungsreichen Showeinlagen. Und wenn die Besucher – die Damen gerne mit ausgefallenen Hutkreationen auf dem Kopf – ihre mitgebrachten Decken und Picknickkörbe auf dem grünen Rasen ausbreiten, weht ein Hauch von Ascot über die Anlage.

Hochkarätige Events

Mit mehr als 120 Konzerten pro Saison sind die Festspiele Mecklenburg-Vor-

Konzertkalender im Web

Die Website **www.musikland-mv. de** gibt Einsicht in Programm und Konzerttermine aller etablierten großen mecklenburgischen Musikfestivals, sowohl Klassik als auch Jazz.

Karten für die Festspiele Mecklenburg-Vorpommern

Lindenstr. 1, Schwerin, Tel. 0385 59 18 50, Kartentel. 0385 591 85 85, www.festspiele-mv.de. Das Programm mit mehr als 120 Konzerten von Juni bis September sowie an den Adventswochenenden in Schloss Ulrichshusen erscheint jeweils im Februar. Wer sichergehen will, dass er eine Karte bekommt, kann schon im November des Vorjahres das Vorschauprogramm einsehen.

pommern das **drittgrößte Klassikfestival** in Deutschland. Doch nicht nur im Hinblick auf die Zahl der Aufführungen, auch wenn man die musikalische Qualität und den Bekanntheitsgrad der Solisten zum Maßstab nimmt, spielt dieses Festival in der ersten Liga der Klassikevents. Berühmte Orchester wie die **Academy of St. Martin in the Fields** unter Sir Neville Mariner oder Interpreten von Weltrang wie **Anne-Sophie Mutter, Nigel Kennedy** oder **Alfred Brendel**, die man sonst nur in etablierten Konzerthäusern erlebt, verleihen den Festspielen Glanz.

Auch wird das Programm zunehmend durch Interpreten bereichert, die musikalische Nischen besetzen, so zum Beispiel durch den Gitarristen **Ferenc Snétberger** mit seinen Variationen auf die verfemte und deshalb wenig bekannte Musik der Sinti und

Roma oder die lebende Legende **Manfred Krug**, der mit **Uschi Brüning** zum Berlin Jazz Orchestra singt.

Publikumsmagnet sind auch die musikalisch begleiteten **Rezitationsabende** mit bekannten Schauspielern wie Martina Gedek, Peter Lohmeyer oder Ilja Richter. Da nimmt schon manch einer, der eine Lesung von Thomas Fritsch aus Werken Gerhart Hauptmanns hören möchte, das Abenteuer einer Reise mit dem Fährboot vom Festland zur Insel Hiddensee auf sich!

»Junge Elite«

Die wichtigste Säule der im Jahr 1990 ins Leben gerufenen Festspiele ist die Nachwuchsförderung, die unter anderem mit der 1995 zusätzlich ins Programm aufgenommenen Reihe »Junge Elite« engagiert gepflegt wird. Sie gibt jungen, aber bereits wettbewerbserfahrenen Ensembles aus aller Welt die Chance, im Rahmen der Festspiele ihr Können einem größeren Publikum vorzustellen. Wer sich einen der drei Preise erspielen konnte, ist im nächsten Jahr wieder dabei. So hat das Publikum die seltene Gelegenheit, die Entwicklung junger Talente Jahr um Jahr zu verfolgen. Dadurch wächst die Beziehung zwischen dem Publikum und den Interpreten, aber auch das Verhältnis der Musiker zu den Festspielen wird enger. Kein Wunder, dass die Musiker – wie in Bayreuth – von »der Festspielfamilie« sprechen.

Von Anfang an schien das ganze Unternehmen unter einem besonders glücklichen Stern zu stehen, der die Stimmung aller Beteiligten bis heute trägt. Die Geigerin **Julia Fischer** beispielsweise wurde mit 14 Jahren Preisträgerin und kehrt seitdem jedes Jahr zu den Festspielen zurück. Sie erklärt sich ihre Erfolge auch damit, dass sie die Festspiele mit so zahlreichen Freunden und ihr eng verbundenen Musikern erleben durfte.

Die Spatzen pfeifen's mit

Das Herz der Festspiele schlägt in der alten **Feldsteinscheune von Schloss Ulrichshusen**, direkt am Ulrichshusener See. Das gleichnamige 45-Seelen-Dorf liegt etwa 15 km nördlich der Müritz, eingebettet in die sanft hügelige Wald- und Felderlandschaft der Mecklenburgischen Schweiz. Die mächtige Scheune wurde für 1000 Zuhörer zu einem der größten Konzertsäle Norddeutschlands hergerichtet und die Atmosphäre ist so naturnah, dass es schon mal vorkommt, dass die im Scheunen-Gebälk nistenden Schwalben, angeregt von der Musik, während des Konzertes mitzwitschern! Da ist es klar, dass die Karten heiß begehrt sind. Anne-Sophie Mutter fühlt sich gar an den ländlichen Charme der englischen Sommerfestspiele von Glyndebourne erinnert.

Das erste Festspiel-Konzert in der Festspielscheune gab kein Geringerer als Lord **Yehudi Menuhin** (1916–1999) im Jahr 1994. Mit der Aufführung des »Cantus in Memoriam Benjamin Britten« von Arvo Pärt, dem A-Dur Klarinettenkonzert von Mozart und der 5. Sinfonie von Franz Schubert zeigte dieser außergewöhnlich feinsinnige und politisch denkende Mensch, dem es immer um mehr ging, als um die reine Musikästhetik, seine tiefe Zuneigung zu Deutschland und sein ganz persönliches Interesse an den Ereignissen der deutschen Wiedervereinigung.

Ein Hauch von Ascot beim Picknick-Pferde-Sinfoniekonzert im Landgestüt Redefin

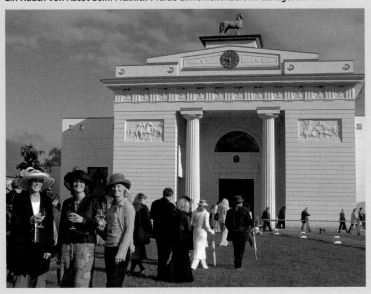

Alleen in Mecklenburg – sanftes Rauschen unter grünem Blätterdach

Sachsenkönig August dem Starken verliehen sie hoheitliches Geleit, wenn er sich seiner Residenzstadt Dresden näherte, Preußens Kriegsherr Friedrich der Große liebte ihr formvollendetes Gleichmaß, weil es seinen Soldaten das Marschieren erleichterte, und für uns heute sind sie vertraute Begleiter auf dem täglichen Weg zur Arbeit oder grüne Kathedralen, die zum Schwärmen oder Sinnieren verleiten – die schönen alten Alleenstraßen.

Wer nur, so fragt man sich, kam eigentlich auf die Idee, öffentliche Straßen mit Baumreihen zu bepflanzen, sodass das Land von oben besehen wie von grünen Adern durchzogen wirkte? Die Antwort ist: Es waren die alten Griechen, die Zypressenalleen als kilometerlange Schattenspender gegen die sengende Sonne anpflanzten. Die Gartenkünstler der Renaissance holten diese Zierde nach Italien, wovon sich wiederum die französischen Parkgestalter des Barock anregen ließen, und wenn das Phänomen schon einmal in Frankreich grünte – so war es auch bis Mecklenburg nicht mehr weit!

Vom Postkutschenweg zur Cabriolet-Piste

In Mecklenburg stammen fast alle der alten Alleen aus der Blütezeit der Gutsherrschaft zwischen dem 17. und 19.

Jahrhundert, einer Ära, in der noch Postkutschen auf Kopfsteinpflasterwegen von Gutshof zu Gutshof verkehrten. Zurzeit hat ganz Mecklenburg etwa 2600 km Alleen außerorts vorzuweisen, wenn man dazu die nicht kompletten Baumreihen mitzählt sogar mehr als 4300 km. Bundesweit ist das immerhin der zweithöchste Alleenbestand – nach Brandenburg mit seinen eindrucksvollen geschätzten 10 000 Alleenkilometern. Prächtige Rot-, Blut- und Hainbuchen, Flatterulmen, Lärchen, Linden und Kastanien säumen die Wege beidseitig, wobei die **Linde** – als typischer Baum des Volkes – am häufigsten gepflanzt wurde.

Kilometer um Kilometer kann man, geschützt vor Regen, Sonne und Wind, unter einem lichtdurchfluteten Blätterdach entlangrauschen – ein Genuss vor allem für Radler und Cabriolet-Fahrer! Und auch der Tierwelt, insbesondere den Insekten, aber auch Eulen und Fledermäusen, bieten die grünen Tunnel Nahrung, Schutz und Lebensraum.

Alleenschutz in der Politik

Früher gab es auch in den alten Bundesländern zahlreiche baumgesäumte Straßen. Doch in den 60er- und 70er-Jahren des 20. Jh. fielen sie fast alle

Allee bei Altentreptow

dem »modernen« Straßenbau und der – so glaubte man – fortschrittlichen Flurbegradigung zum Opfer.

Heute allerdings sind wir in der einzigartigen Situation, die Fehler von damals nicht wiederholen zu müssen. So wundert es nicht, dass der Alleenschutz in Mecklenburg mittlerweile zum Politikum avancierte: Der Naturschutzbund Deutschland (NABU) und der Bund für Umwelt und Naturschutz Deutschland (BUND) leisten enge Zusammenarbeit mit dem Alleenschutzbeauftragten des Mecklenburgischen Landwirtschaftsministeriums. Jedes Jahr werden etwa 8000 Bäume vor allem aus Gründen der Verkehrssicherheit gefällt. Die Landesregierung ist aber bemüht, den Verlust durch Neuanpflanzungen auszugleichen.

Bäume in Gefahr

Der Trend ist nicht zu übersehen: Das Tempo auf Deutschlands Straßen nimmt allerorten rasant zu, so auch auf den ehemals beschaulichen Alleenstraßen. Und durch die vielen Unfälle, bei denen etwa 300 Menschen im Jahr an mecklenburgischen Bäumen zu Tode kommen, geraten die Alleen immer wieder aufs Neue in die Negativ-Schlagzeilen. Die schmalen historischen Straßen sind für den heutigen Verkehr nicht gemacht und beim Überholen in Kurven behindern die Bäume an manchen Stellen die freie Sicht. Appelle an die Raser jedenfalls scheinen nicht zu fruchten.

Zur Lösung dieser Probleme gibt es mannigfaltige, zum Teil bereits realisierte Ansätze: Die eine Fraktion will sogenannte »Gefahrenbäume« kurzerhand beseitigen oder zwecks Straßenverbreiterung am besten gleich die ganze Allee abholzen. Die baumschonende Fraktion will Geschwindigkeitsbeschränkung Tempo 80, Leitplanken an Unfallschwerpunkten, weiße Baumspiegel, Fahrbegrenzungslinien am Straßenrand oder einen »Alleenrückbau«, bei dem nur noch eine Spur durch die Baumreihen führt und die andere daneben verläuft.

Hinzu kommt, dass Alleenbäume niemals so hohen Umweltbelastungen ausgesetzt waren wie gegenwärtig. Neben den Abgasen, der Bodenverdichtung, den permanenten Erschütterungen und den Straßenbauarbeiten ist das Winterstreusalz der größte Feind eines gesunden Baumes. Es ist bewiesen, dass sich die Vitalität vieler Bäume allein durch das aggressive Auftausalz in den letzten Jahren radikal verschlechtert hat.

Kartierung der Deutschen Alleenstraße

Doch Mecklenburg-Vorpommern ist beileibe nicht das einzige Bundesland, das dieses schöne Natur- und Kulturerbe vorzuweisen hat. Wie ein grünes

Band durchzieht die Deutsche Alleenstraße die gesamte Republik von Nord nach Süd. Wegführer ist das braune Schild mit dem Bäume-Logo und der Aufschrift »Deutsche Alleenstraße« (www.deutsche-alleenstrasse.de). Die 2000 offiziell benannte Route zieht sich über ca. 2500 km von Sellin auf der Insel Rügen bis zur Insel Reichenau im Bodensee, allerdings mit einigen Unterbrechungen – noch! Denn hie und da wird von den Straßenbauämtern Land entlang der Straßen dazugekauft. Nur so ist es möglich, alte Alleen neu anzulegen – ein leider teures Unterfangen.

Patenschaft für einen Baum

Ein gutes Stück der Deutschen Alleenstraße verläuft durch die Mecklenburgische Seenplatte – und zwar von Demmin über Kummerow, Malchin

und Malchow bis nach Röbel, Mirow, Wesenberg und führt schließlich weiter ins brandenburgische Rheinsberg.

Eine der schönsten Alleen führt von Ankershagen nach Pieverstorf am Rande des Müritz-Nationalparks. **45 Flatterulmen**, gut 150 Jahre alt, formieren sich hier zu einem 900 m langen Spalier – eine ausgesprochene Seltenheit. Damit das Straßenbauamt den Weg nicht ausbauen kann, vergibt der BUND seit Jahren Patenschaften für einzelne Bäume (www.bund-mv.de, Tel. 03855 21 33 90). Weitere sehenswerte Alleen hält vor allem die Mecklenburgische Schweiz parat: Da führt ein **Ebereschen-Tunnel** von Malchin Richtung Stavenhagen und auch die **Allee aus Linden, Rosskastanien und Obstbäumen**, die in einem Bogen parallel zum Malchiner See bis nach Dahmen geleitet, ist eine Rarität. Ganz in der Nähe, entlang der B 108 zwischen Ziddorf und Teterow, befindet sich eine Allee aus Eschen und Pappeln.

Eher ein Weg für Kutschen als für rasende Blechkarossen: Allee bei Neustrelitz

Sanddorn –
das Ludwigsluster Powerfrüchtchen

Nicht nur auf den Dünen der Ostseeküste, auch an den Gewässern im
mecklenburgischen Binnenland sind
die dornigen Sträucher des Sand-
dorns mit ihren lockend orangefarbi-
gen Beeren weit verbreitet. Vor allem
im Herbst, wenn sie üppig blühen,
sind sie die reinste Augenweide.
Natürlich kann man die beerigen
Trauben an den Wegesrändern selbst
pflücken, aber schnödes Kaufen
erleichtert die Sache natürlich ungemein.

Import aus Asien

Ganz ursprünglich kommt der Sanddorn aus Asien, wurde aber schon vor

ungefähr 12 000 Jahren, also genau
nach der letzten Eiszeit, in ganz
Europa heimisch. Die 1,5 bis 4 m hohen
Büsche sind ein Wunder an Anspruchs-
losigkeit: Ein karger Boden reicht dem
Sanddorn allemal und auch dem Frost,
der Hitze, den Wind- und Wetterstür-
men hält die robuste Pflanze stand.
Dem dichten, bis zu 10 m weit reichen-
den Wurzelgeflecht kann ein Sturm so
leicht nichts anhaben.

Zitrone des Nordens

Die leicht ovalen Trauben sind nicht
nur schön anzuschauen, ihr Inhalt ist
das reinste Powerpaket aufgrund ihres
hohen Vitamin-C-Gehalts. 100 g Sand-

74

dorn haben zehn Mal so viel Vitamin C wie die gleiche Menge einer Zitrone. Für Vegetarier ist der Sanddorn besonders interessant, denn als einzige Pflanze überhaupt enthält er das notwendige Vitamin B 12, das sonst nur in Fleisch zu finden ist. Außerdem sind viel Beta-Karotin, Gerbstoffe, Mineralstoffe und Spurenelemente in dieser Frucht nachgewiesen. Drei Esslöffel Sanddornmuttersaft täglich reichen – und der Körper bekommt alle lebensnotwendigen Vitamine!

Im Rohzustand ist Sanddorn extrem sauer, fast ungenießbar, er muss weiterverarbeitet werden. Seine ›Verwandlung‹ in leckere Säfte, Tees, Gelees, Konfitüren, Weine und Liköre hat eine jahrhundertelange Tradition in Mecklenburg.

Ludwigsluster Sanddornplantage

Ludwigslust ist die Geburtsstadt des professionellen Sanddornanbaus in Mecklenburg. Hier führt Frank Spaethe eine 100 ha große Plantage von sympathischer Ausstrahlung, auf der nach den Kriterien des Ökoverbandes Biopark geerntet und verarbeitet wird. Angeschlossen ist auch ein Hofladen, in dem Sanddorn in allen Verarbeitungsvarianten eingekauft werden kann (s. Kasten). Wer keine Gelegen-

heit hat hinzufahren, kann die Produkte auch online bestellen.

Sanddornernte

Die Sanddornernte von Ende August bis Mitte September ist körperlich anstrengend: Da sich die Beeren im Gegensatz zu anderen Kulturen vom Zweig maschinell nicht abschütteln lassen, muss das Dornengestrüpp von Hand abgeschnitten werden. Sodann wird es ins Kühlhaus gebracht und bei minus 40 Grad schockgefroren. Erst dann gelingt das Abschütteln in der Rüttelmaschine. Wer selber ernten möchte, sollte Sanddorn möglichst von Feuerdorn unterscheiden können: Sanddornbeeren sind gelb- bis rötlich-orange, die schmalen, lanzettförmigen Blätter grünlich-grau, leicht silbrig. Der Feuerdorn ist ein eher kleines Gartenziergewächs mit roten Beeren und ellipsenförmigen Blättern von saftigem Dunkelgrün.

Sanddorn Storchennest
Heideweg 9, Ludwigslust, Tel. 03874 21973, www.sanddorn-storchennest.de, Hofladen Mo–Fr 9–13, 14–18, Sa 8–11 Uhr. Führungen mit Verkostung gibt es nach Vereinbarung.

Unterwegs in der Seenplatte

Am Schmalen Luzin: »Hol' über«, die Fähre wartet auf Sie!

Rund um die Müritz

Highlights!

Waren an der Müritz: Das muntere Städtchen bildet den attraktiven touristischen Mittelpunkt der gesamten Müritzregion. Besonders die Atmosphäre unten am Stadthafen mit seinen vielen Segelbooten und Passagierschiffen sowie den vielen Restaurants und Kneipen ist lebendig und anregend. S. 80

Müritz-Nationalpark: Auf einer Fläche von 322 km² am Ostufer der Müritz erstreckt sich der größte deutsche Nationalpark des Binnenlandes, den man teilweise mit dem Auto befahren, auf schönste Weise aber mit dem Nationalparkbus, per Fahrrad, mit Pferdekutsche oder zu Fuß erkunden kann. S. 88

Auf Entdeckungstour

Adlerbeobachtung – Wanderung zum König der Seenplatte: Die geführte Wanderung durch den Müritz-Nationalpark, ein ungefähr zweistündiger Fußmarsch über 2 km, geht vom Informationsstand in Federow zu einem versteckt gelegenen Adlerhorst. S. 92

Kultur & Sehenswertes

Müritzeum in Waren: In dieser gekonnten Mischung aus Naturkundemuseum und Erlebniscenter kommt man aus dem Staunen nicht mehr heraus; besonders toll für Kinder. S. 84

Aktiv & Kreativ

Schiffstour über die Müritz: Vom Warener Stadthafen gehen Schiffsverbindungen nach Klink, Röbel oder Boek, den gegenüberliegenden Orten am Müritzufer. S. 87

Müritzhof in der Wacholderheide am Spukloch: Ein einmaliges Ausflugsziel im Müritz-Nationalpark ist der Müritzhof, ein Landschaftspflegehof mit Gaststätte und Vogelauffangstation, der auch per Fahrrad oder Kutsche zu erreichen ist. S. 90

Genießen & Atmosphäre

Restaurant Kleines Meer in Waren: Stilvolle abendliche Tafelkultur in schnörkellosem Ambiente. S. 85

Gutshof Woldzegarten: Eine ganz spezielle Atmosphäre bietet das Hotel-Restaurant mit seinem 200 Jahre alten Herrenhaus und der riesigen Gutsscheune, in der häufig Konzerte, Opernaufführungen und andere kulturelle Events stattfinden. S. 110

Abends & Nachts

Lyrische Nachtwanderung: Auf Trampelpfaden geht es vom Tangahnsee mit Laternen nach Walow, anschließend Lesung sinnlich-charmanter Mittelalterlyrik bei Kerzenschein. S. 111

Blaue Perle Müritz

Man muss eigentlich nur die Landkarte zur Hand nehmen und den Finger auf den größten blauen Fleck in Mecklenburg-Vorpommern legen – und schon ist man an der Müritz: einer mit Wasser gefüllten flachen Mulde, etwa 28 km lang und bis zu 13 km breit. Der ursprüngliche Name *morcze* kommt aus dem Slawischen und bedeutet »Kleines Meer«; an rauen Tagen kann der Wellengang vor allem für kleinere Boote zu gefährlichen Havarien führen. Von den gut 2000 Seen des Mecklenburgischen Binnenlandes ist die Müritz mit ihren 117 km^2 mit Abstand der größte und streng genommen auch der größte rein deutsche Binnensee. Die Elde, die die Müritz durchfließt, ist Mecklenburgs größter Fluss. Hamburger können die Müritz über die Müritz-Elde-Wasserstraße erreichen, Berliner über den Müritz-Havel-Kanal – ein natürliches Wasser-Verbundsystem.

An der Müritz schlägt das Herz der Seenplatte. Der Nachteil ist jedoch, dass die Müritz nicht gerade der ruhigste Fleck der Seenplatte ist. Das ist gerade an Schönwetter-Wochenenden in Waren, der größten Stadt am Müritzufer, zu spüren.

Waren an der Müritz! ► F 5

Der quirlige Luftkurort Waren an der Müritz liegt mit seinen etwa 21 500 Einwohnern auf einer schmalen Landzunge vom Wasser dreier Seen umgeben: im Süden von der Binnenmüritz, im Norden vom Tiefwarensee und im Südosten vom Feisnecksee. Außerdem ist Waren das Tor zum **Müritz-Nationalpark**. Waren ist geeignet für Urlauber, die tagsüber gern Wanderungen oder Fahrradtouren und Wasserausflüge in unberührte Natur unternehmen und dennoch abends die lukullischen und kulturellen Angebote einer Stadt wahrnehmen möchten – daher wundert es keineswegs, dass sich der Ort während der letzten Jahre zum attraktiven touristischen Mittelpunkt der gesamten Müritzregion gemausert hat. Heute tummeln sich hier – zusätzlich zu den von weither gereisten Feriengästen – besonders über die Wochenenden viele Hamburger, Bremer, Schleswig-Holsteiner, Berliner und Brandenburger, die eben mal herüberkommen, um ihre Kanus zu Wasser zu lassen oder die Segeljachten flottzumachen.

Infobox

Verkehr
Eine Busverbindung rund um die Müritz gibt es nicht, mit dem Auto kann man jeden Ort erreichen, auch Speck und Boek im Müritz-Nationalpark (Parkplätze vorhanden). Ausnahme: *zwischen* Speck und Boek verkehrt nur der Nationalparkbus. Die Schifffahrtsgesellschaften in Waren und Röbel (s. dort) bieten **Touren über die Müritz** an (z. B. nach Klink oder Boek per Schiff, inkl. Fahrradmitnahme).

www.mueritz.de
Übersichtliches Internetportal mit ›Quartierberater‹. Infos zu Entdeckertouren mit dem Fahrrad und zu den Angeboten der Wassersportschulen.

Stadtgeschichte

Das genaue Gründungsdatum Warens kann heute niemand mehr feststellen, da mehrere Brände im 16. und 17. Jh. nahezu die gesamte Stadt bis auf die Grundmauern vernichteten – und alle Urkunden im Stadtarchiv. So kommt es, dass bis auf das vom Feuer verschonte Alte Rathaus und die zwei Kirchen kein Gebäude älter als 300 Jahre ist.

Unten am Stadthafen

Einen Rundgang durch Waren muss man am Wasser beginnen! Die atmosphärisch schönste Einstimmung auf die Stadt und überhaupt einen Urlaub im Gebiet der Seenplatte erhält man,

Parken in Waren
Kostenpflichtige Parkplätze, Mo–Sa 8–19, So 12–19 Uhr: **Zur Steinmole** (nahe Müritzeum), **Mecklenburger Straße** (nahe Marienkirche) und **Müritzstraße** (nahe Stadthafen).

wenn man zuerst den **Stadthafen** ansteuert. Hier flattern die Segel der Boote im Wind, stundenlang fischen die Angler um die Wette und die vielen Restaurants und Kneipen werben um ihre Gäste.

Drei eindrucksvolle **historische Speichergebäude** aus der Zeit um 1840 rahmen das weitläufige Hafenbecken. Alle drei zeugen von der einstigen Bedeutung Warens als Umschlagplatz für

Beschaulich: Der Hafen von Waren an der Müritz

Waren an der Müritz

den Holz- und Kornhandel, denn nachdem zwischen 1798 und 1837 die Elde kanalisiert und der **Bolter Kanal** erbaut war, gab es einen durchgängigen Wasserweg zwischen Elbe und Havel, das heißt, der Weg nach Hamburg, Berlin und weiter in den mitteldeutschen Raum war frei! Heute sind in allen Speichern Hotels, Ferienwohnungen, Restaurants, Boutiquen und Einkaufspassagen untergebracht.

Rund um den Alten Markt

Der **Alte Markt** ist der höchste Punkt der Stadt und noch weitgehend von historischer Bebauung gerahmt – nur an der Südseite gingen die Häuser während der letzten Kriegstage 1945 verloren.

Das **Alte Rathaus** 1 stammt noch aus dem 14. Jh. und wurde 1797 zugunsten eines Neubaus als Sitz der Stadtväter aufgegeben. Hinter den drei vermauerten Arkadenbögen auf der Ostseite tagte einst das Stadtgericht. Die Wände des kleinen Backsteinbaus sind fast 1 m stark.

Warens ältestes Bauwerk, die **St. Georgenkirche** 2 (Tel. 03991 73 25 04), ist eine kompakte dreischiffige Backsteinbasilika, die schon um 1300 als Pfarrkirche der Altstadt entstand. Nach den Stadtbränden wurde sie mehrfach verändert. Eine künstlerisch gute Arbeit ist die Kreuzigungsgruppe aus der Erbauungszeit mit Maria und Johannes.

Am Neuen Markt

Das Zentrum der Warener Altstadt ist der Neue Markt – vor allem an den Wochenmarkttagen Dienstag und Donnerstag. Er wurde 1325 als verbindendes Glied zwischen Alt- und Neustadt angelegt. Im prachtvoll restaurierten **Haus des Gastes** 3 hat heute die Waren-Müritz-Information ihren Sitz. Das bunte Fachwerkhaus in Rot-Grau mit dem zähnefletschenden König der Tiere im Emblem zählt zu einer Reihe von hübschen Warener Bürgerhäusern, mit denen die Altstadt in der ersten Hälfte des 18. Jh. bebaut wurde, und spielt auf seine ursprüngliche Nutzung als »Löwen-Apotheke« an. Von

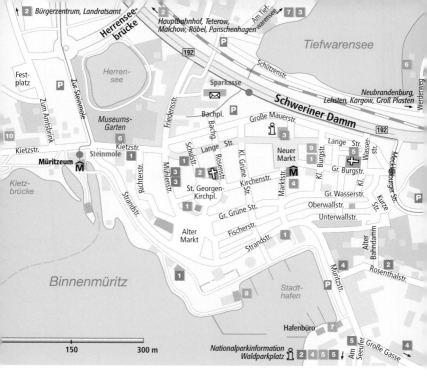

hier aus sieht man den Warener ›Boulevard‹ hinunter, wie die Einheimischen ihre Fußgängerzone, die **Lange Straße** mit ihren Läden und Cafés nennen. Schon im frühen Mittelalter führte hier ein viel benutzter Handelsweg entlang, von dessen Rändern aus sich die Stadt allmählich ausbreitete.

Historisches Rathaus 4

Mai–Mitte Okt. Mo–Fr 10–18, Sa/So/ Fei 14–17 Uhr, Mitte Okt.–Mai Mo–Fr 9–17, Sa/So/Fei 14–17 Uhr

Das Gebäude aus dem Jahr 1796 wurde 1857 aufgestockt und die Fassade im Stil der englischen Tudorgotik verkleidet. Mit seinen pittoresken türmchenartigen Streben an den Ecken und den angedeuteten Burgzinnen unter dem Dach wirkt es zwischen den umliegenden barocken Bürgerhäusern ein biss-

chen fremd. An der Seite unter den Arkaden ist noch die alte Ratswaage mit ihren meterlangen Waagebalken angebracht. Im dritten Geschoss präsentiert das **Stadtgeschichtliche Museum** (Tel. 03991 17 71 37, Öffnungszeiten wie Rathaus, 2 €, Kinder ab 14 J.1 €) außer Wechselausstellungen auch anhand von Hausrats- und Handwerksgegenständen des täglichen Lebens die Warener Stadtgeschichte von den Anfängen bis zur Neuzeit.

Marienkirche 5

Tel. 03991 613 70 (Pastor Leif Rother), Mai–Sept. Mo–Fr 10–18, Sa 10–16, So 11–16 Uhr

Zunächst wurde der Feldsteinchor der Marienkirche vor 1225 als Burgkapelle der Fürsten von Werle-Waren errichtet, und erst 1333 das Kirchenschiff im

83

Stil der Backsteingotik angebaut. Die Baugeschichte zog sich über sieben Jahrhunderte hin. Hierin begründet sich auch die Wertschätzung der Marienkirche: Sie wird oft wegen der Vielfalt ihrer Baustile gerühmt, die sich harmonisch zu einem würdevollen Ganzen verbinden. Ihr endgültiges Aussehen gab ihr 1792 der herzogliche Baumeister Johann Joachim Busch, der sie zur Pfarrkirche der Neustadt umbaute. Seitdem ist die schöne Turmsilhouette das Wahrzeichen Warens. Die Ersteigung des Kirchturms ist ein lohnendes Erlebnis: Von hier oben hat man einen wundervollen Blick über die gesamte Seenlandschaft der Müritz.

In der Oberwallstraße ist über die Jahrhunderte ein **mittelalterlicher Rinnstein** im Straßenpflaster erhalten geblieben, darüber hinaus sind in der Großen Wasserstraße 3 und in der Mühlenstraße wertvolle **barocke Haustüren** zu bewundern.

Außerhalb der Altstadt

Müritzeum 6
www.mueritzeum.de, April–Okt. tgl. 10–19, Nov.–März tgl. 10–18 Uhr, Tel. 03991 63 36 80, 7,50 €, Kinder 6–16 J. 3 €
Einen gelungenen Einstieg in Natur und Geschichte der Müritzregion bietet das Müritzeum, ein 2007 erbautes Ausstellungsgebäude von sehr schöner, lichter und weitläufiger Architektur, dessen Markenzeichen die Fassade mit den absichtlich verkohlten Lärchenholzplatten ist. Nicht nur die Kinder regt es an, sich durch die facettenreiche Erlebnisshow mit den Themenbereichen »Vogelwelt«, »Wald«, »Wasserwelt«, »Zeitreise« und »Multivisionsshow« zu bewegen. Sehr beliebt ist der über einen Steg zu betretende Heißluftballon, von dem man auf die

von Beamern projizierte Müritz samt Nationalpark hinunterschauen kann. Und auch der Nachtraum, in dem man durch einen Wald geht und die Tiere der Nacht hört, beflügelt die Vorstellungskraft.

Im Mittelpunkt der Ausstellung stehen die 26 großen und kleinen Aquarien mit über 40 Fischarten, eine nachgebildete Flusslandschaft und vor allem das über zwei Etagen reichende Süßwasseraquarium mit einem eindrucksvollen Maränenschwarm. In einem Wasserbassin können Kinder bunte Modellboote über die nachgebildete Müritz flitzen lassen.

Für die ganz Kleinen wurde im Außengelände ein netter Abenteuerspielplatz mit einem großen Holzboot angelegt. Ausruhen und ganz gut essen kann man im Haus-Restaurant »Blaue Perle« (Tel. 03991 67 44 22, www.blaue-perle-waren.de).

Skulpturengarten am Müritzwasserhaus 7
Gerhart-Hauptmann-Allee 5 (etwas außerhalb), www.poppe-keramik.de, Tel. 03991 12 54 80, Öffnung nach Vereinbarung
Etwas außerhalb der Altstadt liegt das privat bewohnte, leuchtend blaue Müritzwasserhaus. In dem urwüchsigen Skulpturengarten, der bis hinunter zum Wasser führt, hat der Keramiker Franz Poppe eine Ausstellung mit Stein-, Metall-, Holz- und Keramikarbeiten von zehn verschiedenen Kunsthandwerkern aus der Region etabliert.

Fahrradtour »de Müritz«

Von Waren aus kann man zu einer schönen Radtour mit überaus vielfältigen Naturendrücken um die Müritz starten. Die ca. 85 km lange Strecke ist nahezu anstiegsfrei und angenehm von der Wegbeschaffenheit. Wer unterwegs auch einmal Zeit für eine Besichtigung oder ein ausgedehntes Mittagessen haben möchte, kann eine Einzeletappe machen und dann mit dem Schiff (samt Rad) über die Müritz zurückfahren oder unterwegs übernachten (Überblick und Buchungshilfe: **www.mueritz-radrundweg.de**). Mit dem Auto ist die Tour de Müritz aus Gründen des Naturschutzes nicht möglich (Streckensperrung für PKWs zwischen Speck und Boek). Unterwegs gibt es viele als Jausenstation geeignete Fischerhöfe und Restaurants. Zusätzlich finden sich im gesamten Müritz-Nationalpark Holztische und -bänke für ein Picknick im Freien.

Übernachten

In Waren gibt es wohltuenderweise kein einziges Luxushotel in Gestalt eines Hotelkastens, dafür aber eine große Auswahl an kleineren Häusern mit persönlichem Charakter.

Klassisch – **Schlosshotel Groß Plasten**: Groß-Plasten (10 km östl. von Waren), Tel 039934 80 20, www.schlosshotel-grossplasten.de, DZ 100–175 €. Gepflegte neubarocke Schlossanlage. Schon die Atmosphäre auf der Restaurant-Terrasse mit Blick auf den See und der ausnehmend entgegenkommende Service lohnen zumindest eine ›Kaffeefahrt‹.

Zentral und gediegen – **Hotel Harmonie 1**: Kietzstr. 16, Tel. 03991 669 50, www.hotelharmonie-waren.de, DZ 129 €. Betörend schöne Wellness-Oase und sehr günstige Preise für Aufbettung auch für Erwachsene.

Ordentlich und freundlich – **Hotel Ingeborg 2**: Rosenthalstr. 5, Tel. 03991 613 00, www.hotel-ingeborg-waren.m-vp.de, DZ 75–90 €. Liebevoll einge-

richtetes Hotel garni, nur 100 m vom Stadthafen, dennoch schön ruhig; hoteleigener Segeljollenkreuzer.

Mit persönlicher Ausstrahlung – **Pension Warener Hof 3**: Mühlenstr. 6, Tel. 03991 12 24 48, www.pensionwarenerhof.m-vp.de, DZ 70 €. Liebevoll renoviertes Fachwerkhaus in der Altstadt.

Für Individualisten – **Büdnerei Lehsten** (18 km nordöstl. von Waren), s. S. 206.

Idyllisch – **Vieling Appartements 4**: Papenbergstr. 22, Tel. 03991 12 02 00 oder 0160 721 27 97, www.vieling.de, App. 45–60 €. Esther Engels vermietet vier sehr helle und geschmackvoll eingerichtete Appartements mit kurzem Fußweg zum Stadthafen und der Müritz-Badestelle, alle mit Garten und Terrasse.

Großzügig – **Campingplatz Ecktannen 5**: Fontanestr. 66, Tel. 03991 66 85 13, www.camping-ecktannen.de, ganzjährig geöffnet. 16 ha naturbelassenes unparzelliertes Rasengelände mit vielen Bäumen auf einer Landzunge am Südrand von Waren und schon im Eingangsbereich des Müritz-Nationalparks, eigene Uferzone zum Baden in der Müritz.

Essen & Trinken

Erstklassig – **Restaurant im Hotel Kleines Meer 1**: Alter Markt 7, Tel. 03991 64 80, www.kleinesmeer.com, tgl. 12–22 Uhr, Reservierung empfohlen, Hauptgericht 8,50–20 €, Menü 60–80 €. Hier pflegt der kreative Hendrik Türk seine köstliche und ausgesuchte Küche, 2010 ausgezeichnet von »Der Feinschmecker«. Das Ambiente ist betont puristisch, die Atmosphäre locker.

Gediegen und verlässlich – **Restaurant Moritz im Seehotel Ecktannen 2**: Fontanestr. 51, Tel. 03991 62 90, www.seehotel–ecktannen.de, Hauptgericht 10–16 €. Romantisch anmutendes Ambiente in einer großzügig renovierten Villa der Jahrhundertwende. Gehoben gutbürgerliche Küche; schöne Terrasse.

Gemütlich und rustikal – **Pizzeria Etna** **3**: Mühlenstr. 2, Tel. 03991 66 47 66, tgl. 11.30–14, 17–22 Uhr (auch Lieferung frei Haus), Hauptgericht 6,70–12,50 €. Auch eine unaufwendige italienische Küche braucht man mal im Mecklenburg-Urlaub.

Preiswert und lecker – **Shanghai-City** **4**: Müritzstr. 7, Tel. 03991 66 61 72, Buffet so oft man möchte für 7,50 €. Leckere und knusprige chinesische Küche, das Preis-Leistungs-Verhältnis ist einfach nicht zu toppen!

Kutterfrisch – **Fischerhof Waren 5**: Seeufer 73, Tel. 03991 63 31 10, tgl. 10–16 Uhr, 3, 50–10 €. Im Warener Hafen **(mit kleinem Fischereimuseum der Müritzfischer)** bekommt man kut-terfrischen Müritzfisch direkt aufs Brötchen oder für die Pfanne zu Hause, einfach köstlich!

Einkaufen

Für Mitbringsel – **Galerie an der Georgenkirche 1**: Schulstr. 6, Tel. 03991 63 21 94, Mo–Fr 9–18, Sa 9–13 Uhr, www.georgen-galerie.de. Kunsthistoriker Thomas Spahmann verkauft Grafik, Malerei, Skulpturen und Kunsthandwerk aus der Region.

Schöne Keramik – **Töpfergut Panschenhagen:** Panschenhagen (10 km nördl. von Waren), Tel. 0399 26 32 75, www.henschelkeramik.de, Öffnung nach Vereinbarung. Im Gewölbekeller seines alten Herrenhauses verkauft Friedemann Henschel Gebrauchskeramik

Der Neue Markt: gemütliches Einkaufen im Zentrum von Waren

sowie seine ganz eigenen prallen Ton-figur-Damen.

Aktiv & Kreativ

Angeln
Die Müritz ist reichlich mit Karpfen, Schleie, Zander und Stör besetzt. Infos: **www.mueritzfischer.de**. Touristenfischereischein samt Angelkarte in der Waren-Müritz-Information (s. S. 88).

Unkompliziert – **Müritz Angelshop 1**: Große Burgstr. 3, Tel. 03991 66 86 10, Mo–Fr 9–18, Sa 8–12 Uhr. Angelkarten und Angelzubehör.

Weiter raus – **Fischerei Müritz-Plau 2**: Eldenholz 42, Tel. 03991 153 40, tgl. 7–13.30, 14–20.30 Uhr, www.mueritz fischer.de. Angeltouren auf Angelkuttern, Verleih von Angelgeräten.

Baden
Die Freibäder und Badebuchten rund um Waren sind von sehr guter Qualität und haben alle einen weichen Badegrund mit feinem Sand.

Offiziell bewacht – **Volksbad an der Müritz 3**: Kameruner Weg, Tel. 03991 12 21 77, Mitte Mai–Mitte Sept. tgl. 9–18 Uhr. Badestrand mit großem Badesteg und Riesenrutsche. Weitere bewachte Badestellen: im Ortsteil **Ecktannen 4** und am **Feisnecksee 5** entlang der Straße An der Feisneck.

Unbewacht – am **Tiefwarensee 6** in der Schwalbenstraße.

Boot fahren
Am Hafen – **Bootscharter Jörg Malow 7**: Tel. 03991 66 23 94 od. 0171 821 79 67, www.bootscharter-malow.de. Führerscheinfreie Sport- und Hausboote, Segelboote.

Fahrgastschifffahrt 8
Inklusive Fahrradmitnahme – **Warener Schiffahrt:** Am Stadthafen, Tel. 03991

66 30 34, www.schiffahrt-mueritz.de; **Müritzwind:** Strandstraße/Ecke Steinmole, Tel. 03991 66 66 64, www.mueritzer-flotte.de; **Weiße Flotte Müritz:** Kietzstr. 17, Tel. 03991 12 26 68, www.mueritzschiffahrt.de, MS Europa (originalgetreu nachgebautes Dampfschiff der 1920er-Jahre). Schöne Touren nach Röbel, Klink, Rechlin, Boek, Sietow und zum Bolter Kanal.

Fahrrad fahren
Waren ist eine ausgesprochen fahrradfreundliche Stadt. Alle wichtigen Straßen sind von Radwegen begleitet, die Müritz-Nationalpark-Busse und die Fahrgastschiffe nehmen Fahrräder mit.

Mitbringservice – **Zweiradhaus Karberg 9**: Lange Str. 46, Tel. 03991 66 60 80, www.zweirad-karberg.de, Mo–Fr 8–18, Sa 8–12 Uhr u. Juli–Aug. auch So 9.30–11.30 Uhr. Größter und in der Altstadt gelegener Radverleiher vor Ort, auch Reparaturschnellservice für Urlauber.

Kutschfahrten
Ein PS – **Kutsch- und Kremserfahrten Vinzing:** Dorfstr. 7, Kargow (9 km östl. von Waren), Tel. 03991 67 04 19 od. 0174 657 51 70, www.mueritz-kutsche.de. 2-, 3- oder mehrstündige Fahrten durch den Nationalpark, auf Wunsch mit Nationalpark-Führer.

Surfen/Kanus/Katamarane
Etwas außerhalb – **Surfschule Helia Schützler 10**: Auf dem Zeltplatz Kamerun, Zur stillen Bucht 3, Tel. 0171 727 27 55, www.campingtour-mv.de.

Abends & Nachts

Als Absacker – **Mr. Bob – Cocktailbar 1**: Strandstr. 3 (am Stadthafen), Tel. 03991 63 36 71. Christiane Salhoff betreibt eine kleine, nette und vor allem gemütliche Cocktailbar mit langem Tresen, separatem Raucherbereich und direktem Blick aufs Wasser, dazu gibt's Snacks, Toasts und Folienkartoffeln.

In 3 Sälen – **Kino Cine Star – Der Filmpalast** ❷: Im Bürgerzentrum, Zum Amtsbrinck 3 (nähe Bahnhof), Tel. 039 91 18 17 07, www.cinestar.de. Immer mittwochs: der besondere Film.

Amphitheater-ähnlich – **Naturbühne Mühlenberg** ❸: www.freiluftspiele. de, Karten in der Waren-Müritz-Information, über Tickethotline 01805 28 82 44, per Online-Buchung od. an der Abendkasse, Vorstellung jeweils Fr, Sa 19.30 Uhr, So 17 Uhr. Hier wird alljährlich während der Sommersaison die Müritz-Saga gespielt, ein von Roland Oehm eigens für diesen Zweck verfasster Theater-Zyklus. Die Handlung dreht sich stets um politische und ränkespielerische Streitigkeiten der Geschichte.

Mit Herzblut betrieben – **Hoftheater der Büdnerei Lehsten**, 18 km nordöstl. von Waren, s. S. 206.

Infos & Termine

Touristenbüro

Waren-Müritz-Information: Neuer Markt 21, Im Haus des Gastes, 17192 Waren, Tel. 03991 66 61 83, Fax 03991 66 43 30, www.waren-tourismus.de. Stadtführungen Mai–Sept. Mo–Fr 10, Sa–So u. Fei 11 Uhr.

Feste & Veranstaltungen

Einen kostenlosen Veranstaltungskalender gibt es in der Waren-Müritz-Information. Hier die schönsten und wichtigsten Feste:

Müritz-Sail: Veranstaltungshöhepunkt der Seenplatten-Region im Mai, s. S. 33.

Müritzfest: im Juli am Warener Stadthafen mit Bootskorso, Fischerzug und Rummelplatz, Tel. 03991 66 61 83, www.mueritzfest.de.

Müritz-Triathlon: Am letzten Juli-Samstag starten der Wettbewerb 1 (für erfahrene und durchtrainierte Athleten) mit 2 km Schwimmen, 80 km Fahrradfahren, 20 km Laufen und der Wettbewerb 2 (für jedermann) mit 750 m Schwimmen, 20 km Fahrradfahren und 5 km Laufen. Müritz-Sport-Club, Tel. 03991 12 56 46, www.mueritz-sportclub.de.

Müritz-Schwimmen: Wettkampf im August. Die Schwimmer gehen an der Gaststätte Seebad am Campingplatz Ecktannen ins Wasser und schwimmen 1950 m auf Zeit durch die Binnen-Müritz hinüber zum Volksbad. Pokale vergibt der Müritz-Sport-Club, Tel. 03991 12 56 46, www.mueritz-sportclub.de.

Müritz Fischtage: Die im Oktober stattfindenden Fischtage der Müritzfischer beginnen in Plau am See und finden in Waren im Müritzeum ihren Ausklang. Ein einheimischer Fisch wird von etwa 50 Köchen der Region auf den Speiseplan ihrer Restaurants gesetzt und jeder kreiert mit diesem Fisch sein eigenes Gericht.

Verkehr

Innerstädtische und Überland-Busverbindungen: Personenverkehr GmbH Müritz (PVM), www.mueritz.de, Fahrplanauskünfte Tel. 03991 64 50. Im Stundentakt nach Rechlin, Röbel, Neubrandenburg.

Taxi: Müritztaxi, Tel. 03991 150 00 Taxi-Zentrale Waren, Tel. 03991 12 22 55 oder 16 71 67.

Müritz-Nationalpark! ▶ G 5/6

Seit dem 1. Oktober 1990 ist eine Fläche von 322 km² östlich der Müritz als Nationalpark ausgewiesen. Damit genießt der Müritz-Nationalpark zusammen mit 13 weiteren Nationalparks nach Bundesnaturschutzrecht den höchsten Schutzstatus auf deutschem Boden und ist auch flächenmäßig der größte unter ihnen. Genau genommen besteht der Müritz-Nationalpark aber aus zwei Teilgebieten: Das größere umrahmt das östliche Müritzufer, wobei auch ein 12 km langer Müritzwasserstreifen dazugehört. An diesem Uferbereich ist durch die Schiffbarmachung der Elde vor fast 200 Jahren und das darauf folgende Absinken des Müritz-Wasserspiegels um mehr als 1,5 m ganz besonders wertvoller Naturraum entstanden. Große Flächen fielen trocken, infolgedessen bildeten sich Röhrichte, Moore und Bruchwälder. Das kleinere Teilgebiet liegt östlich von Neustrelitz.

Der Müritz-Nationalpark ist ziemlich dünn besiedelt. Er besteht zu 72 % aus Wald, zu 13 % aus Gewässern, zu 8 % aus Mooren, zu 5 % aus Wiesen und Weiden und nur zu knapp 2 % aus Äckern, den Rest bilden Siedlungen, Straßen und Wege. Insgesamt leben hier etwa 800 Menschen.

Flora und Fauna

Sehenswert ist der Nationalpark zu jeder Jahreszeit, denn einem aufmerksamen Beobachter bieten sich immerzu zauberhafte Naturschauspiele: 240 Vogelarten und 913 verschiedene Farn- und Blütenpflanzen bilden einen unermesslichen Reichtum. Allein über 800 Schmetterlings- und Libellenarten gaukeln hier von Blüte zu Blüte. Berühmt ist der Müritz-Nationalpark vor allem wegen seiner Bestände an **See- und Fischadlern**. Auch die **Hirschbrunft** von Ende August bis Anfang Oktober und der **Zug der Kraniche** im September und Oktober (s. S. 17) sind beeindruckende Erlebnisse für jeden Naturliebhaber.

Federow ► F 5

Das erste Dorf, das man von Waren aus im Müritz-Nationalpark erreicht, ist das beschauliche Federow – jedenfalls machen die reetgedeckten Backsteingehöfte, der bescheidene Lebensmittelladen und das Kirchlein vorerst diesen Eindruck – wären nicht die 54 000 Besucher, die hier jedes Jahr das Info-Gebäude des Nationalpark-Service (s. S. 97) aufsuchen würden.

Hörspielkirche

www.hörspielkirche.de, Juli–Anf. Sept. tgl. ab 11 Uhr, Tel. 03991 63 57 23 oder 0151 11 64 12 65
Die Dorfkirche ist ein Feldsteinbau aus der Zeit um 1400 mit einigen ›Zutaten‹ aus dem 20. Jh. Viele Jahre lang stand sie ungenutzt, bis eine außergewöhnliche Idee sie vor dem drohenden Verfall rettete: Seit 2006 fungiert sie als Deutschlands erste und bislang einzige Hörspielkirche. Der kleine Innenraum mit seinen etwa 40 Sitzplätzen hat eine so ausnehmend gute Akustik, dass man meinen könnte, man sitze im eigenen Wohnzimmer. Die mundgeblasenen Farbfenster der Berliner Malerin Jana Franke tauchen den Raum in ein warmes lebendiges Licht. Im Sommer sind täglich drei Hörprogramme eintrittsfrei zu genießen. Nachmittags gibt es meist Märchen und Geschichten für Kinder, abends dann Krimis, Romanhaftes oder plattdeutsche Geschichten und sonntags eher Geistliches, Politisches, Meditatives oder Musik.

Schwarzenhof ► G 5

Nur ein kleines, aber bezauberndes Fleckchen Erde ist das abgeschieden gelegene Schwarzenhof mit seinen leuchtenden Blumenstauden zwischen

Spannendes, nicht nur über die Spannweite der Fischadler: Einführung im Federower Nationalpark-Infopoint

halb verblichenen Gartenzäunen: eine Hand voll Einwohner, ein Hotel, ein Souvenirlädchen, ein schöner Standplatz für Wohnmobile, viel Wald drum herum und ein weiter Ausblick über die Wiesen des Nationalparks. Im Nationalparkhotel Kranichrast (s. S. 95) für ein paar Tage Station zu machen und von hier aus den Nationalpark zu erkunden lohnt sich. Direkt daneben hat das **Nationalparkamt** in seiner Informationsstelle (Mai–Okt. tgl. 10–17 Uhr) eine kleine **Ausstellung** über »Geschichte(n) vom Ostufer der Müritz« eingerichtet.

Wandern oder Radeln zum Müritzhof

www.mueritz.de/mueritzhof, April–Okt. 10–18, Nov.–März Mo–Fr 11–16 Uhr; dreistündige Führung durch die Wacholderheide Mai–Okt. Di 11 Uhr, Tel. 03991 61 15 40

Am Hotel Kranichrast in Schwarzenhof beginnt ein etwa 90-minütiger Fußweg zunächst auf der mit einem blauen »M« (Müritz-Nationalparkweg) gekennzeichneten Route und geht am Südzipfel des Warnker Sees weiter auf einer mit einem Reh auf ockergelbem Grund gekennzeichneten Weg. So gelangt man zur Wacholderheide am Spukloch westlich des Rederangsees, dem Rest einer Hutung, einer zaunlosen Weidelandschaft, in der das Vieh von einem Hirten gehütet wird. Hier liegt der 300 ha große Müritzhof, ein einsam und idyllisch gelegenes Landgehöft. Es ist ausschließlich zu Fuß oder mit dem Fahrrad erreichbar. Hier hat das Lebenshilfswerk Waren die Gebäude und Flächen des Landschaftshofes gepachtet, auf dem nun Menschen mit Handicap ökologischen Landbau betreiben. Sie versorgen Gotlandschafe, Shetlandponys und Fjällrinder.

Die **Fjällrinder** sind etwas ganz Besonderes, denn von 5000 Tieren dieser skandinavischen Rasse, die es weltweit gibt, leben allein 60 auf dem Müritzhof. Ihre Weidung wirkt der permanenten Verbuschung und Verschilfung entgegen, die hier sonst über kurz oder lang die Bodenbrutplätze der Vögel zunichte machten würde – die Gegend ist nämlich überregional bekannt für ihren außerordentlichen Brutvogelreichtum. Jedes Jahr versammeln sich hier im Herbst etwa 10 000 Kraniche, um sich auf ihren langen Flug in den Süden vorzubereiten.

Zusätzlich betreiben die Hofbewohner eine nette **Gaststätte** mit Fisch- und Fleischgerichten sowie Eintöpfen, Salaten und hausgemachtem Kuchen, sodass es sich der Besucher im schattigen **Biergärtchen** mit Blick über die Viehweiden oder bei schlechtem Wetter im Gastraum gut gehen lassen kann.

Für viele Besucher ist auch die **Vogelauffangstation** mit vier großen Volieren interessant, die verletzte Vögel in Quarantäne nimmt, tierärztlich versorgt und wieder auswildert.

Speck ▶ G 5

In Speck, einer sympathischen Ansiedlung in einem der besonders schützenswerten Kernbereiche des Nationalparks, wohnen gerade einmal 50 Menschen. Der Name Speck rührt aus dem Slawischen her und bedeutet etwa »Damm, der durch einen Sumpf führt«. Im 13. Jh. herrschte hier der holsteinische Ritter Ludwig Reimar von Rohr. Doch der ziemlich karge Sandboden dürfte seinem Gut nicht allzu große Ernteerträge erbracht haben.

Dorfkirche
Auf dem Weg zum Schloss passiert man linker Hand die kleine elegante klassizistische Dorfkirche, die von dem Neustrelitzer Baumeister C. L. F. Hustaedt 1876–77 errichtet wurde (tgl. 10–16 Uhr). Details erinnern an die Schlosskirche in Neustrelitz. Der frisch restaurierte Innenraum ist mit einer schönen Holzbalkendecke in blau-rot-goldener Kassettenmalerei ausgestattet, den Landesfarben Mecklenburgs.

Schloss
Dem von Efeu verhangenen Specker Schloss (Privatbesitz) sieht man an, dass es schon bessere Zeiten gesehen hat. Früher stand hier der alte Herrensitz der Ritter von Rohr. 1937 wurde das Schloss mit seinem sehr reizvollen unregelmäßigen Grundriss von dem Leipziger Großverleger Kurt Hermann errichtet, der u. a. mit Reichsmarschall Göring befreundet war. Insgesamt erinnert es sehr an den englischen Landhausstil des Schlosses Cecilienhof im Neuen Garten von Potsdam. Als passionierter Jäger umzog Hermann das Gebiet mit Zäunen und setzte fremde Wildarten wie Mufflons, Sika-Hirsche und Elche aus, um sie später zu erlegen.

1945 wurde Hermann enteignet, und die russische Kommandantura zog ein. Die gleichen Gelüste weckte das Areal später bei der Staats- und Parteiführung der DDR, besonders bei Ministerpräsident Willi Stoph, der es zum Staatsjagdgebiet erklärte und mit der Jagd auf den ›reifen Hirschen‹ seinem grauen Politalltag zu entfleuchen versuchte. Mittlerweile wurde das Anwesen an privat verkauft, steht aber leider immer noch leer.

Priesterbäker See
Aus Speck heraus Richtung Käflingsberg schlängelt sich ein etwa 15 m langer Holzplankenweg durch die Schilfzone an bewundernswert alten Hude-Eichen vorbei zum ▷ S. 95

Auf Entdeckungstour

Adlerbeobachtung – der König der Seenplatte

Adler sind die ornithologische Attraktion Mecklenburgs. Allein im Müritzgebiet leben über hundert Fisch- und Seeadlerpaare. Den Ausflug zu einem Adlerhorst können Sie auf eigene Faust oder in Begleitung eines Naturführers der Nationalpark-Informationen Federow und Schwarzenhof oder des Nationalparkamtes Müritz unternehmen.

Reisekarte: ▶ F/G 5

Zeit: 2,5 Stunden, Laufstrecke 2 km
Nationalpark-Information Federow: s. S. 97, April–Okt. tgl. 9–18 Uhr.
Nationalparkamt Müritz: s. S. 96, Mo–Fr 7–16 Uhr, Exkursionen kostenfrei, Spenden erwünscht.

Start: Federow, Nationalpark-Info, s. o.

Hinweis: Im Hochsommer Sonnen- und Mückenschutz sowie Wasserflasche mitnehmen. Ferngläser können geliehen werden.

Im Raum der Nationalpark-Information Federow flackert der Fernsehbildschirm. Live überträgt er alle Geschehnisse aus dem nahe gelegenen Fischadlerhorst in die gute Stube. Fischadler erkennt man an ihrem dunkelbraunen Deckgefieder und der schneeweißen Bauchunterseite mit weißem Gesicht. Deutlichstes Erkennungsmerkmal ist die dunkle Augenbinde, die den Kopf überzieht – ähnlich wie bei Zorro! Jedes Frühjahr sind die Park-Ranger aufs Neue gespannt, ob sich dasselbe Pärchen wie im Vorjahr einfindet oder ein Partnerwechsel stattfindet. Denn: Fischadler sind horstgebunden, aber nicht unbedingt partnergebunden.

Küken-Beobachtung

Etwa Anfang bis Mitte April legt die Adlermutter das erste von meist drei Eiern und beginnt mit der Bebrütung. Wer Mitte Mai nach Federow kommt, kann sich dann an den frisch geschlüpften Küken erfreuen – leider nur über das Fernsehen, denn draußen, in der Natur, geht der Blick vom Waldboden so steil nach oben, dass nicht so genau zu erkennen ist, was sich in den Tiefen des Horstes abspielt. Aber dafür gibt es ja die Kamera! Die wenigen Tage alten Küken tragen ihr erstes Daunengefieder aus ganz weichen grauen Federchen. Erst sehen sie noch recht tollpatschig aus und fallen immer wieder um. Das liegt daran, dass Kopf und Schnabel im Verhältnis zum übrigen Körper viel zu groß sind – typisch für alle Nesthocker, bei denen erst einmal die Körperteile am größten ausfallen, die zum Fressen gebraucht werden.

Des Fischadlers Fangmethode

Die Adler-Exkursionsroute führt von der Nationalpark-Information ins Dorf und weiter zum Federower Gutshaus, hinter dem der Hofsee glitzert. Die Seen sind für einen Fischadler ganz besonders wichtig, denn er will sauberes Wasser in der Nähe haben, weil er auf lebendige und gesunde Fische spezialisiert ist, die er sich direkt aus dem See holt. Dabei kreist er über der Wasserfläche, bleibt im Rüttelflug stehen, stürzt dann urplötzlich hinunter, taucht ein, schießt bis zu 1 m hinab wie ein Pfeil und greift den Fisch mit den Fängen. Genau diese Fangmethode macht den Fischadler zum Zugvogel, denn dass ein ausschließlicher Fischfresser im Winter, wenn bei uns die Seen zufrieren, nach Afrika ziehen muss, ist klar. Ein Seeadler dagegen – übrigens das deutsche Wappentier – macht seine Beute ganz anders. Er streicht über das Wasser und holt die kranken und toten Fische heraus oder schlägt auch schon mal kleine Säugetiere, bis hin zum schwachen Reh. Ein Seeadler frisst eben auch Aas, was ein Fischadler niemals tun würde.

Horstbau

Entlang des Hofseewanderwegs führt die Route durch ein Waldstück. Bäume mögen Adler ganz besonders, denn sie liefern ihnen das für den Horstbau notwendige Baumaterial. Der Fischadler ist – mit seiner Flügelspannweite von immerhin 1,70 m – ein ordentlich großer Vogel, weshalb kleine, kurze Zweige keineswegs ausreichen. Gebraucht werden starke und vor allem ganze Äste, die anschließend kunstvoll in den Horst eingewunden werden. Es wurde sogar schon beobachtet, wie ein Fischadler auf dem Ast eines Baumes sitzend kräftig auf und nieder wippte – und zwar so lange, bis der Ast abbrach!

Am Adlerhorst

Die Wanderung führt zur Adler-Beobachtungsstelle, die aus einer Holzwand besteht. Sie fungiert als Sichtschutzblende und hat Sehschlitze auf unterschiedlichen Höhen – für kleine, mittlere und große Besucher. Meist werden die Luken eilig belagert, Fotoapparate hervorgeholt und die Ferngläser an die Augen gehalten. Zu sehen ist eine Wiese mit einem Hochspannungsmast in der Mitte, auf dem hoch oben, in etwa 20 m Höhe, der Adlerhorst aufliegt. Fischadler lieben es geradezu, auf Hochspannungsmasten zu nisten! Zwar wollen sie beim Brüten ungestört sein, brauchen aber eine solch exponierte Lage für eine freie Rundumsicht, weil sie von oben in den Horst einfliegen.

Leben mit den Menschen
Der Fischadler ist ein Tier, das die Anwesenheit von Menschen einigermaßen verträgt. Ein Seeadler dagegen würde abwandern, wenn er so häufig Besuch bekäme. Deshalb horstet er lieber in Baumkronen tief im Wald, wo ihn kaum jemand findet. Und genau aus diesem Grund gibt das Nationalparkamt die Standorte der Seeadler-Horste der Öffentlichkeit nicht preis. Trotzdem braucht jede Adlerart eine natürliche Entfernung zum Menschen, und die darf nicht unterschritten werden – hier in Federow sind es 300 Meter zwischen Beobachtungswand und Adlerhorst. Entsetzt mussten die Park-Ranger schon über die Fernsehkameras mitansehen, wie sich neugierige Besucher durch die Schlitze der Holzwand zwängten und dem Adlerhorst näherten. In so einem Fall regen sich die Tiere sehr auf, beginnen zu schreien, schlagen mit den Flügeln und fliegen zur Ablenkung Scheinangriffe. Dies aber hat die gefährliche Folge, dass die Brut unbewacht ist. Das wiederum nutzen die natürlichen Feinde der Adler: Kleinere Greifvögel wie Mäusebussarde und Habichte, aber auch Krähen oder Kolkraben lungern herum und warten nur auf eine passende Gelegenheit!

Das Adlermännchen kommt
Sobald das erste Ei gelegt ist, bewegt sich das Fischadlerweibchen aus dem Horst nur noch selten fort. Folglich muss das Männchen ›einkaufen‹ fliegen. Vom Beobachtungsstand ist sehr schön mitanzusehen, wie sich das Männchen bei der Rückkehr hoch oben aus der Luft nähert und – die Fänge mit dem Fisch nach vorne gestreckt – an die Horstkante heranschwebt und sich absetzt. Das Weibchen rückt zur Seite. So liefert er die Beute ab, reißt aber vorher noch einen Happen heraus und reicht ihn ihr – wie ein echter Gentleman! Gierig recken die Jungen die Hälse. Von unten sieht man, wie die Mutter den Jungen die Nahrung mit dem Schnabel reicht. Erstaunlich dezidiert und fein macht sie das, wie mit der Pinzette!

Seenplatte adieu
Auf dem Rückweg der geführten Adler-Wanderung erzählen die Park-Ranger, dass das Fischadlerweibchen – sobald die Jungen das Nest verlassen haben – als Erstes wieder ins Winterquartier zieht. Zurück bleibt der Männchen und lockt die Jungen ans Wasser, um ihnen das Fischen beizubringen. Wenn sie aufhören nach Fisch zu betteln, weiß er, dass er sich jetzt nicht mehr kümmern muss, und folgt seiner Partnerin in den Süden. Der Familienverband hat sich aufgelöst und die Jungen werden zu Einzelgängern. Noch bleiben sie vier Wochen in Mecklenburg, um sich Fettgewebe anzufressen und Kraft zu sammeln, bevor sie dann ganz allein nach Nordwestafrika fliegen – und dies, ohne dass ihnen jemals ein alter Adler den Weg gezeigt hätte.

Priesterbäker See. Am Ende des Weges erreicht man eine in die Uferzone hinausgebaute Plattform mit Holzbank, wo man sehr schön sitzen und den Blick in aller Ruhe über die Wasseroberfläche schweifen lassen und Geräuschen der umgebenden Natur lauschen kann. Wenn man hier unter praller Sonne Entspannung findet, kann man sich nur schwer vorstellen, dass im Priesterbäker See einmal ganz besondere U-Boote getestet wurden …

Wanderung zum Turm auf dem Käflingsberg

Von der Nationalpark-Information Specker Schmiede führt ein 1,5 km langer Wanderweg nach Südosten. Die Route ist mit einem braunen Wildschwein auf dem Hinweistäfelchen gekennzeichnet und kann auch zur Hälfte mit dem Nationalparkbus absolviert werden. Ziel ist der Turm auf dem 100 m hohen **Käflingsberg** am Ufer des **Großen Zillmannsees**. Wer die 168 Stufen des 31 m hoch aufragenden – leider optisch etwas unpassenden – Telekommunikationsturms erklimmt, hat einen herrlichen Rundblick fast über den ganzen Müritz-Nationalpark.

Übernachten

Eine **Unterkunft im Nationalpark** ist sehr begehrt, ist der dortige Aufenthalt doch mit vielen schönen Naturerlebnissen und – in der Regel – vor allem mit Ruhe verbunden. Preise und Standard der Quartiere sind sehr unterschiedlich. Siehe auch unter www.ferien-im-mueritznationalpark.de.
Einfach – **Pension zur Fledermaus**: Am Teufelsbruch 1, Waren (Im Nationalpark), Tel. 03991 66 32 93, www.pension-fledermaus.de, DZ ab 36 € (nicht alle mit Du u. WC). Allein am Waldrand auf einer Anhöhe gelegen

mit Blick auf den Teufelsbruch, ein im Sommer fantastisch blühendes Moorwiesengebiet. Die Ausstattung hat den Charme einer Jugendherberge der 1980er-Jahre, ist aber ausreichend. Flugräume mit Ägyptischen Grabfledermäusen und amerikanischen Zwerggleithörnchen – eine echte Passion des Betreibers.
Kinderlieb und persönlich – **Die bunte Kuh**: Damerower Str. 8, Federow, Tel. 03991 67 00 38, www.diebuntekuh. com, DZ 60 €. Ein Bauernhof mit Tierhaltung und Spielplatz. Die hausgemachten Eierpfannekuchen sind ein Gedicht!
Geheimtipp – **Zartwitzer Hütte**: Rechlin, Tel. 039829 204 34, www.ferien-immueritznationalpark.de, FeHaus 59 €, App. 69–79 €. Ein paradiesischer Bauernhof, der nur über einen Sandweg erreichbar ist. Das Ferienhaus und die beiden Appartements sind mit moderner Technik ausgestattet, ansprechend möbliert und haben eigene Sitzbereiche im Grünen. Das Frühstücksbuffet ist reichlich.
Ideal für Gruppen – **Nationalparkhotel Kranichrast**: Schwarzenhof, Tel. 03991 672 60, www.nationalparkhotel-kranichrast.de, DZ 88 €. Traumhafte Lage mit weitem Blick über die Wiesen und Wälder. Ein Plus sind die lebensrettenden Moskitonetze an allen Schlafzimmerfenstern! Nach Anmeldung wird für Gruppen ein Schwein am Spieß gedreht. Es gibt auch eine Kegelbahn.
Klassisch und edel – **Gutshaus Federow**: Federow, Am Park 1, Tel. 03991 67 49 80, www.gutshaus-federow.de, DZ 85 €. Das kleine Gutshaus aus dem Jahr 1845 wurde stilvoll rekonstruiert. Klassisches Ambiente, rückwärtige Zimmer mit Blick auf den Hofsee.
Zurückgezogen und charmant – **Landhaus Pieverstorf**: Dorfstr. 13b, Kratzeburg, OT Pieverstorf (15 km südöstl. von Waren), Tel. 030 322 81 03,

www.ferien-privat.de/1327-1, FeWo 45–85 €. Altes, renoviertes Feldstein-Bauernhaus mit idyllischem Garten und vier fröhlich eingerichteten Ferienwohnungen. Die Badestelle am Dambecker See ist 150 m entfernt.

Essen & Trinken

Landschaftlich toll – **Fischerrotunde Boe:** Boeker Mühle 4, Tel. 039823 277 54, April–23. Juni, Sept./Okt. tgl. 8–16 Uhr, 24. Juni–Aug. tgl. 8–20 Uhr. Besuchermagnet an den Boeker Fischteichen, Terrasse und überdacht, Fisch aus Topf, Pfanne, Räucherofen.
Urig – **Töpferhof Steuer:** Tel. 039822 202 42, www.toepferhof-steuer.de, Mai–Okt. tgl. 9–18 Uhr. Auf ihrem reizvollen Grundstück am Granziner See betreibt Doris Steuer neben ihrem Töpferhof auch ein kleines Hofcafé, wo man auf den besten selbst gemachten Kuchen weit und breit einkehren kann. Empfehlenswert ist auch die Holunderblütenlimonade.

Aktiv & Kreativ

Fahrrad fahren
siehe **Fahrradtour »de Müritz«** S. 84.

Spartipp
www.nationalparkticket.de: Das Müritz-Nationalpark-Ticket ist ein kombinierter Fahrschein für die Schiffe der Weißen Flotte Müritz und den Bus der Nationalparklinie, der von Mai bis Anfang Oktober stündlich fährt. Eingeschlossen sind Führungen des Nationalparkamtes und der Transport von Fahrrädern. Zu erwerben ist das Ticket samt Fahrplanübersicht in den Bussen, auf den Schiffen, den Tourist-Informationen und in größeren Hotels.

Geführte Wanderungen
Vielseitig und fachkundig – Exkursionen per pedes oder Rad durch den Nationalpark bieten der **Nationalpark-service Müritz** (7,50 €/Pers., www.nationalpark-service.de) und das **Nationalparkamt Müritz** (kostenfrei, Spenden erwünscht), s. auch S. 97.
Spielerisch – **Nationalpark-Information Federow:** Speziell für Kinder und Eltern ausgerichtete Naturwanderung zum Kennenlernen von Fauna, Flora und Wasserwelt des Nationalparks.

Infos

Nationalpark-Information Schwarzenhof: Tel. 02991 67 00 91, Mai–Okt. tgl. 10–17 Uhr (privat betrieben).

In Reih und Glied: Kopfweiden südöstlich der Müritz

Infopoints des National-parkservice

Nationalpark-Information Waren/Müritz: Waldparkplatz Specker Straße, Tel. 03991 66 27 86, April–Okt. tgl. 9.30–17 Uhr (privat betrieben).
Nationalpark-Information Federow: Federow, Tel. 03991 66 88 49, Mai–Okt. tgl. 10–17 Uhr, www.nationalpark-ser vice.de (sehr praktischer Kalender zu allen geführten Touren durch den Müritz-Nationalpark).

Verkehr

Den Müritz-Nationalpark kann man auf über 650 km Rad- und Wanderwegen erkunden.
Bus und Schiff: Wer ein Nationalpark-Ticket (s. Kasten) erwirbt, kann sich mit dem Nationalpark-Bus zwischen Wa-ren und Boek an die schönsten Ausgangspunkte im Nationalpark kutschieren lassen und vom Bolter Kanal mit dem Schiff zurück nach Waren/Müritz fahren.
Kutsch- und Kremserfahrten Vinzing: zwei-, drei- oder mehrstündige Fahrten durch den Nationalpark, s. unter Waren, Aktiv & Kreativ.

Dörfer um die südliche Müritz

Boek ► G 6

Boek ist ein altes Gutsdorf, das der vermutlich hugenottische Dobbertiner Klosterhauptmann Baron Karl Peter von le Fort im Jahr 1842 erwarb. Zwei Generationen später ging es an Stephan von le Fort über, den Bruder der berühmten Schriftstellerin. So kam es, dass Gertrud von le Fort, im westfälischen Minden geboren, mehrere Jahre im Gutshaus Boek lebte. Der Verbleib von Gut und Ländereien wurde jüngst gerichtlich geklärt: Das Gut erhielt die Gemeinde, Land und Forst der Bund.

Gutshaus

Damals wie heute bildet das Gut den kulturellen Anlaufpunkt der Ansiedlung, denn hier haben sich neben der Nationalpark-Information auch das **Ausflugs-Restaurant Schlosskrug** (Tel. 039823 212 54, mit Biergarten), ein prall mit allerlei Klimbim angefüllter **Natur- und Souvenirladen** (Mai–Okt. tgl. 10–17 Uhr, Tel. 039823 270 88 mit Fahrradverleih), ein Dorfmuseum und das Zinnfigurenmuseum etabliert.

Das **Dorfmuseum** (Mai–Okt. tgl. 10–17 Uhr, Führungen auf Anfrage bei Fritz Mulsow, Tel. 039823 213 59 od. 0175 2450547) widmet sich der Geschichte der Mecklenburger Milchwirtschaft und der Zuckerrübenproduktion von der Zeit um 1900 bis heute. Unter dem Motto »Die Fischer von Boek« wird die Arbeit fischender Menschen und die Vorgehensweise fischender Vögel erklärt. Auch an den Aufenthalt Gertrud von le Forts wird durch alte Fotografien und ein rötliches Granitdenkmal erinnert.

Müritz Miniaturen nennt sich das **Zinnfigurenmuseum samt Zinngießerei** im Obergeschoss des Gutshauses (Mai–Okt. tgl. 10–17 Uhr, Tel. 039823 21810, www.mueritz-miniaturen.de). Berühmte Schlachten der Weltgeschichte wie der Deutsche Bauernkrieg und Kulturhistorisches wie »Leben in Venedig des 18. Jh.« oder »1001 Nacht im Sultansharem« sind im Museum in Szene gesetzt.

Wildpark Boek

Zu Boek gehört auch der **Wildpark**, ein 80 ha großes Freigehege mit einheimischem Rot- und Damwild und Mufflons. Das Areal kann man gegen ein kleines Entgelt im Rahmen einer einstündigen Kutschfahrt erkunden. Währenddessen informiert der sachkundige Kutscher über Boek, den Nationalpark, die weiß gesprenkelten Hirsche sowie die braunen Wildschafe mit ihren Widder-Hörnern.

Rechlin ► F 6

Die im Jahre 1374 erstmals urkundlich erwähnte Gemeinde Rechlin wäre wohl eher unbedeutend geblieben, wenn nicht 1917 das Kaiserliche Heer auf einem Gelände am Ortseingang Rechlin-Nord ein Hauptflugfeld angelegt hätte, aus dem die Nationalsozialisten 1934 eine Luftfahrttechnische Erprobungsstelle machten. Nach 1945 kasernierten sich die Luftstreitkräfte der »ruhmreichen Sowjetarmee« in Rechlin ein und sperrten ganze Ortsteile ab. 1948 wurde zusätzlich auf dem gleichen Gelände am Claassee die Schiffswerft Rechlin gegründet, die sich auf den Bau von Rettungsbooten spezialisierte und mit 1100 Mitarbeitern der größte Arbeitgeber im Kreis Neustrelitz war. Der Claassee hat, vorteilhaft für den Bootsbau, einen Zufluss zur Müritz. Während dieser Jahre war die Versorgung und Belieferung der Russen ein maßgeblicher Faktor der Rechliner Wirtschaft. 1989 wohnten hier mit den 2400 Rechlinern etwa 4000 Angehörige der sowjetischen Streitkräfte. Nach dem Abzug der Russen erlebte Rechlin einen wirtschaftlichen Zusammenbruch mit hoher Arbeitslosigkeit und einen Wandel zu einer Tourismus-Gemeinde der Müritzregion.

Luftfahrttechnisches Museum

www.luftfahrttechnisches-museum-rechlin.de, Tel. 039823 204 24, Mai–Okt. tgl. 10–17 Uhr, Feb.–April Mo–Do 10–16, Fr 10–15 Uhr

Das Museum auf dem ehemaligen Fluggelände dokumentiert die bewegte Luftfahrtgeschichte Rechlins vom Beginn der Fliegerei 1918 und die Geschichte der Luftfahrttechnik bis 1945. Zu sehen sind u. a. Flugzeugmotoren, Überschalldüsenbomber, ein bewaffnungsfähiger Transporthubschrauber Mil Mi-8T, der bis zu 4 t Lasten fliegen kann, und ein originales Rettungsboot.

Lärz ▶ F 6

Das Dorf Lärz ist militärgeschichtlich eng mit Rechlin verbunden, denn auch hier richtete sich das Kaiserliche Heer 1917 einen Flugplatz ein. Während der 1930er-Jahre machte sogar Heinz Rühmann hier seinen Flugschein. 1933 eröffnete die deutsche Luftwaffe für ihre Erprobungen einen Nebenflugplatz zu Rechlin, der dann später den Sowjets zur Stationierung ihres Jagdbomberdüsengeschwaders diente.

Heute kann man von dem kleinen zivilen Müritzflugplatz Rechlin-Lärz (Sommer tgl. 9–19 Uhr, Winter tgl. 9 Uhr bis Sonnenuntergang), Flugleiter Tel. 0398 332 22 82) in viersitzigen **Kleinflugzeugen** oder im **Ballon** (www.happyair.de) zu Rundflügen über die Müritz und die kleine Seenplatte starten.

Wredenhagen ▶ F 7

Der idyllische Ort Wredenhagen liegt direkt am flachen **Mönchsee**, der für seine riesigen naturgeschützten Schilfgürtel bekannt ist, in denen zahlreiche Vögel nisten oder auf ihrem Wanderzug gen Süden Zwischenstation einlegen. Die nette kleine **Dorfkirche** stammt aus der zweiten Hälfte des 18. Jh. Der Westturm musste im 19. Jh. nach einem Brand erneuert werden.

Burg Wredenhagen

Auf dem Hügel neben der Kirche liegen die gut erhaltenen Reste der Burg der Fürsten von Werle-Waren, 1284 erstmals urkundlich erwähnt. Zu sehen sind noch ein kreisförmiger Feldsteinmauerring von 100 m Durchmesser und zwei mittelalterliche Torhäuser. Am Aufgang befand sich zwischen den mittlerweile stark veränderten Gebäuden einst das Eingangstor. Fachwerkhäuser und Gutshaus innerhalb der Burgmauern kamen im 18. Jh. dazu. Der schöne ehemalige Burghof dient heute als Schulhof.

Mein Tipp

Scheunenatmosphäre zum Wohlfühlen

Markenzeichen der von Lilly und Hansi Witt geführten **Café-Scheune in Wredenhagen** ist die gelungene Mischung aus Gemütlichkeit und ausgefallenem kulturellen Programm. In der Scheune wird nostalgisches Programmkino geboten (Fr alle 14 Tage) und internationale Livemusik gespielt (Sa alle 14 Tage, vor allem Weltmusik und modernes Kunstlied). Die Küche serviert ihren Gästen stets frische und schmackhafte Kleinigkeiten (Dorfstr. 1, Tel. 039925 23 46, www.cafescheune.de, Sommer Di–So 14–22 Uhr, Winter Do–Mo 14–22 Uhr.

Bollewick ► F 6

Bollewick (Betonung auf dem »e«) ist inklusive seiner umliegenden Orte eine schlichte 650-Einwohner-Gemeinde, mit allerdings einer ›Sensation‹: der heute **größten Feldsteinscheune Deutschlands** (Dudel 1, Tel. 039931 520 09, www.die-scheune.m-vp.de). Erbaut wurde die dreigeschossige, 125 m lange und 34 m breite Scheune 1881 von Baron von Langermann zu Erlenkamp und Spitzkuhn. Bis 1991 standen hier Kühe im Stall, heute wird das Mega-Bauwerk nach einem vierteiligen Konzept genutzt:

Auf drei Etagen von fast 10 000 m^2 bieten sich Einkaufsmöglichkeiten – allerdings vornehmlich kommerzieller Handelsware – in vielen, meist täglich von 10–18 Uhr geöffneten **Geschäften und Werkstätten**. So gibt es die Töpferei Blauweiße Ecke, den Bauernladen für ökologische Produkte, die Drechselstube, eine Kürschnerei, die Traditionswerkstätten mit handgezogenen Kerzen in allen Farben, das Glasstübchen, einen Laden mit feinem Leinen, das Stickstübchen, das Atelier Picasso, ein Café mit Backstube und noch viel mehr.

Im Rahmen einer **Regionalausstellung »Die Mecklenburgische Seenplatte stellt sich vor«** präsentieren sich touristische Anbieter aus den umliegenden Kreisen, dazu Museen, Theater und der Müritz-Nationalpark. Dritte feste Einrichtung ist das **Bio-Landhotel Zur Scheune Bollewick** (s. S. 101) mit einer dazugehörigen rustikalen Dorfschenke, das sich rühmt, das erste Bio-Hotel der Seenplatte zu sein. Ergänzend gibt es rund ums Jahr zahlreiche **kulturelle Veranstaltungen** wie platt- und hochdeutsche Theatervorstellungen, Konzerte aller Musikrichtungen und Kräuterführungen. Anziehend für Tausende von Gästen sind die alljährlichen Ostermärkte, die Mecklenburger Marktfeste von Juni bis September, die Adventsmärkte sowie die monatlichen Flohmärkte.

Ludorf ► F 6

Das einzigartige an Ludorf ist, dass man hier ein **Gutsensemble** in einem geschlossenen und sehr gut sanierten Zustand erleben kann, wie man es in Mecklenburg nicht häufig findet. Das beginnt schon mit der achteckigen gotischen **Dorfkirche**. Der verputzte Backsteinbau wurde 1346 geweiht. Einer Legende zufolge soll die Kirche aber noch 200 Jahre älter sein. Sie besagt, ein heimgekehrter Kreuzzugsteilnehmer, Ritter Wipert Morin, habe sie um 1180 nach dem Vorbild des Heiligen Grabes in Jerusalem erbauen lassen.

Hauptanziehungspunkt des Dorfes ist das **Gutshaus Ludorf.** Das breit gelagerte barocke Herrenhaus entstand 1698 im Stil der dänischen Klinkerrenaissance und mit einer barocken Wappenkartusche über dem Portal. Im barocken Saal des Obergeschosses zeigt eine Dauerausstellung die Situation der baltischen Herrenhäuser in der Region um Riga in Fotografien.

Übernachten

Romantikhotel – **Gutshaus Ludorf:** www.gutshaus-ludorf.de, Tel. 039931 84 00, DZ 98–180 €. Beim Umbau des Anwesens zu einem sehr schönen Hotel-Restaurant wurden die wertvollen alten Holzböden aus dem 19. Jh. und die Deckengemälde aus der Erbauerzeit wieder hergerichtet. Keril und Manfred Achtenhagen sorgen mit weltoffener Einstellung für zurückhaltende Eleganz. Hinter dem Haus ragt die **Knuth-Eiche** empor, die im Zweiten

Dörfer südlich der Müritz

Weltkrieg anlässlich des Todes eines Sohnes dieser alteingesessenen Familie gepflanzt wurde. Der Hauptweg des Gutsparks führt in ein verwunschenes **Wäldchen** mit tiefschwarzen Teichen und dem netten **Dorffriedhof** sowie zur Ludorfer Seebrücke, die gut 40 Schiffen einen Liegeplatz bietet.

Manchmal trubelig – **Zur Scheune Bollewick:** Dudel 1, Bollewick, Tel. 039931 580 70, www.bio-landhotel-zur-scheune-bollewick.m-vp.de, DZ 88 €. Bio-Qualität im Bauernstil mit Naturholzmöbeln in einer riesigen Scheune am Westufer der Müritz (s. S. 110).

Zweckmäßig und gut gelegen – **Feriendorf Boeker Mühle:** Am Müritzufer 4-5, Boeker Mühle, Tel. 039823 216 82, www.feriendorf-boeker-muehle.com, pro Haus 55–82 €. 25 freundlich und ausreichend ausgestattete holzverkleidete 90er-Jahre-Häuschen für 4 Pers., 100 m bis zum Sandstrand der Müritz.

Schwedisch bunt – **Müritzparadies:** Am Müritzufer 6, Boeker Mühle, Tel. 039823 25 30, www.mueritz.com, pro Haus 79–176 €. Fröhliche Holzhäuser für 2–8 Pers., behindertengerecht, direkt am flachen Müritzufer mit Boothafen, Gasthaus zum Seeadler, Minimarkt.

Eine eigene Ferienwelt – **Ferienpark Müritz:** im Hafendorf Rechlin-Nord, über Ferienpark Mirow GmbH, Tel.

039823 266 11 oder 0711 16 48 20, www.ferienpark-mueritz.de, pro Haus wöchentlich 693–1253 €. Nette großzügige Holzhäuser wie in Skandinavien, mit neuen Kapitänshäusern unmittelbar am Müritz-Sandstrand; ein Einkaufslädchen gibt es auch.

Essen & Trinken

Slow Food – **Restaurant »Morizaner«:** im **Gutshaus Ludorf** (siehe Übernachten), Hauptgericht 13,90–23,20 €. Hier herrscht der Maître Thomas Köpke, dessen Spezialität frische mecklenburgische Küche mit pommerschem Einschlag ist und der die Slow-Food-Kultur pflegt. Die Terrasse vor dem Haus ist auch für erfrischungsbedürftige Radfahrer ein lohnendes Ziel.

Cool – **Captain's Inn:** In der Marina im Hafendorf Müritz, Rechlin-Nord, Tel. 039823 266 36, Hauptgericht 8,50–16,50, Menü ab 20 €. Hafenbistro mit exzellenter Küche; vor allem frischer Fisch mit knackigem Gemüse, aber auch feine selbst gemachte Pralinen aus Bioschokolade zählen zum Angebot.

Rund ums Fischen – **Fischerrotunde Bolter Schleuse:** Boeker Mühle 4 (2 km südl. von Boek), Tel. 039823 277 54 od. 0162 215 34 22, Ostern–Juni, Okt. tgl. 7–17, Juli–Sept. tgl. 7–21 Uhr, 3,50–12 €. In Genuss: ein kaltes Bierchen und Räucherfisch mit Bratkartoffeln auf der in den See hinaus gebauten Sonnenterrasse; Fischzucht, Fischlehrpfad und Angelverleih.

Unkompliziert – **Fischerhof Vipperow:** Mirower Str. 11, Vipperow (an der Südspitze der Müritz), Tel. 039923 25 34, April–Okt. tgl. 10–18, Nov.–März Mo–Fr 10–16 Uhr, Hauptgericht 8–12 €. Im Fischerhof Vipperow sitzt man beim Fischermeister draußen unterm Sonnenschirm. Spezialität des Hauses ist gebratener Zander.

Mein Tipp

Müritzstrand
Hinter dem Gutshaus Ludorf liegt ein feinsandiger, breiter Badestrand zur Müritz, der weniger bekannt und nicht so frequentiert ist, weil er so schön versteckt liegt.

101

Einkaufen

Handgefertigtes – **Müritzkeramik:** Alt Gaarz 6, Lärz, Tel. 039833 222 19 od. 01 71 171 07 99, www.mueritzkeramik. de, Öffnung nach Vereinbarung. Auf ihrem stillen Gehöft am See arbeiten Ute und Markus Böhm: Während sie auf farbige Kristallglasuren speziali-siert ist, liebt er die traditionellen Salz-glasuren aus dem Holzbrandofen.

Aktiv & Kreativ

Kanu/Kajak

An der Müritzsüdspitze – **Vipperower Kanutreff:** Mirower Str. 14, Vipperow, Tel. 039923 280 21 od. 0162 637 93 70. Verleih von Kanus, Kajaks, Fahrrä-dern.

Surfen/Segeln/Motorboote

Persönlich – **Katamaran- und Surf-mühle:** Am Müritzufer 2a, Auf dem Campingplatz Am Bolter Ufer, Tel. 039823 213 80 od. 0172 659 93 11, April–Okt. tgl. 10–18 Uhr, www.surf muehle.de. Tägliche Schnupper,- An-fänger- und Fortgeschrittenenkurse für Surf-, Segel- und Motorbootsport.

Schick – **Marina im Hafendorf Müritz Rechlin-Nord:** über Kuhnle-Tours, Tel. 039823 266 11 od. 0711 16 48 20, www.kuhnle-tours.de/webcamps. Die größte und modernste Anlage an der Müritz erhielt 2005 die Auszeichnung eines Vier-Sterne-Bootshafens. Ver-mietet werden große Hausboote, Se-gelboote, Segeljachten und kleine füh-rerscheinfreie Sportboote.

Infos

Nationalpark-Information im Guts-haus Boek: Tel. 039823 270 88, Mai–Okt. tgl. 10–17 Uhr.

Touristinformation Rechlin: Haus des Gastes, Müritzstr. 51, 17248 Rechlin, Tel. 039823 212 61, www.mueritzfe rien-rechlin.de

Röbel ► F 6

Das etwa 5300 Einwohner zählende Städtchen liegt in einer Bucht am Süd-westufer der Müritz und besitzt natür-lich einen Hafen. Von den Parkbänken an der Müritzpromenade lässt sich ge-mütlich das Ankommen und Ablegen der Röbeler Fahrgastschiffe »Diana« und »Mecklenburg« beobachten.

Das langgestreckte Städtchen hat mit seinen vielen bunten Fachwerk-häusern entlang der Ortsdurchfahrt eine nette, charmante Ausstrahlung. Wer aber genau hinsieht, erkennt Rö-bels Doppelstadt-Charakter: Während das unten am Wasser gelegene Alt-Rö-bel schon im 10. Jh. als slawische Sied-lung der Bauern und Fischer entstand, wurde das weiter oben gelegene Neu-Röbel von deutschen Kaufleuten und Handwerkern bewohnt. Und dann entwickelte sich im späten Mittelalter ein seltsames Phänomen: Während an-dernorts slawische und deutsche Sied-lungen verschmolzen, trennten sich hier die Neustädter durch Mauern und Gräben von den Altstädtern ab. Die Folge war ein 400-jähriger Rechtsstreit. In diesem Zusammenhang entstand vermutlich der Entschuldigungsspruch, mit dem sich die Alt-Röbeler zur An-hörung bei der Landesjustizkammer vorstellten: »Nehmt's man nich' oewel, ick kum ut Roewel.«

Alt-Röbel

Pfarrkirche St. Marien **1**
Tel. 039931 501 85, Mai–Mitte Okt. tgl. 10–18 Uhr

Im Zentrum der Altstadt erhebt sich auf einer Anhöhe das dreischiffige Backsteingotteshaus. Es wurde etwa 1235 begonnen und ist eine der frühesten Hallenkirchen Mecklenburgs. Der reiche Blenddekor der Giebel und das farbig geschmückte Portal mit seinen Blattkapitellen, Zierfriesen und schwarz glasierten Steinen ist ein schönes Zeugnis der norddeutschen Backsteingotik. Der Innenraum hat eine warme und helle Ausstrahlung. Die kreisrunde Anordnung der Findlinge im **Kirchgarten** soll daran erinnern, dass die Anhöhe vermutlich schon als heidnische Kultstätte diente.

Von der **Plattform des St.-Marien-Kirchturms** hat man aus einer Höhe von 58 m einen unglaublich schönen und weiten Rundblick über das schilfbewachsene Westufer der Müritz und die Wiesen und Weiden des Hinterlandes. Der Aufstieg lohnt sich sehr – eigentlich bei jedem Wetter (s. S. 106)!

Wandmalerei von Werner Schinko

Am seitlichen Fachwerkgiebel eines Hauses auf halbem Weg zwischen Kirche und Hafen fällt eine Wandmalerei auf. Hier verewigte sich 1986 der Röbeler Maler und Illustrator Werner Schinko mit Szenen aus der Stadtgeschichte. Dargestellt sind das Röbeler Original Karl Lehmann, der einarmige Ausrufer mit der Glocke und die Zunftzeichen der ehemaligen Gewerke.

Ständige Ausstellung Stadtgeschichte

Tel. 039931 801 15 oder 039931 535 92, Mai–Sept. Mi–Fr 10–15, Sa 11–15 Uhr, Juli/Aug. auch Di 10–15 Uhr
In der Straße der Deutschen Einheit 7, in den sogenannten Heimatstuben im **Haus des Gastes** kann man in dieser Ausstellung tiefer in Röbels Lokalgeschichte eintauchen. Gezeigt werden Ausstellungsstücke aus Handwerks-

Auch Röbel am Südwestufer der Müritz hat einen Hafen

Röbel

Sehenswert

1 Pfarrkirche St. Marien
2 Wandmalerei
3 Ausstellung Stadtgeschichte
4 Reste der Stadtmauer
5 Rathaus
6 Nikolaikirche
7 Ehem. Synagoge

Übernachten

1 Landhaus Müritzgarten
2 Hotel Seestern
3 Ferienresidenz Müritzpark

Essen & Trinken

1 Restaurant Seglerheim
2 Fischhaus Meyl

Aktiv & Kreativ

1 Müritz Freibad
2 Müritz-Therme
3 Bootsverleih Stolschewski
4 Weiße Flotte Müritz

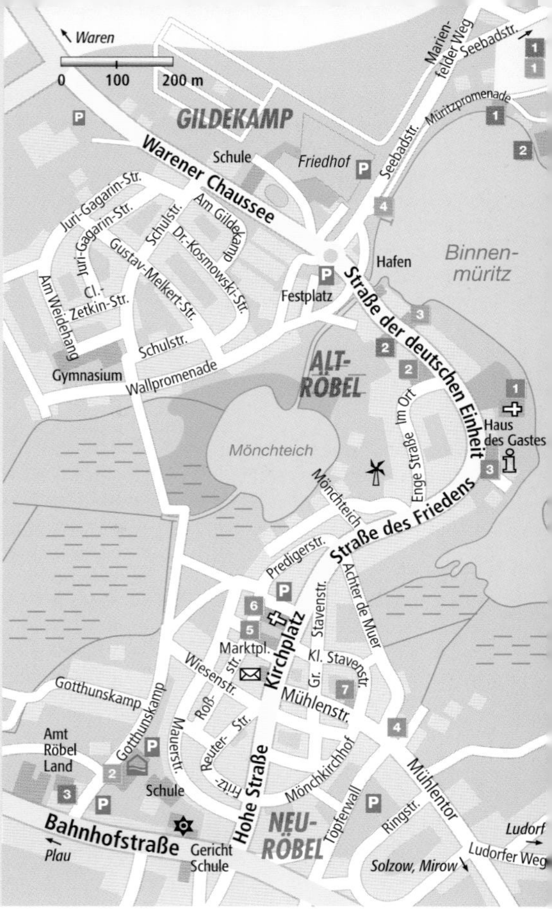

---

und Gewerbebetrieben sowie von Vereinen, Fotos, Postkarten und Schautafeln erzählen von der Geschichte des Müritzstädtchens von etwa 900 bis 1900.

Neu-Röbel

An der Grenze zwischen Altstadt und Neustadt, vor allem in der Straße Achter dei Muer, sind noch **Reste der alten Stadtmauer** 4 zu finden, die die Neustadt einst umschloss.

Historischer Kern von Neu-Röbel ist der Marktplatz, auf dem dienstags und donnerstags der Wochenmarkt (7.30– 14 Uhr) stattfindet. Zur Randbebauung gehört das klassizistische **Rathaus** 5, das 1805 errichtet wurde, als der Vorgängerbau einem Großbrand zum Opfer fiel.

Nikolaikirche 6

Tel. 039931 526 85, Mo–Fr 10.30– 16.30, Sa 10.30–12.30 Uhr
Erhabenster Bau am Markt ist die als Pfarrkirche der Neustadt erbaute,

frühgotische Nikolaikirche. Eindrucksvoll an dem Bauwerk sind die massiven, hintereinandergestellten Kuben: Turm, Langhaus, Chor und Sakristei. Der Innenraum wirkt indes gar nicht so groß. Das vierteilige Chorgestühl mit den Frauen- und Männerköpfen an den Seitensitzen wurde im Jahr 1519 angefertigt. Schöne Schnitzarbeiten sind auch der Kanzelkorb und das neugotische Kirchgestühl.

Vor der Kirche wächst die **Friedenseiche**, von den Röbelern im Jahr 1816 zur Erinnerung an die Gefallenen der Befreiungskriege (1813/14) gegen Napoleon gepflanzt.

Ehemalige Synagoge [7]

Tel. 039931 539 44, www.engelscher hof.de, Mo–Fr 9–16 Uhr, Führung auf Anfrage, Eintritt 1 €
Der Schweriner Publizist Jürgen Borchert und die Fotograf Detlef Klose, die 1993 den letzten Resten jüdischer Friedhöfe in Mecklenburg nachspürten, entdeckten die ehemalige Synagoge in der Kleinen Stavenstraße 8, inmitten des Gewirrs enger Gassen und verwinkelter Höfe der Neustadt. Das lange Zeit stark heruntergekommene, mittlerweile aber sanierte Baudenkmal, ein Fachwerkgebäude von 1830, ist zusammen mit einem **Kulturcafé** und einer sehr netten **Herberge** in den Baukomplex **Engelscher Hof** eingebunden. Im Innenraum ist eine Ausstellung zur Geschichte des Judentums in Mecklenburg zu sehen, die Unikate und Dokumente aus der jüdischen Kultur besonders des 19. Jh. zeigt.

Übernachten

Verlässlich gediegen – **Landhaus Müritzgarten** [1]: Seebadstr. 45, Tel. 0399 31 88 10, www.landhaus-mueritzgar

ten.m-vp.de, DZ 80–120 €. Das gepflegte und familiengeführte Hotel garni ist eine gute Adresse für Liebhaber des Landhausstils. Schön ist der weitläufige Garten hinterm Haus und die Nähe zur Müritz (100 m). Es gibt auch Blockhäuschen.

Herrenhausromantik – **Gutshaus Solzow:** Lange Str. 21, Solzow (6 km südöstl. von Röbel), Tel. 039923 25 17, www.gutshaus-solzow.de, DZ 77–83 €. Absolute Ruhe und Stille in einem kaum als Dorf zu bezeichnenden Flecken garantiert echte Entspannung. Antik-rustikal möblierte Zimmer, teilweise alte Holzböden. Von Mai bis September ist der selbst gebackene Kuchen im öffentlichen Café unbedingt eine Reise wert.

Von Wasser umarmt – **Hotel Seestern** [2]: Müritzpromenade 12, Tel. 039931 580 30, www.hotel-seestern-roebel.de, DZ 65–80 €. Das Besondere an diesem Haus ist seine Lage etwas außerhalb des Trubels auf einer schmalen Landzunge in die Müritz hinein. Am nettesten sind die Maisonette-Zimmer mit Balkon. Hauseigener Bootsanleger und Restaurant.

Freundlich – **Ferienresidenz Müritzpark** [3]: Bahnhofstr. 13, Tel. 039931 539 30, www.mueritzpark.de, DZ 47–59 €, App. 81–103 €. Modern möbliertes Hotel garni mit fast südländischer Außenwirkung. Nahe dem Ortskern in ruhiger Parklage gelegen, mit behindertengerechter Ausstattung, einem Kinderspielplatz; darüber hinaus auch Radverleih.

Essen & Trinken

Familienfreundlich – **Fischräucherei und Bistro im Fischhaus Meyl** [2], Straße der Deutschen Einheit 48, Mo–Sa 9–19, So u. Fei 11–19 Uhr, Tel. 039931 501 84 od. 0172 710 23 49,

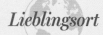

Lieblingsort

**Blick vom Kirchturm der
Marienkirche in Röbel**
Die Anstrengung, die vielen Trep-
pen des Turms der Röbeler Pfarrkirche St. Marien auf den 58 m hohen
Turmumgang hochzusteigen,
nehme ich jedes Mal gern auf mich,
denn ich werde mit einem fürstlichen Rundumblick belohnt – was-
serwärts über die weite Müritz-
bucht und landeinwärts über die
ziegelroten Dächer von Alt Röbel
bis hinüber zur Nikolaikirche. Der
Aufstieg lohnt bei fast jedem Wetter, denn die Aussicht über die
weite blaue Wasserfläche ist einfach atemberaubend schön.

Mein Tipp

Sonne satt im Restaurant Seglerheim
Früher Segler-Vereinsheim, heute Restaurant: Dieses Reetdachhaus auf Pfählen mit in die Müritz-Bucht hinausgebauter Sommerterrasse profitiert von seiner herrlichen Lage. Die Küche bringt Vegetarisches, Fisch, Fleisch und Wild auf den Tisch (Müritzpromenade 11, Tel. 039931 591 81, tgl. 11.30 bis ca. 23 Uhr, warme Küche bis mindestens 21 Uhr, www.seglerheim. de, Hauptgericht um 12–22 €).

Hauptgericht 7,50 €. Fischbraterei im Hinterhof mit sehr netter Atmosphäre; Kinder haben hier ein bisschen Auslauf.

Aktiv & Kreativ

Baden
Röbel ist geeignetes Urlaubsziel für Familien mit kleinen Kindern, denn man kann drinnen und draußen baden:
Stadtnah – **Badeanstalt Müritz Freibad** : Seebadstraße, Tel. 039931 591 24. Das Röbeler Freibad bietet Wasserratten einen schönen Sandstrand und eine Liegewiese.
Kinderfreundliche Planschoase – **Müritz-Therme** : Am Gotthunskamp 14, Tel. 039931 878 19, tgl. 9–21 Uhr, www.mueritztherme.de, Eintritt für 4 Std. ohne Sauna: 9 €, Kinder 5 €. Hier kann man auf 3000 m² schwimmen und saunieren, sich bei Aquarobic und Aquajogging verausgaben oder die mit 57 m längste Wasserrutsche ganz Mecklenburgs hinabsausen.

Boot fahren
Mitten im Ort – **Bootsverleih Manfred Stolschewski** : Straße der Deutschen Einheit 21, Tel. 039931 523 17. Die sehr malerisch gelegene Verleihstation von Manfred Stolschweski bietet Angelboote (Elektro und Benzin), Ruderboote, Tretboote, Kanus, Kajaks, Motorboote und Segelboote.

Fahrgastschifffahrt
Mit Fahrradtransport – **Weiße Flotte Müritz** : Am Hafen, Tel. 039931 512 34, www.mueritzschiffahrt.de. Müritzrundfahrten und auch Fahrten auf andere Seen Richtung Mirow, Rheinsberg, Malchow und Plau.

Infos & Termine

Touristenbüros
Touristinformation Röbel: Im Haus des Gastes, Straße der Deutschen Einheit 7, 17207 Röbel, Tel. 039931 506 51, Fax 03 9931 535 91, www.stadt-roebel.de.
Ibena-Müritz & Natur Reiseservice: in der Nikolaikirche, Tel. 039931 518 09, www.reiseservice-mueritz.de. Der Service ist spezialisiert auf Programmgestaltung für Reisegruppen, Stadtführungen, naturkundliche Führungen von Mai–Sept.

Feste und Veranstaltungen
Ostermarkt in der Scheune Bollewick: Konzerte, Osterquiz für Kinder und Erwachsene, Versteigerung von künstlerisch gestalteten Ostereiern. Abends wird der Ostermarkt mit einem prächtigen Feuer abgerundet. Tel. 039931 520 09.
Pfingstregatta des Röbeler Seglervereins, Tel. 039931 591 98.
Konzertsommer Röbel: Von Mai bis in den Juni findet im Bürgergarten, in den Kirchen sowie am Hafen eine bunte Konzertreihe mit Jazz, Männer-

chor und Klassik statt, Tel. Stadtinformation Herr Drews 039931 801 16.

Matjesfest: Im Juni findet Matjesverkauf und -imbiss im Röbeler Hafen statt, mit Showangeln, Fischhaus Meyl, Tel. 039931 501 84.

Seefest: Volksfest am dritten Juliwochenende mit Karussell, Blasmusik und einer Händlermeile durch fast ganz Röbel. Abends gibt es Tanz und zur Krönung des Fests ein Höhenfeuerwerk, Tel. 039931 506 51.

Nordwestlich der Müritz

Woldzegarten ► E 6

Das Dorf **Woldzegarten** am **Tangahnsee**, 12 km westlich von Röbel, besteht im Wesentlichen aus dem gleichnamigen **Gutshof**. In dem vier Hektar großen Landschaftspark mit altem Baumbestand steht das 200-jährige Gutshaus – vormals derer von Flotow – heute des Ehepaares Angelika und Wolfgang Droll. Das Anwesen wurde unter bauökologischen Gesichtspunkten zu einem Hotel umgebaut (s. S. 110). Die Inneneinrichtung ist eine angenehm schlichte Mischung aus antikem und neu handgefertigtem Mobiliar. Auch externe Gäste können das **Restaurant** besuchen oder auf der **Sonnenterrasse** Kaffee trinken.

Die Attraktion auf dem Gelände ist der beeindruckende dreistöckige **Kornspeicher** von riesigen Ausmaßen, in dem an bestimmten Terminen wechselnde Kunstausstellungen, kulturelle Events, Orchester- und Kammermusikkonzerte der **Festspiele Mecklenburg-Vorpommern** stattfinden (s. S. 66). Dann quillt der kleine Hof über von Menschen, denn allein der Konzertsaal hat für 500 Personen Platz.

Klink ► F 5

Klink liegt auf einem schmalen Landstreifen, wo Müritz und Kölpinsee fast aneinandergrenzen. In den 70er-Jahren des 20. Jh. war der Ort das größte Ferienzentrum an der Müritz. Dazu gehörte auch die etwas abgetrennt gelegene Urlaubersiedlung im Norden mit dem **Müritzhotel,** einem Zeugnis sozialistischer Gigantomanie aus dem Jahr 1974. Auf dem gleichen Gelände entstand 1998 die **Müritz-Klinik,** ein riesiges Reha-Zentrum zur Heilung internistischer Erkrankungen.

Schloss Klink

Im Ort, direkt am Müritzufer, steht das elegante Schloss Klink. 1898 wurde es von dem Architekten Hans Grisebach (1848–1904) für den Kölner Industriellen Arthur Schnitzler erbaut. Grisebach gilt als einer der herausragenden Vertreter des Neorenaissancestils. Durch seine Erker und runden Erkertürme erinnert Schloss Klink an die Schlösser der Loire, während der reiche gotisierende Baudekor aus Terrakotta den Stil mecklenburgischer Residenzen aufweist. Leider hat sich von dem ursprünglich reichen Interieur nichts erhalten. 1997 wurde die stolze Anlage saniert und zu einem schönen Schlosshotel ausgebaut.

Kirche

An der Auffahrt zum Klinker Schloss passiert man das hübsche **Backsteinkirchlein,** das sich die Eheleute Jacob Ernst von Holstein und Elisabeth Sophia von Bülow 1736 erbauten. Ende des 19. Jh. fügten die Nachkommen eine niedrige Familiengruft an. Über dem Südportal zeigt die fein reliefierte Sandsteinkartusche die Wappen der von Holstein und Bülow, einer weit verzweigten Mecklenburger Familie.

Übernachten

Echter Lifestyle – **Appartements am Schloss Klink:** Schulstr. 7, Klink, Tel. 03991 74 70, App. 140–180 €. Drei ganz moderne Appartementhäuser, 100 m vom Müritzufer, alle mit Wasserblick, Parkett, Pantry-Küche, Kamin, Terrasse oder Balkon. Das Frühstück im Schlosshotel gleich nebenan kann mitgebucht werden.

Immer gut besucht – **Schlosshotel Klink:** Schlossstr. 6, Klink, Tel. 03991 74 70, www.schlosshotel-klink.de, DZ 90–150 €. Da viele Kaffee-Ausflügler die schöne Seeterrasse lieben, ist es hier bei gutem Wetter ziemlich trubelig – aber schön! Mit Panoramahallenschwimmbad, Beauty-Oase, Fitness- und Wellnessbereich.

Ganz besondere Atmosphäre – **Gutshof Woldzegarten:** Walower Str. 30, Woldzegarten, Tel. 039922 82 20, www.gutshof-woldzegarten.de, DZ 89–139 €. Durch eine bauökologische Restaurierung unter Bewahrung der alten Raumaufteilung sind hier 20 liebenswerte Zimmer entstanden. Jedes atmet – durch die honigfarbenen alten Holzbalken, die lehmgestrichenen cremefarbenen Wände und die Teppiche aus Naturmaterialien – eine Reinheit, die das Gemüt erhellt und guttut. Die Küche hat einen ländlich-raffinierten Einschlag. Schöne Familienappartements in der ehem. Schafscheune.

Ausgesprochen nett – **Landhaus Sietow:** Warener Str. 12, Sietow (5 km von Klink), Tel. 039931 513 42, www.landhaus-sietow.de, DZ 68 €, App. 65–98 €. Alles unter dem Dach eines alten umgebauten Bauernhofes: Hotel, Appartements, Restaurant, allesamt zweckmäßig und freundlich eingerichtet. Das Restaurant bietet Frühstück für die Appartementbewohner und ist eine tolle Pausenstation für Radfahrer.

Essen & Trinken

Für Ausflügler – **Fischerhus:** Am Schlosshotel Klink, Tel. 03991 74 72 80, Hauptgericht 7,90–14,90 €. Fischspezialitäten in einem Glas-Pavillon, rustikales Ambiente wie in kleinem Hafenrestaurant.

Einkaufen

Individuell – **Der Sommerladen:** Dorfstr. 58, Minzow (3 km südl. von Woldzegarten), Tel. 039922 821 73, www.sommerladen-minzow.de, Juli/Aug. Di–Sa 13.30–18.30, März–Dez.

Im Schlosshotel Klink kann man fürstlich logieren

Do–Sa 13–18 Uhr und nach Vereinbarung. Susanne Fischer-Geißler verkauft
in der Scheune ihrer alten Büdnerei
südfranzösische Weine direkt vom
Winzer (ab und zu gibt es Weinverkos-
tungen) sowie Kleidung und Accessoires aus Naturmaterialien, z. B. Leinen, Seide, Bambus und Kaschmir – darunter selbst genähte Unikate – sowie
Schmuck aus Perlen und Holz, Keramik
und Silber.
Für Mitbringsel – **Zur Alten Stellmache-
rei:** Sietow (5 km von Klink), Tel. 0399 31
836 99, www.mecklenburger-bauern
laden.de, tgl. 9–18 Uhr. In einer schönen
alten Scheune gibt es ein Landcafé mit
hausgebackenem Kuchen, dazu Sanddornprodukte, Wurst, Käse, Konfitüren,
Honig, Weine und Tees.

Abends & Nachts

Sinnlich-charmant – **Lyrische Nachtwanderung:** Walower Str. 26b, Woldzegarten, Tel. 0174 181 65 04, ab 6 Pers.
Am Tangahnsee beginnt die 5 km lange
Wanderung ab Einbruch der Dunkel-
heit. Wolfram Gottwald führt mit Laternen durch den »Feentunnel«, eine
alte Waldgerichtsbarkeit, nach Walow,
anschließend gibt es eine Lesung mittelalterlicher Lyrik bei Kerzenschein am
Kamin.

An den großen Seen um Malchow

Highlight!

Plau am See: Das Städtchen mit seinen mittelalterlichen Fachwerkbauten und klassizistischen Bürgerhäusern rund um den Markt ist ein reizvolles Ensemble. S. 124

Auf Entdeckungstour

Die Lehm- und Backsteinstraße – Öko-projekte zum Anfassen: Von Plau führt diese Rundtour – abseits des touristischen Mainstreams – über fünf mecklenburgische Dörfer, von denen jedes mit einer geschichtsträchtigen Manufaktur oder altem Handwerk aufwarten kann – so gibt es hier eine Weidenflechterei, ein Lehmmuseum, eine Filzerei, eine Schaugärtnerei und Ziegelbrennerei zu bewundern. Dabei fährt man auch durch das friedliche Naturschutzgebiet Marienfließ, in dem im Spätsommer die Heide so schön violett blüht. S. 130

Kultur & Sehenswertes

DDR-Museum in Malchow: Für ›Wessis‹ interessant, bei ›Ossis‹ Erinnerungen weckend – ein einzigartiger Fundus zahlreicher Gegenstände aus dem DDR-Alltag. S. 115

Bärenwald Müritz bei Stuer: Hier können Sie Braunbären beobachten, die sich – wie in freier Wildbahn – in einem abwechslungsreich gestalteten Areal frei bewegen. S. 129

Aktiv & Kreativ

Fahrradtour um den Drewitzer See: Gute 26 km kann man um den Drewitzer See herumradeln, hat unterwegs die schönsten Natureindrücke und trifft auf die kulturhistorischen Sehenswürdigkeiten der Region. S. 124

Genießen & Atmosphäre

Rosendomizil Malchow: Das kleine, auf hohem ästhetischen Niveau eingerichtete Hotel-Restaurant auf der Insel – an drei Seiten vom Wasser umarmt – ist ein betörender Ort zum Wohnen, Mittagessen oder auch bloß Kaffee trinken. Die hauseigene Bäckerei-Konditorei ist weit und breit bekannt. S. 119

Abends & Nachts

Romantische Lampionschifffahrt auf dem Plauer See: Diese Rundfahrt ist ein ganz besonders schönes Erlebnis – erst recht, wenn der Mond sich zeigt. S. 129

Restaurant-Café Fackelgarten: Mit seiner Lage mitten in Plau an der Eldeschleuse, seiner am Abend mit Fackeln beleuchteten Terrasse und seiner ausnehmend guten Küche ein wunderbares Ziel. Alles ist liebevoll durchdacht, bis hin zu den günstigen Kindergerichten. S. 133

Wasser – und kein Ende

Der **Kölpinsee**, der **Fleesensee**, der **Jabelsche See**, der **Malchower See**, der **Petersdorfer See** und der **Plauer See**: Was das Blau anbetrifft, wird es ab Malchow schon fast ein bisschen unübersichtlich – Wasser, Wasser, wohin man schaut! Da hilft nur ein Blick auf die Karte: Die Gegend zwischen **Malchow** und **Plau** gehört zu einer über 200 km^2 großen Wasserfläche, den Mecklenburger Oberseen, einer weit verzweigten Landschaft mit Seen, Kanälen und Flüssen, deren westliche Grenze die **Plauer Schleuse** ist. Überall gegenwärtig ist die Elde, die aus dem Osten von der Müritz kommt und auf ihrem Weg zur Elbe zahlreiche Seen durchfließt. Was die touristische Frequenz angeht, kommt die Malchower Gegend gleich nach der Müritzregion. Während der Saison ist hier also ganz schön viel los.

Malchow ▶ E 5

Das Besondere an Malchow ist seine Lage als Inselstadt zwischen dem Fleesensee und Malchower See – und genau deshalb wird es mitunter auch als »Perle der Seenplatte« bezeichnet. In der Mitte liegt die malerische Altstadt auf einer kleinen Insel, die 1846 über einen Damm und eine Drehbrücke nach West und Ost mit den Ortsteilen Kloster, Laschendorf, Biestorf und Lenz auf dem Festland verbunden wurde.

Stadtgeschichte

1235 wurde Malchow erstmals urkundlich erwähnt, als es das Schwerinsche Stadtrecht erhielt. Heute leben hier 7300 Einwohner. Als Haupterwerbszweig bildet sich immer deutlicher der Tourismus heraus. Malchow kann aber auch, was im Raum der Seenplatte nicht oft vorkommt, auf eine handwerkliche Vergangenheit zurückblicken: Die günstige Lage am Wasser förderte im 19. Jh. die Ansiedlung einer Tuchmacherei und Färberei. Die Produktion war so erfolgreich, dass Malchow fortan den Spitznamen »Mecklenburgisches Manchester« führte. Leider ist das Tuchmacherhandwerk aber hier heute so gut wie ausgestorben.

Sehenswertes

Marktplatz
Um den Marktplatz auf der Insel entstanden im frühen Mittelalter die ersten Häuser. Die Front des Marktplatzes bildet das hübsche **Fachwerk-Rathaus** **1** von 1821. In den zwei erhaltenen Gefängniszellen im Dachgeschoss wurden noch bis kurz nach 1945 kleinere Strafen abgesessen. Ein niedriger Dreiecksgiebel mit dem Stadtwappen betont den Eingang.

Nebenan steht das auffällige **Amtsgerichtsgebäude** **2**, ein 1880 errichteter Backsteinbau mit dem Wappen des Großherzogs von Schwerin im Giebel und einer schönen Skulptur der Justitia in der Seitenwandnische. Auf der anderen Seite des Platzes liegt das ehemalige **Malchower Standesamt** 3, dessen Fassade der einheimische Grafiker Dittner mit dem weisen Spruch auf Platt versah: »Hochtitdag, du lustig büst, de annern Dag, du Sorgen mööst.«

Malchower Drehbrücke 4

Die berühmte eiserne Drehbrücke verbindet die Insel mit dem Stadtufer. Sie ist ein echter Anziehungspunkt für Schaulustige, vor allem zu jeder vollen Stunde, wenn sie sich öffnet, um auch größeren Booten die Durchfahrt zu ermöglichen. Schon 1845 gab es hier eine Verbindung, allerdings war sie damals noch aus Holz. Abends um 20 Uhr schließt die Brücke und kein größeres Schiff kommt mehr durch – dann herrscht auch hier Ruhe.

Stadtkirche 5

Tel. 039932 141 87, www.stadt kirche-malchow.de, Gottesdienst So 10 Uhr

Als die Insel zu klein für die wachsende Bürgerschar wurde, entstanden ab 1723 erste Bauten auf dem nördlichen, eigentlich nordwestlichen Festland. So erhebt sich auf einem Hügel in der Kirchenstraße die evangelisch-lutherische Stadtkirche 1873 vom Schweriner Baukondukteur Georg Daniel (1829–1911) im neugotischen Stil errichtet. Verschiedenartig gewölbte Holzdecken verleihen dem Innenraum eine angenehm warme Ausstrahlung.

DDR-Museum 6

Tel. 039932 180 00, Karfreitag–Okt. Mi–Mo 10–17, Di 10–21, Nov.–Gründonnerstag Di, Do 10–16, Sa, So 14–17 Uhr

Im Foyer des einstigen Filmpalastes von 1957 ist ein erstaunlicher Fundus an Ge-

Annäherung aus der Luft: Malchows Altstadt auf der kleinen Insel

Malchow

genständen aus dem DDR-Alltag zu sehen, den nicht nur Malchower Bürger zusammengetragen haben. Besonders witzig ist der kleine Kiosk mit Registrierkasse samt DDR-Geld, gestapelten Konserven und den berühmten Möve-Nudeln. Auch der Videofilm über die Pionierfilmschule Studio Luckau findet Anklang, und für Technikinteressierte gibt es Einblick in die Fernseh- und Rundfunkgeschichte aus 40 Jahren DDR.

Malchower Blütengarten 7

Tel. 039932 127 54, www.bluetengarten-malchow.de, Mo–Fr 9–11.30, Mo–Do 13–15.30 Uhr, Führung Mo–Fr 10 Uhr sowie nach Vereinbarung
Der Blütengarten ging im Jahr 1976 aus einem Schulbotanischen Garten hervor. Hier haben sich Anne und Klaus Bargfried ein wunderschönes 1 ha großes Refugium geschaffen, das allerdings nicht wie ein klassischer Botanischer Garten systematisch nach Abteilungen bepflanzt ist, sondern eine kleine Sammlung seltener einheimischer Blumen, Gräser, Kräuter und Stauden präsentiert, deren Standort eher nach Blütezeit und Farben ausgewählt wurde. Jeder Besucher erhält eine anregende Führung durch den Garten, auch Ableger für zu Hause darf man mitnehmen.

Kiek in un wunner di 8

Friedrich-Lessen-Weg 1, Tel. 039932 126 02, April–Okt. 10–16 Uhr
Mehr über das Malchower Alltagsleben vor allem während der ersten Hälfte des 20. Jh. erfährt man in diesem Museum der Stadtgeschichte. In einer Ausstellung über sieben Räume wurden Kuriositäten und Raritäten zusammengetragen, die einen Einblick in den damaligen Lebensalltag der Landbevölkerung Mecklenburgs geben. Zu besichtigen sind gleich ganze Gewerbezweige: u. a. eine Druckerei von 1930 mit einer Schreibmaschine, die nur mit einer Taste zu bedienen ist, und eine historische Küche aus den 1920/30er-Jahren. Die Krönung, die allseits größte Heiterkeit hervorruft, ist ein Toilettensessel von anno dazumal!

Kloster Malchow 9

Am gegenüberliegenden Ufer des Malchower Sees liegt die **Klosteranlage Malchow,** die sich zu einem richtig schönen Kulturzentrum entwickelt hat (Tel. 039932 823 92, www.kloster-malchow.de, mit Ausstellungs- und Veranstaltungskalender). Schon von Weitem grüßt der auffallend schlanke und filigrane Backsteinturm der Klosterkirche. 1298 wurde das Kloster vom Orden der

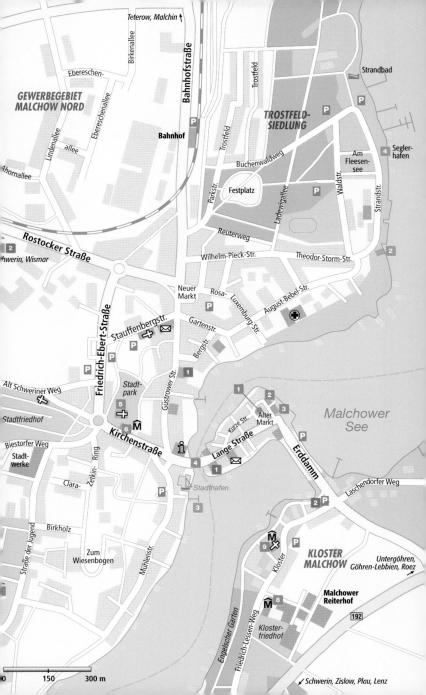

Büßerinnen aus Röbel gegründet, später von Zisterzienserinnen weitergeführt und fungierte nach der Reformation ab 1572 als Damenstift der mecklenburgischen Landstände. Hier wussten die Adligen ihre unverheirateten Töchter in bester Obhut. Die letzte Domina verstarb 1972. Zu besichtigen ist der historische Kreuzgang.

Orgelmuseum in der Klosterkirche

Tel. 039932 125 37, www.orgelmu seum-malchow.de, April–Sept. tgl. 10–17, Okt. tgl. 10–16, Nov.–März Di–Fr 10–15, Sa–So 11–15 Uhr
Die Klosterkirche erhielt ihr neugotisches Aussehen nach einem Brand im Jahr 1888 von Baumeister Georg Daniel. Die Pläne zu dieser Anlage lieferte jedoch der mecklenburgische Oberbaurat und Schinkel-Schüler **Friedrich Wilhelm Buttel** bereits im Jahr 1849. Aus der Zeit nach dem Brand stammt auch die reiche Kirchenausstattung. Einmalig im gesamten norddeutschen Raum sind die Apostelfenster im Chor und im Querhaus, eine Innsbrucker Glasmalerei.

Als die Klosterkirche 1997 in Stadteigentum überging, zog hier das **Orgelmuseum** ein. Auch das als Orgelhaus bezeichnete Pfarrhaus unter der Adresse Kloster 26 gehört zur Ausstellung. Die gesamte mecklenburgische Orgelbaugeschichte von den Anfängen bis in die Gegenwart wird anhand von Schautafeln, Bildern und Exponaten erklärt. Schwerpunkt sind Orgeln aus der Zeit der Romantik ab 1840. Eine Besonderheit ist eine Modell-Orgel, die von Besuchern angespielt werden darf. Sonntags gibt es **Orgelmatineen** (Mitte März–Anf. Sept. 11.30 Uhr, Tel. 0171 505 56 85) mit Gastorganisten aus ganz Deutschland.

Etwas entfernt liegt links hinter der Klosterkirche der kleine **Klosterfriedhof** mit den Nonnengräbern.

Damenstift und Engelscher Garten

Neben der Klosterkirche befinden sich die ehemaligen Damenstiftswohnungen, in denen heute Wechsel- und Sonderausstellungen zu regionalen Themen präsentiert werden.

Weiter Richtung Süden am Ufer entlang liegt der **Engelsche Garten**, benannt nach Johann Engel, der von 1787 bis 1819 Küchenmeister des Klosters war und als Erster mit der Anlegung des Küchenkräuter- und Heilpflanzengartens begann. Heute ist davon nicht mehr viel zu sehen, aber es ist schön, auf den Wegen unter den Bäumen zu schlendern und den Ausblick über den See zu genießen.

Sommerrodelbahn mit Affenwald [1]

Karower Chaussee, Malchow, Tel. 03 99 32 18422, Apr.–Okt. tgl. 9–18 Uhr, www.sommerrodelbahn-malchow.de
Wer vom westlichen Festland aus die Rostocker Straße stadtauswärts Richtung Alt Schwerin fährt, gelangt zu einer abenteuerlichen Sommerrodelbahn. Anstrengen muss man sich hier nicht, denn ein Schlepplift zieht die kleinen ein- oder doppelsitzigen Metallschlitten nach oben, aber dann kommt man schon ins Schwitzen: 800 m rast man in 7 Steilkurven den Wiesenhang hinunter und muss dabei 6 »Schikanen« über 30 m Höhenunterschied überwinden.

Auf gleichem Gelände befindet sich das 1,8 Hektar große bewaldete Naturgehege, der Affenwald, in dem eine Großfamilie von Berberaffen lebt, die ursprünglich marokkanischer Herkunft sind. Beim Durchstreifen des eingezäunten Geländes können Kinder und Erwachsene Kontakt zu dem frechen Affenvölkchen aufnehmen.

Radtour nach Zislow ► E 6

In südwestlicher Richtung geht es von Malchow in das Örtchen Zislow. Die Strecke eignet sich hervorragend für eine Fahrradtour. Zislow war einst eine slawische Siedlung und später dann eine ziemlich große besiedelte germanische Kultstätte. Sehenswert ist die niedliche **achteckige Fachwerkkapelle** unmittelbar am Plauer See mit ihrem frei stehenden Holzglockenstuhl (Di–Sa 14–17 Uhr). Hier veranstaltet die Gemeinde während der Saison unter anderem Lesungen, Ausstellungen und allerhand Konzerte von Kammermusik über Boogie Woggie bis Jazz (Konzerte meist Fr 19.30 Uhr).

Übernachten

Fünf-Sterne-Haus mit altem Charme – **Radisson Blu Resort Schloss Fleesensee:** Schlossstr. 1, Göhren-Lebbin (5 km östl. Malchow), Tel. 039932 801 00, www.radissonblu.de/resort-fleesensee, DZ und unterschiedliche Suiten 188–488 €. Das neobarocke Schlosshotel Blücher aus dem Jahr 1842 bietet heute jeglichen Komfort inkl. Five-o'clock-tea auch für externe Gäste im Wintergarten oder auf der Schlossterrasse. Im Haus gibt es eine **Cocktailbar**, eine **Vinothek** im rustikalen Kellergewölbe für einen Imbiss zum Wein, das **Restaurant Orangerie** und das **Gourmetrestaurant Frédéric** in der einstigen Schlosskapelle (Tischreservierung empfohlen). Wechselnde Öffnungszeiten der Restaurants bitte an der Rezeption erfragen.
Bodenständig – **Zur Schmiede:** Malchower Str. 6a, Roez (6 km südöstl. von Malchow), Tel. 039932 478 80, www.schmiede-roez.de, DZ 77 €. Großer behaglicher, familiengeführter netter Landgasthof in ehemaliger Chausseeschmiede des 19. Jh., mit Biergarten

Mein Tipp

Wohlfühl-Atmosphäre rundum

Schon die Namen der Nichtraucherzimmer und Maisonette-Studios wie »Sanftmut« oder »Frühlingserwachen« stimmen auf die sinnliche Atmosphäre des von Annette Vollbrecht geführten **Rosendomizils** **1** ein. Das moderne Haus ist dreiseitig vom Malchower See umgeben. Ein besonderes Plus: die hauseigene Bäckerei-Konditorei (Lange Str. 2–6, Tel. 039932 180 65, www.rosendomizil.de, DZ und Studios 109–119 €.

und dem mehrfach ausgezeichneten Restaurant »Smädstuv«.
Der einzige in MV – **Robinson Club Fleesensee:** Göhren-Lebbin (5 km östl. von Malchow, ganzjährig), s. S. 24.
Gemütlich – **Naturcamping Malchow** **2**: Tel. 039932 499 07, ganzjährig, www.campingtour-mv.de. Der von Buchen und Kiefernwäldern umgebene Platz liegt am flachen Sandstrand des Plauer Sees. Nischen und Ecken unter Bäumen und Sträuchern.

Essen & Trinken

Beliebt – **Spiegelei** **1**: Güstrower Str. 43, Tel. 039932 124 51, Mo–Sa 17.30–23 Uhr, Hauptgericht 7,80–12,50 €. Preiswert-einfache Biergaststätte mit allerdings guter Hausmannskost wie Matjes und Mecklenburger Sauerfleisch.
Für Ausflüge – **Lenzer Krug:** Am Lenz 1, Lenz (4 km westl. von Malchow, Busverbindung), Tel. 039932 16 70, www.lenzer-krug.de, Hauptgericht 6,50–15 €. Reetgedeckte Fachwerk-

Schänke mit Sonnenterrasse unmittelbar am Petersdorfer Kanal, Fisch- und Wild-betonte Küche. Raucher haben ein eigenes Jagdzimmer.
Günstig und gut – **Klosterklause 2**, Tel. 039932 824 44, Kloster 10, Hauptgericht 5 €. Einfaches und nettes Restaurant mit wechselnden Tagesgerichten und Biergarten unter Bäumen. Der Blick geht auf die Klosterkirche.

Aktiv & Kreativ

Bootsverleih
Vom Fachmann – **Bootsbaumeister Dietrich Thiele 2**: Theodor-Storm-Str. 20/Ecke Strandstr., Tel. 039932 832 05, www.bootsbau-thiele.de. Verliehen werden hier führerscheinfreie Motorkajütboote, Kanus, Kajaks und Ruderboote.

Fahrgastschifffahrt 3
Mit Radtransport – **Malchower Schifffahrtsgesellschaft:** Kirchenstr. 6, Tel. 039932 832 56, www.malchower-schiffahrt.de. Tägliche Rundfahrten mit den Schiffen »Klaus Störtebeker« und »Warsteiner«; **Reederei Pickran:** Kirchenstr. 2, Tel. 039932 817 35, www.pickran.de. Touren in die Umgebung, z. B. nach Waren, Plau, zum Bärenwald in Bad Stuer oder zum Wisentgehege nach Damerow, jeweils mit Landgang.

Golf
Größtes Golfrevier Deutschlands – **Golf & Countryclub Fleesensee:** Tannenweg 1, Göhren-Lebbin (5 km östl. von Malchow), Tel. 039932 804 00, www.golfclub-fleesensee.de. Das 550 Hektar große Revier bietet zwei 9-Loch und drei 18-Loch-Plätze, die größte kreisförmige Driving Range Europas, ein Putting-, Pitching- und Bunkareal und Europas modernstes Videoanalysezentrum. Für Anfänger und Profis.

Reiten
Gepflegt – **Pferdehof Zislow:** Fam. Lange-Meyer, Dorfstr. 50/51, Zislow, Tel. 039924 25 61, www.pferdehof-zislow.de. Netter Kinderferienhof am Plauer See mit täglichem Reitunterricht für Kinder und Jugendliche im Alter von 6 bis 18 Jahren, mit abendlicher Betreuung. Jedes Kind bekommt sein eigenes Pony gestellt.

Segeln
Ein Erlebnis – **Segeln mit Skipper 4:** Frank Gebhardt, Strandstraße 10, Tel. 039932 127 07 oder 0172 543 19 30, www.segelnmitskipper.de. Segel-Tagestörns über 6, 8 oder 10 Stunden auf den Mecklenburgischen Oberseen auf einer Pegaz 31.

Wellness
Edel – **Land Fleesensee SPA:** An der Therme 1, Göhren-Lebbin (5 km östl. von Malchow), Tel. 039932 805 00. Auf 6000m^2 findet sich alles nur erdenklich Notwendige für Beauty, Wellness, Fitness und Physio: exotische Massagen, Kosmetikbehandlung, mehrere Saunen, türkisches Hamam mit Schaummassage, Pool-Bar, Sole-Außenbecken, Sprudelsitze, Wasser-Strömungskanal und eine 52 m lange Rutsche.

Infos & Termine

Touristenbüros
Fleesensee-Touristik Malchow e. V.: Kirchenstr. 2 (an der Drehbrücke), Tel. 039932 831 86, Fax 039932 831 25, www.tourismus-malchow.de, Mo–Fr 10–18 Uhr, Mai–Okt. auch Sa/So 10–14 Uhr.

Feste
Malchower Mühlenfest: Pfingstmontag, mit festem Programm, Marktständen und Kinderkarussell an der Mal-

Wilde Wisente? Nein, Bewohner des Schau-Freigeheges auf dem Damerower Werder

chower Stadtwindmühle, Friedrich-Ebert-Str., Tel. 039932 819 88.

Malchower Volksfest: Am ersten Juliwochenende finden Feste statt: auf dem Volksfestplatz mit Schaustellern und Festumzug, auf der Freilichtbühne mit Show und Party, am Hafen mit Bootskorso und Feuerwerk.

Malchower Inselschwimmen: Wettkampf im Juli, zu schwimmen ist eine 825-m-Strecke vom Wasserwanderrastplatz am Erddamm bis zum Inselhotel an der Drehbrücke, Tel. 039932 819 88.

Malchower Bikerparty: Am vorletzten Augustwochenende auf dem Volksfestplatz, Tel. 0399 32 819 88.

Ausflugsziele nördlich der Seen

Damerower Werder ► F 5

An die Südseite des **Jabelschen Sees** und der Nordseite des **Kölpinsees** grenzt der Damerower Werder, eine unter Naturschutz stehende Halbinsel, am östlichsten Zipfel des Naturparks Nossentiner/Schwinzer Heide. Hier ist man schon wieder in ruhigerer Atmosphäre. Durch seine geschützte Lage bietet der Werder vor allem dem Fischotter Lebensraum und hat als Rast-, Sammel- und Schlafplatz für Watt- und Wasservögel besondere Bedeutung.

Wisentreservat

Schau-Freigehege: Forstamt Nossentiner Heide, Tel. 039927 75 00 od. 0173 301 02 19, www.nossentinerheide. wald-mv.de, Schaugatter Ostern–Sept. tgl. 10–20, Okt.–Ostern tgl. 10–17 Uhr, Fütterung tgl. 11 u. 15 Uhr

In dem Naturschutzgebiet auf der Landzunge Damerower Werder werden schon seit 1957 unter natürlichen Bedingungen Wisente gezüchtet. Damit der Besucher den im hinteren Teil des Werders etwa 25 frei laufenden Wisenten nicht nachspüren muss, gibt es vorn am Übergang zur Halbinsel zwei große Schaugehege, in denen zusätzlich etwa 10 Tiere aus verschiedenen Zuchtgruppen mit jeweils einem Bullen leben.

Die Wisente mit ihren kleinen, starken Hörnern auf dem gewaltigen Schädel und ihrer weichen, zottiligen Behaarung sind die etwas kleineren europäischen Verwandten des schwergewichtigen nordamerikanischen Bisons – bestens aus amerikanischen Western bekannt. Wisente sind immer noch vom Aussterben bedroht, die einzigen frei lebenden gibt es im weißrussisch-polnischen Nationalpark Urwald von Bialowieza.

Den Eingangsbereich bildet ein Gebäude, in dem der Besucher von einer Ausstellung über die Wisente empfangen wird. Hier gibt es das Restaurant »Zum Wisentreservat« (Tel. 039929 767 11), zu dem auch ein **Kinderspielplatz** und ein Kletterwald gehören.

Sparow ► E 5

Das zur Gemeinde Nossentin gehörige Dorf Sparow hat im Grunde nur eine Sehenswürdigkeit zu bieten, die dafür jedoch in ganz Mecklenburg bekannt ist: das Teerschwelergehöft.

Teerschwelergehöft
Tel. 039927 768 47 od. 0163 184 87 16, www.teerofen- sparow.com, Mai–Sept. tgl. 10–18 oder nach Vereinbarung

Auf dem Freigelände steht Europas größter aktiver Teerofen und im Rahmen einer Führung bekommt man Einsicht in das einstige ›Waldgewerbe‹ der Nossentiner/Schwinzer Heide. Im ausgehenden 17. und im 18. Jh. brauchten die Menschen Holzteer für den Schiffbau, die Fischerei sowie die Seilerei und daher bediente man sich in der fast unbesiedelten Nossentiner/Schwinzer Heide, wo der Rohstoff Kiefer in Hülle und Fülle vorhanden war. So kam es zu Teerofengründungen, um die herum sich dann ganze Dörfer entwickelten.

Es entstanden Ortsnamen wie Wooster Teerofen und Karow Teerofen, die noch auf diese Zeit hindeuten.

In Sparow bekommt man die beste Gelegenheit, die Prozedur der Teergewinnung mit eigenen Augen nachzuvollziehen (Termine telefonisch vorher erfragen). Der runde Sparower Teerofen aus gemauerten Ziegelsteinen ist kein Original, sondern wurde 1999 nach historischen Bauanleitungen wieder errichtet. Mehrmals im Jahr wird er mit Holz bepackt, zugemauert und bis auf 1000 °C angeheizt. Zum Schluss kann man sehen, wie das Teerschweler Pech siedet. Zusätzlich kann man sich im **Schwelerhaus** einen Film über das Teerschwelen ansehen. Außerdem gibt es einen **Hofladen**, der einheimische Produkte verkauft, und Hungrige können in der **Caféstube** des reetgedeckten Fachwerkgehöftes den hausgebackenen Kuchen verzehren.

Alt Schwerin ► E 5

Das Dorf **Alt Schwerin** am Nordufer des **Tauchow-Sees**, einem kleinen See neben dem Plauer See, nennt sich mittlerweile »Erlebnisdorf«, da sich hier in den vorhandenen alten Gebäuden oder unter offenem Himmel während der letzten Jahre mehrere Einrichtungen etabliert haben:

Agroneum
Dorfstr. 21, , Tel. 039932 499 18, www.agroneum-altschwerin.de, April–Okt. tgl. 10–18 Uhr

Das Agroneum Alt Schwerin informiert ausgiebig über Geschichte und Entwicklung der Landwirtschaft in Mecklenburg. Als einziges deutsches Museum bezieht das großzügig angelegte Freilichtmuseum mit vielen Innen- und Außenobjekten das ganze Dorf in seine Ausstellung mit ein.

Herzstück der Anlage ist das 1733 erbaute **Gutshaus**. In der **Schnitterkaserne** vermittelt eine Ausstellung einen Überblick über die 5000-jährige Landwirtschafts- und Sozialgeschichte des Gebietes. Das Hauptaugenmerk liegt dabei auf der Gutswirtschaft nach der Industriellen Revolution (1850–1945), den Landwirtschaftlichen Produktionsgenossenschaften (LPGs) von 1952 bis 1990 und schließlich auf den bäuerlichen Betrieben nach 1990.

Einzigartig in Mecklenburg ist die Katenzeile, die das Wohnen auf dem Lande im Wandel der Zeit zeigt. Hier kann man seine Nase in eine Landarbeiterkate stecken, wie sie kurz vor der Gründung des Deutschen Reiches um 1870 bewohnte wurde. Wenig weiter werden gezeigt: eine Landarbeiterwohnung vor Beginn des Ersten Weltkrieges (um 1910), eine Landarbeiterwohnung aus der Mitte des Zweiten Weltkrieges (um 1942) und das Highlight ist eine original belassene Wohnung eines LPG-Bauern von 1965. Ein weiteres interessantes Außenobjekt ist das **Holzpantinengymnasium,** eine kleine einklassige Dorfschule, wie sie im Jahr 1919 aussah.

Technikfans werden ihre helle Freude an der **Dampfpfluglokomotiven-, der Flugzeug- und** der **Traktorensammlung** in den Ausstellungshallen haben. Alt Schwerin ist immer gut besucht, denn das ganze Jahr über bietet das Museum eine Reihe von interessanten und abwechslungsreichen Veranstaltungen wie dem Schlachtfest, dem Hoffest oder dem Internationalen Dampftreffen und Oldtimer- und Traktorentreffen an (s. S. 234), zu deren Anlass dann auch im Steinofen des **Museumsgartens** frisches Brot und Kuchen gebacken werden, um beispielsweise das alte Handwerk des Bäckers vorzuführen, wie es ursprünglich ausgeübt wurde.

Übernachten

Nach Öko-Standard – **Feriendorf Maribell**: Jabel (6 km nordwestl. vom Damerower Werder), Am Ufer, Tel. 039929 705 00, www.maribell.de, Haus 105–115 €. Jedes der 23 Holzhäuschen (60–120 m²) im Stil finnischer Blockhütten ist modern und funktionell möbliert und hat ein eigenes Ruderboot! Die Anlage liegt von ruhigem Wald umgeben, 80 m zum Wasser und dem kleinen Yachthafen.

Essen & Trinken

Unkompliziert – **Fischer-Rotunde Damerower Werder**: Dorfstraße, Damerow, Tel. 039929 707 02, April–Okt. tgl. 10–16 Uhr (mind.). Ganz in der Nähe vom Wisentreservat liegt der Hof des Fischermeisters, natürlich mit großer Auswahl an Fischgerichten. Spezialität ist das selbstgebackene Brot.

Elegante Schlichtheit – **Wirtshaus zur Eibe**: Hoher Damm 7, Jabel (6 km nordwestl. vom Damerower Werder), Tel. 039929 766 93 od. 709 99, www.wirtshaus-zur-eibe.de, April–Okt. tgl. 11 bis circa 22 Uhr, Hauptgericht 6–15 €. Schmucker Gasthof mit schönen alten Holzdielen. Regionale Gerichte in Öko- und Bioqualität.

Beliebt – **Restaurant Toplicht:** Im Feriendorf Maribell am Jabelschen See, Am Ufer 1, Jabel (6 km nordwestl. vom Damerower Werder), Tel. 039929 705 03, www.maribell.de, Hauptgericht 6,50– 30 €. Bekanntes und allseits geschätztes Fischrestaurant der Region mit Terrasse am Jabelschen See; der Fisch wird vor den Augen des Gastes zubereitet.

Sympathisch – **Restaurant Jägerstube im Gutshof Sparow:** Tel. 039927 76 20, www.hotel-gutshof-sparow.de, DZ 85 €. Eine große stilvolle, urgemütliche Gutshofanlage mit verlässlicher und schmackhafter Küche. Der saubere Drewitzer Badesee ist 900 m entfernt.

Aktiv & Kreativ

Fahrradtour – **Rund um den Drewitzer See:** Infos über Fleesensee-Touristik Malchow e.V., Tel. 039932 831 86, www.tourismus-malchow.de. 26 km lang ist die Radtour auf gut befahrbaren Waldwegen und verkehrsarmen Straßen. Am besten startet man in Alt Schwerin, fährt entlang des See-Westufers und über Wiesen und Wälder zurück. Unterwegs passiert man die kulturhistorischen Sehenswürdigkeiten der Region: Agrarhistorisches Museum und Schauteerofen Sparow.

Infos & Termine

Feste & Veranstaltungen
Altschweriner Dorf- und Sportfest auf dem Sportplatz: Sommerfest an einem Wochenende im Juni mit Luftgewehr-, Bogen- und Armbrustschießen, Fußball, Volleyball und Nordic-Walking, Tel. 039932 819 88.
Osterallerlei für Jung und Alt in Alt Schwerin, Agroneum: Osterfeuer und Eiersuche für Kinder.
Schlachtfest in Altschwerin, Agroneum: An einem Wochenende Anfang März und Anfang November.
Trödelmarkt in Alt Schwerin, Agroneum: Von Pfingsten bis Anf. Okt. einmal im Monat Sa/So, Tel. 039932 499 18.

Plau am See! ▸ E 5

Der seit 1997 staatlich anerkannte Luftkurort kann auf eine 100-jährige

Tradition als beliebter Ferienort zurückblicken.

Stadtgeschichte

Kaum war das Städtchen um 1900 an die Eisenbahnlinie Berlin–Rostock angeschlossen, entstanden auch schon die ersten Sommerhäuser, Pensionen und Kurhotels. Nach 1945 dienten die großen Häuser dem Gewerkschaftsbund als Ferienheime. Mittlerweile sind sie alle wieder in privater Hand.

Die slawische Herkunft des Namens Plau deutet schon die landschaftliche Lage am See an, denn *plawen* heißt »Flößort«. Die Ufer des Plauer Sees, des immerhin fünftgrößten Sees Deutschlands, sind bewaldet, leicht hügelig und größtenteils von breiten Schilfgürteln gesäumt. Direkt bei Plau tritt die Elde, von der Müritz kommend, aus dem See aus und fließt weiter über Lübz und Parchim in die Elbe.

Im 19. Jh. erlebte auch Plau seine industrielle Revolution: 1830 entstand die erste Tuchfabrik, zehn Jahre später kam die Maschinenfabrik Ernst Albans dazu, danach eine zweite Tuchfabrik, eine Stärkefabrik, ein Elektrizitätswerk, zwei Ziegeleien – und unversehens war Plau die größte Industriestadt Mecklenburgs.

Sehenswertes

Wo heute der starke, runde **Burgfried** mit dem weithin sichtbaren Kegeldach als verbliebener Rest einer stattlichen Burganlage steht, war früher aufgrund der strategisch günstigen Lage das mittelalterliche Zentrum von Plau. Schon 1287 hatte Landesfürst Heinrich Bor-

Hoch hinauf mit Wasserdruck: In der Elde-Schleuse bei Plau

Plau am See

win I. dort eine bescheidene Burg errichtet, die Herzog Heinrich im Jahre 1550 in eine wehrhafte Festung mit 3 m dicken Wänden umbauen ließ. Die starke Umwallung der Anlage musste vor allem im Dreißigjährigen Krieg häufigen Belagerungen widerstehen. 1660, als modernere Waffentechniken Einzug hielten, wurde die Burg geschleift.

Plauer Burgmuseum 1
Im Burgfried, Ostern–Okt. tgl. 10–17 Uhr, Tel. 038735 401 58
Auf drei Etagen, verbunden durch eine äußerst enge Steintreppe, ist die Geschichte Plaus anhand allerlei Ausstellungsstücke bis ins Jahr 1950 dokumentiert, darunter ein Modell der Burg und eine Kirchturmuhr von 1582. Durch einen Gitterrost sieht man mit leichtem Schwindel ins 11 m tiefe Burgverlies hinab, in das Gefangene im Korb hinabgelassen wurden und so lange in den kühlschrankähnlichen Temperaturen um 8 °C bibbern mussten, bis das Lösegeld eintraf. Durch die Fensterchen der Aussichtsplattform im dritten Geschoss hat man einen herrlichen Blick in alle Himmelsrichtungen des Plauer Umlandes.

Plauer Museum 2
Ostern–Okt. tgl. 10–17 Uhr
Unterhalb des Burgturms steht eine ehemalige Scheune, in der das Plauer Museum untergebracht ist. Es ergänzt das Burgmuseum zwar thematisch, die reichhaltige Sammlung geht allerdings mehr auf die Geschichte alter Plauer Gewerke ein. Eine Druckerei, eine Schusterei und die Drillmaschine zum Aussäen der Getreidekörner, die der Plauer Industrielle Arnst Alban erfunden hatte, sind im Plauer Museum zu sehen.

Am Marktplatz
Vom Burgplatz führt die lang gezogene **Steinstraße** mit ihren historischen Fachwerkbürgerhäusern, in denen sich viele Einkaufsläden etabliert haben, ins heutige Zentrum von Plau. Schön ist der längliche, von barocken und klassizistischen Bürgerhäusern und mittelalterlichen Fachwerkbauten umgebene Marktplatz, auf dem dienstags und donnerstags ein Wochenmarkt stattfindet. Das reizvolle Ensemble, zu dem auch das von Wildem Wein berankte **Rathaus** 3 von 1889 gehört, steht geschlossen unter Denkmalschutz.

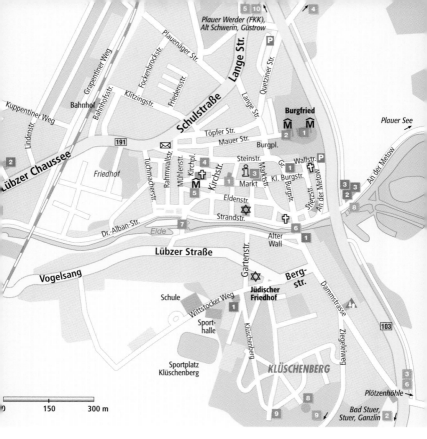

Stadtkirche St. Marien 4

Juni–Sept. Mo–Fr 10–16 Uhr (mit Turmbesichtigung), Tel. 038735 402 00
Einen Besuch wert ist die evangelische Stadtkirche, ein mächtiger, dunkler Backsteinbau. Künstlerisch wertvoll sind besonders der dreiflügelige, spätgotische Lübecker Schnitzaltar aus der Zeit um 1500 sowie das bronzene Taufbecken, das der Plauer Meister Wichtendal 1570 goss.

Wandschneider-Museum 5

Kirchplatz 3, Tel. 038735 810 30, Juni–Sept. Mo–Fr 9–12, 12.45–15, Sa 10–12, Okt.–Mai Mo–Fr 9–12 Uhr

Das Museum informiert über Leben und Werk des bekannten Plauer Bildhauers Wilhelm Wandschneider (1866–1942). Ausgebildet unter Fritz Schaper und Reinhold Begas an der Berliner Akademie, verbrachte »uns lütt Michelangelo«, wie die Plauer ›ihren‹ Wandschneider nannten, seine letzten Lebensjahre in seiner Heimatstadt, die ihn an seinem 60. Geburtstag zum Ehrenbürger ernannte. Direkt am Ufer des Plauer Sees, unter der Adresse Domfurt 1, bewohnte er mit seiner Familie ein bescheidenes Atelierhaus, die Casa Sabina, die heute privat genutzt wird.

Fachwerkromantik in Plau am See

Hubbrücke 6

Die vier Wasserstraßen, engere Gassen, die man im Mittelalter bei den Stadtbränden als wichtige Zufahrtswege für den Löschwassertransport benötigte, führen bergab zur Strandstraße, der Uferpromenade entlang der Elde. Hier unten zieht das Gewimmel an Schiffen die Aufmerksamkeit auf sich. Das einzigartige technische Denkmal von 1917 hebt und senkt sich erst, wenn die Durchfahrt voller Wasserfahrzeuge ist.

Hühnerleiter 7

Am anderen Ende der Uferpromenade führt ein auffälliges Brückengebilde über die Eldeschleuse, die sogenannte Hühnerleiter, eine aufwendig gezimmerten Holzbrücke, die tatsächlich so aussieht, wie sie heißt, wenn die Menschen auf ihr die Elde überqueren.

Oben auf dem Klüschenberg

Am südlichen Ortsrand von Plau liegt der parkähnlich gestaltete **Klüschen-**berg, der im 16. Jh. eine lokale Berühmtheit darstellte. In dieser Zeit nämlich diente der Südhang als Weinberg, der eine Plauer Spezialität, den **Klüschenberger Multrecker**, hervorbrachte, auf Hochdeutsch »Klüschenberger Mundverzieher« – ein Wein mit hohem Säuregehalt also!

Oben auf dem Klüschenberg steht ein kleiner **Wasserturm** 8 aus Backstein, der von 1927 bis 1963 in Betrieb war. Fünf Minuten Fußweg sind es bis zum **Barfuß-Erlebnispfad** 9, auf dem Sand-, Moor-, oder Kiesuntergrund fühlbar werden. Ein Quietschvergnügen besonders für Kinder sind die Fühlkästen (März–Okt. tgl. 10–19 Uhr, 4 €, Kinder bis 14 J. 3 €).

Übernachten

Schick – **Parkhotel Klüschenberg** 1: Klüschenberg 14, Tel. 038735 443 79, www.klueschenberg.de, DZ 86–99,

App. 125 €. Geschmackvoll eingerichtetes Drei-Sterne-Haus, stadtnah im Grünen, Restaurant mit ausgezeichnetem Service, Schwimmbad, Radwanderprogramm.

Total nett – **Zur Scheune** [2]: Lübzer Chaussee 12, Tel. 038735 85 50, www.zur-scheune-plau.m-vp.de, DZ 56–66 €. Schlicht und mit viel Holz ausgestattete Ferienwohnungen und Zimmer in einer gemütlichen umgebauten alten Bauernhofscheune. Heller Frühstücksraum auf der Tenne für alle; Liegewiese.

Ideal mit Kindern – **Appartementhaus Fähranleger** [3]: An der Metow 12, Tel. 038735 83 90, www.ferieninplau.de, Ferienwohnung und App. 70–115 €. Architektonisch wundervolle Häuser mit viel Naturholz direkt an der Bootsanlegestelle im Plauer Hafen, mit Sauna und eigener Motorjacht.

Essen & Trinken

Unkompliziert – **Pavillon** [2]: An der Metow 12–16, in der Ferienhausanlage, tgl. 8–22 Uhr, Tel. 038735 83 90, Frühstücksbuffet 7,50 €, Abendküche 8–12 €. Gutes Frühstücksbuffet. Über Tag: Fischbrötchen und andere Kleinigkeiten, abends Steak am Grill.

Einfach gut – **Fischerhaus** [3]: An der Metow 12–16, in der Ferienhausanlage, tgl. 11 Uhr–open end, Tel. 0387 35 83 90, www.ferieninplau.de, Hauptgericht 5–20 €. Im schmucken Häuschen unterm Reetdach gibt's allerhand frische Fischgerichte von Flusskrebs bis Edelmaräne; Räucherofen, leckeres Bauernbrot aus dem Lehmbackofen.

Einkaufen

Etwas Besonderes – **Susanne König Bauterrakotta** [1]: Große Burgstr. 24, Tel. 0387 35 49595 od. 0172 238 74 54, www.bauterrakotta.de, Mo–Di, Do–Sa 9–12, Mo–Di, Do–Fr 13.30–18 Uhr. Kleine Kunstwerke: im traditionellen Handstrich-Verfahren individuell angefertigte Fliesen und Terrakotten, Wand- und Bodenmosaike und auch Gefäße.

Aktiv & Kreativ

Angeln
Umfassend – **Anglereck** [1]: Markt 12, Tel. 038735 468 32, Mo–Fr 8.30–18, Sa 8.30–12 Uhr. Angelbedarf, Aquaristik, Zoohandlung.

Baden und FKK
Im Ort – **Hermann-Niemann-Straße** [2]
Südlich – Badestellen in **Plötzenhöhe, Seelust, Appelburg** [3].
Nördlich – Badestellen in **Quetzin** und **Heidenholz** [4].
FKK – **Insel Plauer Werder** [5]: am Campingplatz »Inselcamping Werder« (Wendorf Nr. 8, Tel. 039932 420 74).

Boot fahren
Zentral – **Boots-Charter in der Marina & Segelschule Plau am See** [6]: Seestr. 2 b, Tel. 038735 455 39, www.segelschule-plau.de. Sportbootführerscheine Binnen und See, Segelboote, Motorboote, Kindersegelkurse.
Unkompliziert – **Kanu-Team** [7]: Lübzer Chaussee 17 b (hinter der Brücke B 191), tgl. 9–20 Uhr, Tel. 038735 148 83 od. 0172 30 76 45 14. Kanus, Motorboote ohne Führerschein, Paddelboote, 8er-Kanadier.

Fahrgastschifffahrt [8]
Romantische Lampionfahrten – **Fahrgastschifffahrt Wichmann:** Gerichtsberg 34, Anleger: An der Metow, Tel. 038735 444 49 od. Bordtel. 0172 741 51 85, www.fahrgastschifffahrt-wichmann.de. Verschie- ▷ S. 133

Auf Entdeckungstour

Die Lehm- und Backsteinstraße – Ökoprojekte zum Anfassen

In Plau beginnt die Lehm- und Back- steinstraße; die Rundroute macht u. a. mit verschiedenen Projekten des Ver- eins FAL e. V. (www.lehm-backstein- strasse. de) bekannt, der sich die För- derung ökologischer Regionalprojekte in der Mecklenburgischen Seenplatte auf seine Fahnen geschrieben hat. Die Fahrt geht durch eine typische dörflich geprägte Landschaft mit kleinen Kirchen, Pferdekoppeln, Storchennestern und aus Backstein errichteten Scheunen.

Reisekarte: ▶ D 6

Zeit: Tagestour

Planung: Wer ein Fahrrad im Auto mitnehmen kann, kann zwischen- durch im Naturschutzgebiet Marien- fließ radeln. Essen und Trinken gibt es in den Cafés des Kräutergartens Wan- gelin und der Ziegelei Benzin.

Start: Plau, Ortsausfahrt Richtung Ganzlin

Allerlei altes Handwerk

Bei allem, was im **Wunderfeld-Laden** in Plau verkauft wird, spielen traditionell gewachsene Arbeitsweisen eine große Rolle. Hier gibt es von Lebensmitteln bis zu Kleidung viele Produkte, die natürlich hergestellt sind: Brotaufstriche, Marmeladen sowie Gelees, Honig, Kräuter, Öle und Essige, frische Hausmacherwurst, Weidengeflechte, Holzerzeugnisse, Naturkleidung, Filzwerk, Strickwaren, Schmuck und Accessoires (Steinstr. 16, **Plau am See,** www.wunderfeld.de, Mo–Fr 10–18, Sa 10–14 Uhr, ansonsten nach Absprache, Tel. 038737 812 20).

Lehm – ein Baustoff im Trend

In einer reetgedeckten Scheune aus dem Jahr 1876 befindet sich das erste **Lehmmuseum** Deutschlands. Es informiert über Geschichte und Techniken der jahrtausendealten Lehmbauweise auf der ganzen Welt, ist aber auch Ansprechpartner für alle, die selbst in Lehm bauen wollen, sei es ein Lehmofen für den Garten oder – was wieder sehr im Kommen ist – farbiger Lehmputz für den Innenausbau des eigenen Hauses.

Lehm ist optimal für den menschlichen Organismus: Er wirkt antiallergisch und schadstoffbindend, ist brandhemmend und schalldämpfend, im Sommer kühl, im Winter warm, absorbiert Elektrosmog und reguliert die Raumfeuchte. Wer Lehm einmal selbst formen möchte, darf das hier ausprobieren. Eine besondere Offerte sind die Wochenendkurse in Backofenbau und farbigem Lehmputz. Darüber hinaus bildet das Museum sogar in Lehmbau aus, bis zur Prüfung vor der Handwerkskammer (Steinstr. 64 a, 19395 **Gnevsdorf**, Tel. 038737 338 30 od. 038737 202 07, Mai–Sept. tgl. 10–17 Uhr und auf Anfrage).

Verfilzen erwünscht

In dem 200 Jahre alten, reetgedeckten mitteldeutschen Ern-Fachwerkhaus **Ülepüle** (niederdt. für Schmetterling) in Retzow stellt die Modedesignerin Claudia Stark kunstvolle Filzprodukte in traditioneller Handwerkstechnik her. In der offenen Werkstatt kann man zusehen, wie die Wolle beim Filzen mit den Händen, viel Wasser und Seife geknetet, gestampft, geformt und gerollt wird. Die farbenfrohen Gewänder, Hüte und Seidenfilzschals, die lustigen Lichterketten, Armreifen, Deckchen, Filzäpfel und -blüten kann man im Werkstattladen kaufen. Für Urlauber: Tages-Filzkurse im Angebot (Am Dorfplatz 49, 19395 **Retzow**, www.claudia-stark.com, April–Sept. Mi–Fr 12–18, Sa 13–17 Uhr, Okt.–März nach Absprache, Tel. 038737 201 24 od. 038737 335 99).

Grün ist die Heide …

Im August oder September besonders zu empfehlen ist ein Spaziergang oder eine Fahrradtour durch eines der schönsten Heidegebiete Deutschlands. Das **Naturschutzgebiet Marienfließ** in der Retzow-Stepenitzer Heide ist Bestandteil des europäischen Netzes NATURA 2000, unter dessen Namen nach dem Abkommen von Rio de Janeiro Schutzgebiete bedeutsamer Lebensräume von Tieren und Pflanzen ausgeschrieben wurden. Hier bilden Birken und Büsche kleine Wäldchen, durch die ein verzweigtes Wegenetz führt. Wie ein sanftes Polsterkissen breiten sich die violett blühende Heide und die Magerrasenfelder aus. Schmetterlinge und Bienen flattern und summen durch die Luft. Ganz still und friedlich ist es, nur ab und zu trifft man Menschen. Bald nach dem Waldparkplatz steht für ein Picknick ein überdachter Holztisch mit Bänken bereit.

Paradies für Kräuterweiblein

Im größten Kräutergarten Mecklenburgs, dem **Wangeliner Garten**, kann man die blühende Pracht von über 900 Pflanzenarten in verschiedenen Abteilungen durchlaufen: Da wird fein säuberlich getrennt zwischen Bauerngarten, Naturgarten mit Streuobstwiese, Zaubergarten mit historisch bedeutsamen Wundermittel-Pflanzen. Besonderen Spaß – nicht nur für Kinder – bietet das Versteckspiel in den Irrgängen

des Weiden-Labyrinths. In dem großen, aus Stampflehm erbauten Café wird kalte und warme Küche serviert (Nachtkoppelweg, 19395 Buchberg, OT **Wangelin**, Mai–Sept. tgl. 10–18, Okt.–April Mo–Fr 10–16 Uhr, Tel. 038737 201 42 oder 038737 202 07).

Stein auf Stein

Zentrum der **Ziegelei Benzin** ist der Hoffmannsche Ringofen, in dem fast 100 Jahre lang der typische rote Ziegel entstand. Heute kann man das Technische Denkmal ansehen und den Weg des Rohstoffs bis zum fertigen Backstein nachvollziehen. Die alte Technik funktioniert: vom Eimerkettenbagger über den Kollergang bis zur Schneckenpresse. Laufmüde unternehmen eine Fahrt mit der Parkeisenbahn um den Ziegelsee. In der Ziegelscheune gibt es einen Shop mit Café und dazu wechselnde Ausstellungen von regionalen Künstlern. (Ziegeleiweg 8, 19386 **Benzin**, Tel. 038731 80 59, www.ziegelei-benzin. de, Mai–Okt. Mi, Sa/So/Fei, 11–21 Uhr, Führungen: 14, 15, 16 Uhr und auf Anfrage, Museumscafé, Shop).

Zwei kleine ›Filzmäuse‹ engagiert bei der Arbeit: in der Filzmanufaktur im Ülepüle

dene Tagesfahrten, Specials: abendliche Grill- und Lampionfahrten.

Klettern
Durch lebende Bäume – **Kletterpark Plau am See** 9: Ziegeleiweg (auf dem Klüschenberg), Tel. 038735 81 97 38, www.kletterpark-plau.de, keine Mindestkörpergröße, Kinder unter 14 Jahren nur in Begleitung Erwachsener. Während der Sommermonate ab 10 Uhr und bei geeignetem Wetter nach Vereinbarung. Mehrere Seilparcours; geklettert wird unter den Augen eines ausgebildeten Kletterpark-Teams.

Tauchen
Bewährt – **Abenteuer und Wassersport** 10: Hopfensoll 2, Tel. 038735 422 00, www.nitrokids.de. Tauchausbildung durch erfahrene Tauchlehrer.

Infos & Termine

Touristenbüro
Touristinfo Plau am See: Marktstr. 20, 19395 Plau am See, Mai–Sept. Mo–Sa 9–18, So/Fei 10–16, Okt–April Mo–Fr 9–17, Sa 10–14 Uhr, Tel. 038735 456 78, Fax 038735 414 21, www.plau-am-see.de.

Feste & Veranstaltungen
Plau kocht: Jan.–April u. November. Plauer Köche veranstalten ein Showkochen in ihren Restaurants, darunter »Seehotel«, »Fischerhaus«, »Kiek in«, «Lenzer Krug«, »Fackelgarten«, Tel. 038735 85 30, www.plau-kocht.de.
Müritz-Fischtage: Jedes Jahr im Oktober wird ein bestimmter Fisch aus den Binnenseen zum Thema erkoren, von den Fischern angelandet, mit einem Musikzug zum Marktplatz gebracht, wo erste Kostproben verdrückt werden. Danach kochen die meisten Küchenchefs der Umgebung mit diesem

Fisch – jeder nach seiner besonderen Art.

Ausflug nach Bad Stuer und Stuer ▶ E 6

Bad Stuer liegt am südlichen Zipfel des **Plauer Sees**, umrahmt von bewaldeten Hügelketten alter Buchen und Eichen, durchzogen von Wasserquellen. Nach 1842, als **Stuer** den Titel »Kaltwasserheilanstalt« erworben hatte, entstand auch **Bad Stuer**. Bis etwa 1910 erlebte der Ort eine Blütezeit als Wasserheilbad mit Quellwasserbrunnen und gepflegten Wanderwegen. Hier wurde getrunken, geschwitzt und gebadet.

Fritz Reuter in Bad Stuer
Einer der prominentesten Patienten war der Mundartdichter **Fritz Reuter**, der hier im Winter 1847/48 weilte, weil er hoffte, von seinem Alkoholismus geheilt zu werden. In seinen Briefen an den Freund Fritz Peters zeigt sich, dass

Mein Tipp

Romantischer Tagesausklang
Claudia Rauer hat den Dreh raus: eine unvergleichlich schöne fackelbeleuchtete Terrasse direkt am Eldeufer, die vorbeiziehenden Boote im Blick, ein Rotwein im Glas, dazu eine pfiffige Kleinigkeit aus der Küche auf dem Teller – so könnte es bleiben! Restaurant **Fackelgarten** 1, Dammstr. 26, Tel. 038735 85 30, März–Okt. tgl. 8–24 Uhr, Nov.–Dez. Mi–So 8–22 Uhr, www.fackelgarten.de, Hauptgericht 9,90–23,90 €.

Lieblingsort

Ideal zum Innehalten

Der ländliche Kirchhof, den man durchschreitet, bevor man die Petruskirche in Stuer betritt, erinnert in seiner Lieblichkeit an die Rasenfriedhöfe von Südengland. Der liebevoll sanierte barocke Fachwerkbau der Kirche besticht schon von der Straße her. Ausschlaggebend für die ganze Atmosphäre aber ist der riesige, beinahe 90 Jahre alte Efeustamm, der üppig an der Westwand der Kirche emporrankt und dem ganzen Friedhof eine besonders romantische Note verleiht. An diesen Ort kann man sich ganz wunderbar zum Sinnieren zurückziehen, eine Weile auf den Treppenstufen vor dem Kirchenportal sitzen und ein wenig zur Ruhe kommen.

man ihm die gute Laune nicht wegzu-
waschen vermochte: »Mein ganzer Le-
benslauf ist Wasser, ich werde damit
begossen wie ein Pudel, werde darin
ersäuft wie junge Katzen, sitze darin
wie ein Frosch und saufe es wie ein
Ochs …«

Im Tal der Eisvögel

*Führungen: Bürgermeisterin Dr. Bri-
gitte Kassens, Tel. 0174 642 23 73*
Gegenüber vom Hotel Stuersche Hin-
termühle, neben dem kleinen Wasser-
fall am Stuerschen Bach, führt ein
schmaler Waldweg nach 2 Minuten
zum sog. »Tal der Eisvögel«. Mit ein
bisschen Glück kann man hier einige
der kleinen azurblau gefiederten
Vögel links in einer hohen
Lehmsteilwand brüten sehen. Die rein-
weißen, rundlichen Eier legen sie in bis
zu 2 m tiefen Brutröhren auf nacktem
Boden ab. Nach 800 m erreicht man
den »Forellenfischer«, von wo es weiter zum »Bärenwald« geht (s. S. 137).

Bäderarchitektur in Bad Stuer

Die am Hotel vorbeiführende Straße
führt zum **Haus Seeblick** mit der
Adresse **Seeufer 11**, dem ehemaligen
Wohnhaus des Heilpraktikers Gustav
Bardey. Hier logierte Fritz Reuter während des zweiten Aufenthaltes im Winter 1868/69 privat. Die **Villa Seeufer 10**
hatte sich der Sohn Hans Bardey, später leitender Kurarzt von Bad Stuer,
1896 oben auf dem Hügel errichtet.
Aus diesem Grund wird das Anwesen
auch **Berghaus** genannt.

Die sog. **Parkvilla** am Seeufer 17, ein
prachtvolles Haus mit Schnitzwerk im
russischen Stil, ließ der mit einer Russin
verheiratete Zahnarzt Dr. Sührsen 1877
als Sommerresidenz errichten. Heute
wird es für Appartements genutzt.
Sührsen, ein Freund Bardeys, war ab
1871 mit der Erfindung von Prothesen
zu Geld gekommen.

Petruskirche in Stuer

*Mai–Sept. Offene Kirche: Mo, Mi, Fr
14.30–16.30 Uhr, Vorraum m. Glastüre
Mo–Fr 11–17 Uhr, Führungen (Einzel-
pers. u. Gruppen) n. Anmeld. bei
Küsterin Frau Authmann, Tel. 039924
795 46*
Gleich am Eingang von Stuer steht die
Petruskirche, ein ausgesprochen hübscher barocker Fachwerkbau von 1717
(s. S. 134). Die Stuerer Dorfkirche ist
eine in ihren Ausmaßen von 14 x 10 m
außergewöhnlich große Einbaumstän-
derkirche, eine der letzten Mecklenburgs. Innen hält ein Mittelständer aus
Holz die Flachbalkendecke im Lot. Das
Gestühl und die Patronatslogen mit ihrem schönen Wappenschmuck derer

von Flotow stammen noch aus der Erbauungszeit. Nachfahren dieser Ritterfamilie liegen auf dem umliegenden Friedhof begraben. An den Kirchwänden hängen sage und schreibe 65 Sargbeschläge der Flotows in Wappengestalt. Vom Meister des Güstrower Domaltars stammt vermutlich der wertvolle Schnitzaltar aus der Zeit um 1500.

Bärenwald Müritz bei Stuer

Am Bärenwald 1, www.baerenwald-mueritz.de, April–Okt. tgl. 9–18, Nov.–März tgl. 10–16 Uhr , Führung Sa 11.30 Uhr, Tel. 039924 791 18, 6 €, Kinder bis 14 J. 3,50 €, Familien 13 €
Der Bärenwald Müritz ist ein 7,8 Hektar großes Bärenfreigehege, in dem Braunbären, die irgendwo auf der Welt nicht artgerecht gehalten werden ein besseres Zuhause bekommen, das fast so frei ist wie die Wildbahn. Das Projekt stammt von der Hamburger Tierschutzstiftung »Vier Pfoten« (www.vier-pfoten.de), die sich international für die natürliche und würdevolle Lebensweise von Tieren sowie ein respektvolles Zusammenleben zwischen Mensch und Tier einsetzt.

Mittlerweile leben im Bärenwald 24 Bären. In Europas größtem Bärenschutzzentrum erlebt der Besucher verschiedene Spiel- und Ausstellungsbereiche, dazu gibt es einen Abenteuerwaldspielplatz für Kinder und ein Biobistro.

Villengarten in Bad Stuer

Mecklenburgische Kleinseenplatte

Highlight!

Mecklenburgische Kleinseenplatte: Die vielen kleinen Seen im Dreieck zwischen Mirow, Rheinsberg und Wesenberg lassen Kanufahrer-Herzen höherschlagen. S. 140

Auf Entdeckungstour

Abenteuer Kanutour – die Rätzsee-Runde: Eine ganztägige Kanu-Rundtour, geführt von einem versierten Guide von Biber-Tours, ist ein unvergleichliches Erlebnis – ganz egal, ob man schon Paddel-Erfahrung hat oder nicht. Außer allergrößter seelischer Entspannung und ein wenig Muskelkater erfährt man auch viel über Seerosen, Eisvögel und »Rekord-Welse«. S. 148

Kultur & Sehenswertes

3-Königinnen-Palais auf der Schlossinsel Mirow: Eine interessante Ausstellung auf der zauberhaften ›Liebesinsel‹ der einstigen Residenz. S. 142

Schloss und Schlosspark von Rheinsberg am Grienericksee: In den südlichen Ausläufern der Seenplatte, schon im Ruppiner Land, wird man überrascht von der Idylle eines Anwesens, das sich der Alte Fritz während seiner Kronprinzenzeit geschaffen hat. S. 153

Aktiv & Kreativ

Erbsland: In dem jahrhundertealten dendrologischen Anbaugebiet nordöstlich von Granzow gibt es Gelegenheit, ausländische Baumarten kennenzulernen. S. 143

Kanustation Mirow: Veranstalter abendlicher Musik- und Theatervorführungen auf einer Strand- und einer Seebühne mitten im Wasser. S. 147

Genießen & Atmosphäre

Useriner Dorfkrug: Nach einem ganzen Tag am See ist die Spezialität des Hauses, eine gute Portion ›Mecklenburger Sauerfleisch mit Bratkartoffeln‹, ein echter Genuss. S. 158

Restaurant Fürst Nikolaus I. im Borchard's Rookhus in Wesenberg: Ein romantisches Refugium für kulinarische Genießer im englischen Landhausstil. S. 158

Abends & Nachts

Laternenfahrt mit der Kanustation Granzow: Mit Laternchen am Kanu geleitet Familie Itner Sie von ihrer Kanustation Granzow bei Abenddämmerung zur Mirower Liebesinsel. S. 152

Paddelparadies Kleinseenplatte!

Die Kleinstadt Mirow, an der Südostseite des lang gestreckten Mirower Sees gelegen, bildet den Auftakt zur sogenannten Mecklenburger Kleinseenplatte, einer Gegend von ungefähr 300 kleinen und allerkleinsten Seen, die nicht rein mecklenburgisch ist, sondern sich bis ins Brandenburgische hinzieht. Auf der Landkarte sieht die Region aus wie eine reichlich ›blau gesprenkelte‹ Gegend und liegt ungefähr zwischen **Mirow** im Nordwesten, Neustrelitz im Nordosten, **Rheinsberg** im Südwesten und Fürstenberg im Südosten; **Wesenberg** liegt mittendrin.

Charakteristisch für die Kleinseenplatte ist die Orientierung auf den Wassersport. Die Gegend ist dünn besiedelt, touristisch aber sehr gut besucht und hat weniger Kulturelles, dafür aber um so mehr Wassersportmöglichkeiten zu bieten. Folglich sind die Ufer gut bestückt mit Kanustationen, Wasserwanderrastplätzen, Campingplätzen und Schleusenanlagen. Auch alle Campingplätze und manche größeren Hotels bieten ihren Gästen buchbare Kanutouren unter Leitung eines erfahrenen Wasserwanderführers an. Das gehört hier einfach zu einem Urlaub dazu!

Mirow ▶ G 7

Die Kleinstadt Mirow (4000 Einwohner) profitiert heute sehr von ihrer Lage am **Müritz-Havel-Kanal**. Gegründet wurde der Ort von Slawen, doch als Heinrich Borwin, Herr zu Rostock, ihn 1227 dem Johanniterorden schenkte, ließen sich hier Ritter nieder, um das Gebiet zu christianisieren. Sie erbauten ihr Ordenshaus, die Komturei auf der Schlossinsel. Aus dieser ›friedlichen‹ Absicht leitet sich auch der Ortsname Mirow her, denn das slawische *mir* heißt »Ort des Friedens«. Das weiße Kreuz im Mirower Stadtwappen deutet noch heute auf den Johanniterorden hin, der im 14. Jh. unter dem Komturherrn Liborius von Bredow großen Reichtum erlangte. Ländereien wurden dazugekauft und bewirtschaftet. Dieser Wohlstand lockte Handwerker und Bauern an, die sich am Seeufer ansiedelten, und allmählich entstand der Ort Mirow. Als sich der Johanniterorden 1587 auflöste, bezog Herzog Karl von Mecklenburg die Komturei als Residenz.

Auf der Schlossinsel

Lauschig und romantisch ist es auf der Schlossinsel im Mirower See, die durch eine kurze Feldsteinbrücke mit dem Ort verbunden ist.

Außen strahlend, innen wird derzeit noch gewerkelt: das Mirower Residenzschloss

Empfangen wird man von einem weißen **Torhaus,** in dem sich Wohnungen befinden. Dieses älteste Mirower Gebäude wurde 1588 unter Herzog Karl erbaut und später zum Wahrzeichen der Stadt. Friedrich der Große, der während seiner Kronprinzenzeit die Fürstenfamilie vom nahe gelegenen Rheinsberg aus öfter besuchte, ist hier hindurchgeschritten.

Kirche der ehemaligen Johanniter-Komturei

Tel. 039833 263 57 od. 0160 290 68 80, www.johanniterkirche-mirow.de, Mai–Okt. tgl. 10–18 Uhr
Links am Weg liegt die Kirche der ehemaligen Johanniter-Komturei. Sie ist das wieder aufgebaute Resultat eines Gotteshauses aus der ersten Hälfte des 14. Jh., das in den letzten Tagen des Zweiten Weltkrieges bis auf die Umfassungsmauern zerstört wurde. Von der ehemals barocken Innenausstattung ist leider nichts mehr erhal-

ten. Im nördlichen Kirchenschiff führt eine schwere Eisentür zur **Fürstengruft**, einer Grablege für alle Herrscher des Hauses Mecklenburg-Strelitz im 18. und 19. Jh. Dieses sogenannte Mirower Erbbegräbnis hatte Herzog Adolf Friedrich II. 1704 begründet. Hier liegt der Leichnam Adolf Friedrichs IV., den **Fritz Reuter** in seinem Roman »Dörchläuchting« so wenig charmant als knochengeizig charakterisierte, und auch die Eltern der Königin Luise von Preußen fanden hier ihre letzte Ruhestätte.

Wer sich die 146 Stufen des 41 m hohen Kirchturms hinaufarbeitet, erreicht in 29 m Höhe die **Aussichtsplattform** und hat einen weiten Rundblick über die malerische Lage Mirows.

Mirower Residenzschloss

Wegen Restaurierung bis ca. 2014 geschlossen, Tel. 039833 275 67
Am barocken Gartenrondell steht rechts das cremeweiße Mirower Resi-

Eros' Pfad zur Liebesinsel …

denzschloss. Schon immer war die an drei Seiten von Wasser umflossene Landzunge ein bevorzugter Bauplatz gewesen: als Erste hatten die Johanniter hier ihr Ordenshaus errichtet. Es wurde später überbaut durch ein Schloss, das sich Christiane Emilie Antonie von Schwarzburg-Sondershausen, die dritte Frau Adolf Friedrichs II., ab 1708 als Witwensitz erbauen ließ. Als es 1742 abbrannte, ging Baumeister Christoph Julius Löwe 1749–60 an den Wiederaufbau im barocken Stil.

Als die Fürsten des Hauses Mecklenburg-Strelitz ihre Hofhaltung 1761 endgültig nach Neustrelitz verlegten, versank Mirow in einen Dornröschenschlaf. Bis zur Wende wurde das Schloss zeitweilig als Museum, Dienststelle der Wehrmacht, Lazarett und Seniorenheim genutzt. Sogar die DEFA drehte hier einige Filme. 2013 soll das Gebäude als Schlossmuseum mit Festsaal und Nebenzimmern wiedereröffnet werden.

3-Königinnen-Palais

tgl. 10–18 Uhr, 5/2 €, Familien bis 4 Kinder 12 €, Tel. 039833 26 99 55, www.3königinnen.de

3-Königinnen-Palais heißt das ehemalige Kavaliersgebäude in Erinnerung an die drei berühmten Töchter des Hauses Mecklenburg-Strelitz: die spätere englischen Königin Sophie-Charlotte sowie ihre Nichten, der Preußenkönigin Luise und ihre Schwester Friederike von Hannover. Einst waren in dem Haus die Schlossküche und Bedienstete untergebracht, Heute befinden sich in den Räumen die Touristinfo sowie ein sehr schönes Café (s. S. 147). Außerdem ist eine Ausstellung zu sehen, die durch die Geschichte des Großherzogtums führt.

Schräg hinter dem Palais sieht man zwischen den Bäumen die **Remise** hervorleuchten. In dem ehemaligen Stallgebäude finden kulturelle Veranstaltungen wie Konzerte, Ausstellungen und Lesungen statt.

Auf der Liebesinsel

Eine zierlich gebogene Brücke mit kunstvoll geschmiedetem Geländer führt auf die Liebesinsel, wo Adolf Friedrich VI., der letzte regierende Großherzog von Mecklenburg-Strelitz, begraben liegt. Der Grund für die Wahl dieses romantischen, aber etwas unüblichen Bestattungsortes abseits der Familiengruft in der Johanniterkirche muss wohl der Selbstmord des Großherzogs gewesen sein. Er nahm sich 1918, im Jahr der Abdankung, das Leben, als er keinen Ausweg mehr aus der unglücklichen Liebesbeziehung zur Gräfin Daisy Pleß wusste und ihm zudem eine Spionageanklage ins Haus stand. Die **gebrochene Säule des Grabmonuments** auf der Liebesinsel symbolisiert das unerfüllt gebliebene Leben des Großherzogs.

Mirower Hubschleuse

Da Mirow am Müritz-Havel-Kanal liegt, ist die dortige Hubschleuse für Wassersportler wie eine Drehscheibe zwischen der Kleinseenplatte im Süden und der Seenplatte der Müritz im Norden oder, in einem größeren Rahmen gedacht: zwischen Berlin und Hamburg samt dem gesamten Ostseeraum. Von April bis Oktober schließen die großen Hubtore zu jeder vollen Stunde die Wasserkammer und heben oder senken die Schiffe um 3,50 m zwischen Elde- und Havelwasserspiegel. Dann steht auf der Brücke immer eine Traube von Menschen zur Beobachtung des Schauspiels.

Ausflug zum Erbsland

▶ G 6

Um das **Erbsland,** eines der ältesten und dendrologisch interessantesten Anbauversuchsgebiete des deutschen Bundesforstes zu besichtigen, fährt man die Landstraße Richtung Granzow nach Norden etwa 3 km aus Mirow heraus, durch Granzow hindurch, nach 3 km geht es dann rechts ca. 1,7 km tief in den Wald hinein bis zum ausgeschilderten Erbsland (Waldweg allerdings für Pkw gesperrt). Früher bauten hier die Bauern aus dem nahen Dorf Qualzow ihre Erbsen an – daher vermutlich der Flurname.

Das Erbsland entstand vor gut 120 Jahren, als der Mirower Forstmeister Friedrich Scharenberg (1821–1901) ein 7 ha großes Terrain mit ausländischen Baumarten bepflanzte, um deren Eignung für die deutsche Forstwirtschaft zu erproben. Nach Scharenbergs Tod geriet sein Anbauversuch in Vergessenheit. So konnte über Jahrzehnte ganz ungestört ein Arboretum entstehen, in dem sich fremde Baumarten, vor allem aus Nordamerika und Asien, mit einheimischen Stieleichen, Weißbuchen, Eschen, Ulmen, Moorbirken und Roterlen mischten. Erst ab 1960 wurde es wieder von der Försterei gehegt und gepflegt.

Ein Spaziergang im Erbsland ist zu allen Jahreszeiten empfehlenswert. Im Frühjahr blühen Vogelkirsche und Tulpenbaum und leuchten mit dem frischen Hellgrün der Tannentriebe um die Wette. Im Sommer gedeiht die Robinie, während im Herbst das Goldgelb der Hickorynuss zwischen dem Rot der Scharlacheiche leuchtet. Im Winter erstrahlen die vielen exotischen Kiefern, Fichten, Zypressen und Riesenlebensbäume wie in einem Märchenwald. Zu den größten Sehenswürdigkeiten zählen die 47 m hohen Küstentannen, vermutlich die stärksten Exemplare Mitteleuropas. Im Gebiet stehen Bänkchen, auf denen man sich niederlassen und die Bäume auf sich wirken lassen kann.

Zwar sind die Bäume beschriftet, aber im Erbsland kommt man besser

Lieblingsort

Lyrische Morgenstimmung
Diese kleinen Bootshäuschen sind
für die Kleinseenplatte in der
Gegend um Mirow besonders
typisch. So nah am Ufer, ja fast
schon über dem Wasser, ist die
zarte Atmosphäre einer frühen
Morgenstunde einfach unvergleichlich. Mitunter vermieten die
Einheimischen ihre Schatzkästlein –
freilich ohne großen Komfort und
meist nur wochenweise – auch an
Feriengäste. Eine Nachfrage bei
der Touristinformation Mirow
lohnt sich.

zurecht, wenn man sich vorher einen kleinen kostenlosen Lageplan bei der Touristinformation in Mirow abholt. Gruppenführungen ab 8 Personen bietet das Forstamt Mirow, Rudolf-Breitscheid-Str. 26, Tel. 039833 261 90, 2,50 €/Person, Kinder 1,50 €.

Ausflüge südlich von Mirow

Gleich hinter der Mirower Hubschleuse kann man nach links von der B 198 auf die schmalere Starsower Straße abbiegen. Hinter Starsow begleitet eine silbrig glänzende Pappelallee die Route und wird dann von weiten Kornfeldern und Obstbäumen abgelöst.

Schwarz ▶ G 7
Nach wenigen Kilometern ist Schwarz erreicht, eine 400-Seelen-Gemeinde von adretter Ausstrahlung, mit einem barocken **Dorfkirchlein** und **Bauerngehöften** am **Schwarzer See**. Die Kirche stammt aus dem Jahr 1767. Der Kanzelaltar mit der Rokoko-Ornamentik und das seitliche Pastoren- und Patronatsgestühl sind noch aus der Erbauungszeit (Schlüssel im Pfarrhaus oder in der Küsterei gegenüber der Post). Wer Lust auf ein kleines Bad hat, kann zur **Liegewiese am Badestrand** laufen, nur 300 m von der Kirche entfernt. Der Sandstrand ist leicht zum Seeufer abfallend und wegen seiner Flachwasserzone für Kinder bestens geeignet.

Mirower Holm ▶ G 7
Weiter geht es auf der Landstraße nach Süden. Ein erster Stopp lohnt schon nach etwa 2 km an dem Naturcampingplatz auf der rechten Seite. Vor der großen Linkskurve um das Südende des **Zethner Sees** gibt es einen landschaftlich besonders schönen Ausblick auf den **Mirower Holm**, eine große Halbinsel am gegenüberliegenden Ufer.

Diemitz ▶ G 7
Die Landstraße führt weiter parallel zum Vilzsee über Schwarzer Hof, vorbei an Kiefernwäldern bis nach Diemitzt. Mitten auf dem Dorfanger steht hier eine unauffällige barocke **Backsteinkirche** aus dem Jahr 1765. Eine gemütliche und warme Ausstrahlung hat die mit Holzbohlen bezogene Decke.

Ein paar Hundert Meter weiter biegt man nach rechts Richtung Canow ab und schon ist die **Diemitzer Schleuse** erreicht, die den Wasserspiegel-Höhenunterschied zwischen Vilzsee und Labussee für den Schiffsverkehr regelt (tgl. 7–19 Uhr).

Übernachten

Ideales Familienhotel – **Seehotel Ichlim:** Am Nebelsee 1, Lärz , OT Ichlim (bei Sewekow, 13 km südwestl. von Mirow), Tel. 039827 302 64 oder 602 53, www.seehotel-ichlim.de, DZ 69–104, App. 108–152 €, Ferienhäuschen 64–82 €. Sehr angenehmes Mittelklassehotel in waldreicher Natur. Eigener Privatbadestrand direkt am Restaurant.
Hell und familientauglich – **Pension Am Peetscher See:** Dorfstr. 23, Peetsch (3 km südöstl. von Mirow), Tel. 039833 213 15, www.landhotel-peetsch.de, DZ 73 €. Behagliches, modernes Haus zwischen Wiesen und Feldern. Restaurant mit gutbürgerlicher Küche, Wellnessmöglichkeiten. Baden kann man im Schulzensee in Sichtweite.
Mitten im Geschehen – **Alte Schlossbrauerei:** Schlossinsel 3a, Tel. 039833 203 46, www.alte-schlossbrauerei.de, DZ ab 70 €. Das ehemalige Brauhaus aus dem 18. Jahrhundert hat den Vorzug einer Lage auf der Schlossinsel. Schöne Atmosphäre im Restaurant Rit-

terkeller, einem 300 Jahre alten Gewölbe.

Kinderfreundlich – **Bioland Ranch Zempow:** Birkenallee 3–12, Zempow (14
km südwestl. von Mirow), Tel. 033923
769 15, www.zempow.de, 225–515 €
pro Woche. Schöne Ferienwohnungen
und -häuser in ruhiger Lage am Rand
eines (schon brandenburgischen) Mini-
Dorfes mit ökologischem Landwirtschaftsbetrieb. Ponyreiten.

Fröhlich dänisch angehaucht – **Ferienpark Mirow:** Dorfstr. 1a, Granzow (2 km
nördl. von Mirow), Tel. 039833 600,
www.allseasonparks.de, Ferienhaus
99–199 €. Schöne dänische Blockhäuser
in offener Galeriebauweise, teilweise
mit Kaminofen, Sauna, Whirlpool.

Vier Sterne und preiswert – **Jugendherberge Mirow:** stadtauswärts 3 km
vom Bahnhof, Retzower Str., Tel.
039833 261 00, http://mirow.jugend
herberge-mv.de. Nach ökologischen
Prioritäten umgebaut ist dieses Haus
die wohl schönste und modernste Jugendherberge Deutschlands. Großes
Freizeitangebot und Zusammenarbeit
mit dem Naturseilgarten.

Total nett – **Biber Ferienhof:** Diemitz
Schleuse 5, 17252 Diemitz, Tel. 039827
798 88, www.biberferienhof.de. Um
einen gepflasterten Innenhof grup-
pierter Dreiseithof mit renovierten
Stallgebäuden und Scheune. Darin
freundliche Ferienwohnungen (50–85
€). Auf dem großen Wiesengrundstück
auch Holzhäuser (65 €). Die familien-
freundliche Gaststätte **Zum Biber** ist
gleich um die Ecke (Tel. 039827 799 35).

Camping

Auf einer Landzunge, die auf der einen Seite in den Kleinen Peetschsee
und auf der anderen Seite in den Labussee ragt:

Im Wald – **C 24 Biber-Tours:** Diemitzer
Schleuse 1, 17252 Diemitz, www.biber
tours.de, Tel. 039827 305 99, tgl. 9–19

Uhr. Großzügiger Waldcampingplatz
für Zelte und Wohnmobile.

Herrlich romantisch – **Zeltplatz Biber
Ferienhof:** Diemitz Schleuse 5, 17252
Diemitz, www.biberferienhof.de, Tel.
039827 799. Wiesencamp mit viel Platz.
Lagerfeuerplätze, dazu Kanu-, Floß-
und Ruderbootverleih. Outdoorladen
versorgt und Brötchenservice in der
nahen Gaststätte.

Essen & Trinken

Schnuckelig – **Blaue Maus:** Schlossstr.
11, Mirow, Tel. 039833 217 34, Mo–Fr
ab 16, Sa-So ab 11 Uhr, Hauptgericht
8–17 €. Traditionsreiche Mirower Gaststätte in 250-jährigem Fachwerkhäuschen mit zwei Gasträumen, maritim
und jagdmäßig eingerichtet. Erwar-
tungsgemäße Schwerpunkte der Speisekarte: Fisch vom Fischer und Wildbret aus dem eigenen Jagdrevier.

Gepflegt – **Café im 3 Königinnen Palais:** Schlossinsel 2a, Mirow, Tel. 039833
26 99 55, tgl. 10–18 Uhr, www.3köni
ginnen.de. Innen schönes Lesecafé mit
Büchersortiment, außen Caféterrasse
mit Blick auf den Mirower See. Ein Gedicht sind die selbst gebackenen Kuchen namens Charlotten-, Luisen- und
Friederikentorte! Dazu warme herzhafte Kleinigkeiten.

Aktiv & Kreativ

Baden

Zentral – **Strandbad Mirow:** Strandstr.,
Tel. 039833 220 19. Nur 5 Min. Fußweg
zum Ortszentrum. Schöner Blick auf
die Liebesinsel.

Bootsverleih

Sportcampcharakter – **Kanustation
Mirow:** An der Clön 1, April–Okt. tgl.
9–19 Uhr, Tel. 039833 220 ▷ S. 152

147

Auf Entdeckungstour

Abenteuer Kanutour – die Rätzsee-Runde

Die 16 km lange Rätzsee-Runde ist eine ganz wunderbare Tagestour, denn Seen und natürliche Kanäle wechseln einander ab und mit ein bisschen Glück bekommt man blühende Seerosen, Eisvögel und Seeadler zu sehen. Man kann auf eigene Faust fahren, für Anfänger ist es jedoch besser, sich von einem versierten Kanu-Guide von Biber-Tours führen zu lassen.

Reisekarte: ▶ G 7

Start: Wer alleine paddeln möchte, kann an allen Einsetzstellen beginnen. Die von Biber-Tours angebotene Strecke beginnt am Labussee am Campingplatz C24 von Biber-Tours (1). Anmeldung: Diemitzer Schleuse 1, Mirow-Diemitz, Tel. 03 98 27 300 11, www.bibertours. de. Gruppe ab fünf Pers., pro Pers. 35 € oder in Mietbooten auf eigene Faust.

Vorbereitungen an Land

Für die Paddeltour Rätzsee-Runde ist es günstig, pro Person ein Einerkajak zu mieten. Es gibt natürlich auch Zweierkajaks, aber sobald zwei Personen ein Boot fahren, müssen sie sich verständigen, und wer auf dem Wasser spricht, ist laut, und wer laut ist, sieht keine Tiere. Passend für Anfänger ist ein Recreational-Paddling-Boot. Es hat eine große Einstiegsluke mit einer sehr komfortablen Sitzverankerung, damit man besser fotografieren kann, ist relativ breit und damit kentersicher. Je nach Schulterbreite und Körpergröße wählt man die Länge des Doppelpaddels mit ovalem Blatt. Ist das Paddelblatt zu groß, ist man schon nach wenigen Kilometern erschöpft. Der Guide hilft bei der Auswahl. Vor der Abfahrt heißt es, die Schwimmweste anlegen und die beiden wasserdichten Packsäcke verstauen: den großen für Kleidung, Handtuch und Bikini, den kleinen für Kamera und Fernglas. Er wird vorn am Kajak angeleint und zwischen die Knie geklemmt. Bei Biber-Tours steigt man vom flachen Steg, der nur 10 cm über der Wasseroberfläche steht, ins Boot. Das Einsteigen ist eine Kunst, die man sich aber vom Guide zeigen lassen kann!

Jetzt fahr'n wir übern See

Der **Labussee (2)** lässt sich am besten entlang des linken Uferrandes überqueren, gut 50 m vom Schilfgürtel entfernt. Hier gilt es, den Motorbooten nicht in die Quere zu kommen. Zwar hat ein Kanu als muskelbetriebenes Fahrzeug offiziell Vorfahrt, aber selbst wenn der Paddler bei einer Karambolage im Recht wäre, würde es ihm auch nichts mehr nützen. Einer der ersten Lehrsätze beim Paddeln ist: Wer auf dem Wasser Distanz hält, ist immer gut beraten.

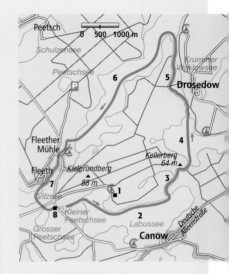

Seerosen und Eisvogelbalz

Vom Labussee kann man nach links in die **Dollbek (3)** einbiegen (Bek: plattdt. für Bach). Bald weitet sich das kleine Fließgewässer etwas aus – und dann sieht man Seerosen und Teichrosen zu einem grünen Teppich auf dem Wasser vereint. Seerosen haben weiße und rosafarbene, wachsartige Blütenblätter, Teichrosen blühen gelb und haben kleine kugelförmige Blüten. Beide stehen unter Naturschutz, weshalb der naturliebende Paddler sie nicht überfährt.

Das Ufer zu beiden Seiten ist moorig und wird von Schwarzerlen gesäumt. Die kräftigen Wurzeln dieser Bäume ragen knapp über das Wasser und bieten Eisvögeln einen idealen Sitzplatz zur Wasserbeobachtung. Diese saphirblauen Vögelchen mit orangefarbenem Bauchgefieder, kaum größer als Kanarienvögel, wirken beim Fliegen auf das menschliche Auge wie schnurgerade blaue Blitze. Jetzt ist es ratsam, sich untereinander nur noch per Handzeichen zu verständigen und die Ferngläser *leise* herauszuholen, denn Eisvögel haben eine große Fluchtdistanz von mindestens 100 m. Mit etwas Glück lassen sich Beutefang und Balz dieser kleinen Stoßtaucher miterleben: das Männchen sitzt auf einem Zweig, stürzt sich plötzlich kopfüber ins Wasser, taucht nach einer Sekunde mit einem Fisch quer im Schnabel wieder auf, schlägt ihn gegen einen Zweig bewusstlos und fliegt damit zur Partnerin. Sie ziert sich erst einmal mächtig, bevor sie den Fisch dann gern als Gabe annimmt.

Auf dem Gobenowsee und Rast in der Drosedower Bek

Den anschließenden **Gobenowsee (4)** kann man in aller Seelenruhe genau in der Mitte überqueren, denn bis auf die Anlieger mit Sondergenehmigung sind Motorboote hier verboten. Nach kurzer Zeit passiert man die sehr schmale **Drosedower Bek (5).** An einem alten Holzsteg kann man anlanden und ein Päuschen einlegen. Wer einen netten Guide hat, bekommt jetzt vielleicht ein zweites Frühstück. Der Rastplatz ist idyllisch und wer noch kurz zur Erholung dösen möchte, findet hier die besten Voraussetzungen.

»Rekord-Welse« im Rätzsee

Die nächste Etappe der Tour ist der **Rätzsee (6),** mit seiner Länge von 5 km und der Breite von 1 km ein typischer eiszeitlicher Rinnensee. Bei starkem Wind gibt es hier schon mal ordentlich Wellengang. Der Rätzsee gilt als ausgesprochen fischreich: Aale, Zander, Schleien, Maränen, Karpfen und Plötzen gibt es hier – und genau diese Tatsache zieht eine Menge anderer Tiere an. Während die Paddler an der Wasseroberfläche über sie hinweggleiten, machen bis zu 2,50 m große Rekord-Welse in 30 m Tiefe ihr Tagesnicker-

chen, denn Welse sind überwiegend nachtaktiv. Auch Graureiher und Fischadler kann man hier erleben sowie Kormoran-Schwärme. Die großen schwarzen Vögel, die man leicht an ihrem schnellen Flügelschlag erkennt, sind ausgezeichnete Fischjäger.

Eine leichte Portage

Am Südzipfel des Rätzsees, an der alten abgebrannten **Fleether Mühle,** ist das Gewässer zu Ende; hier gilt es anzulanden und das Boot über eine Strecke von 30 m zu tragen. Dazu haben die Boote Griffe an Bug und Heck und zu zweit lässt sich das leicht bewerkstelligen. Am Ufer gibt es einen Holzsteg, der eine prima Einstiegshilfe in das Gewässer bietet: Das Boot wird angelegt, man steigt von oben hinein – und ab geht's in die Oberbek!

Fauna-Beobachtung

In der **Oberbek (7)** kann man noch einmal für einige hundert Meter die Schönheit und Ruhe der Kanäle genießen. Wer bis jetzt noch nicht in den Genuss einer Eisvogelsichtung kam, hat in der Oberbek gute Chancen. Auch Schwarzspechte, Graureiher oder Schwarzmilane lassen sich hier öfter beobachten.

Unter der 2010 neu errichteten Holzbrücke bei **Fleeth** hindurch erreicht man schließlich den nordöstlichen Zipfel des etwas stärker befahrenen und oft auch ziemlich windigen **Vilzsees** (*vilz*: slaw. *vilec* für Fee). Mit etwas Glück bekommt man hier sogar See- oder Fischadler zu sehen. Aber erst, wenn sich das Gewässer zum Vilzsee weitet, wirklich erst dann ist Gelegenheit, sich ausgiebig über das Gesehene zu unterhalten.

Erlebnis Diemitzer Schleuse

Eine Abbiegung nach links führt in einen kurzen Kanal, der in den **Großen Peetschsee** mündet – und schon wieder wird es spannend, denn die **Diemitzer Schleuse (8)** ist erreicht. Der Ablauf einer Einschleusung folgt einer Art internationaler Boote-Choreographie: Zuerst fahren alle Motorboote in die Schleusenkammer ein, dann die Paddler – einer nach dem anderen, denn so eine Schleusenkammer ist ganz schön eng. Der erste Paddler fährt sein Boot parallel zur Schleusenwand und hält sich an einer senkrecht in der Wand verankerten Stange fest. Der zweite hält sich am Boot des ersten, sodass jeweils zwei Paddler ein nebeneinander geparktes Päckchen bilden. Das hintere Schleusentor schließt sich, einen Moment herrscht gespannte Stille und dann beginnt der Wasserspiegel ganz langsam zu sinken. Für Anfänger ist das Runterschleusen leichter, denn beim Aufwärtsschleusen schießt das Wasser durch die Schütze im Obertor und verursacht so kräftige Strudel und Verwirbelungen, dass ein Paddler sich schon sehr gut festhalten muss, um nicht den Halt zu verlieren. Nachdem sich die vordere Schleusenwand geöffnet hat, halten sich die Paddler trotzdem noch so lange fest, bis alle Motorboote die Kammer verlassen haben – und erst dann paddelt man hinaus. Es folgt dabei einer hübsch nach dem anderen, wie Perlen an einer Kette.

Und am Schluss ein beherzter Ausstieg

Kurz darauf kommt man wieder zum **Labussee** und überquert linkerhand eine Bucht, bevor man die Anlandestelle von Biber-Tours sieht. Anstatt gemächlich anzulanden, erlaubt der Guide die etwas spritzigere Variante, die aber nur hier erlaubt ist, weil sie ansonsten die Natur schädigt – und dann macht der Guide sie schnurstracks vor: Mit einem kräftigen Paddelschlag lässt er das Kajak auf den flachen Sandstrand auflaufen, steht einfach auf – und fertig!

Graureiher fühlen sich wohl am Rätzsee

98, www.kanustation.de. Kanus, Kajaks, Tret- und Angelboote. Die Kanutouren finden mit Führung statt. Es gibt ein kleines Imbisshäuschen, das den Gästen Frühstücksbrötchen und ein kleines Mittagessen anbietet. Mit öffentlichem Naturlehrpfad sowie verschiedenen Musik- und Theateraufführungen auf der Strand- und Seebühne.

Familienorientiert – **Kanustation Granzow:** Am Badestrand, Granzow (2 km nördl. von Mirow), Tel. 039833 218 00, www.kanustation-granzow.de. Kanus und Kajaks, Fahrräder und große Gokarts für Kinder. Sehr schön sind die abendliche Lampionfahrten, die 2,5–3 Std. dauern und zur Mirower Schlossinsel und zurück führen, auch für Anfänger (9 €).

Mit Rückholservice – **Bootsverleih Stegemann:** Strandstr. 20 (auf dem Gelände des Strandrestaurants), Tel. 039833 220 19, www.strandrestaurant.de. Ruderboote, Wassertreter, Kanus, Kanadier, Kajaks und führerscheinfreie und -pflichtige Motorboote.

Bowling

Etwas außerhalb – **Bowling Scheune Peetsch:** Dorfstr. 20, Peetsch (3 km südöstl. von Mirow), Tel. 039833 208 87, www.bowlingscheune-heise.de Mai–Sept. tgl. ab 11, Okt.–April nach Vereinbarung, Preise 9–15 €/Std. pro Bahn. In der umgebauten Scheune sind vier Bowlingbahnen, ein Billardtisch, eine Eisdiele und eine Pizzeria untergebracht.

Fahrgastschifffahrt

12 verschiedene Routen – **Mirower Schifffahrtsgesellschaft:** Rotdornstraße (Am Hafen) und Schlossinsel, April–Aug., Tel. 039833 222 70 od. 0172 722 36 29, www.mirower-schifffahrt.de. Rundfahrten über Seen und Kanäle der Umgebung.

Abends & Nachts

Entspannend – **Kakuna Matata – Schwimmende Floßbar:** Auf dem Campingplatz C 24 von Biber-Tours (s. S. 147), Tel. 039827 300 11, ganzjährig. In afrikanischem Stil eingerichtetes Floß mit chilliger Bar. Auf dem begehbaren Dach kann man sich sonnen oder tanzen – je nach Tageszeit.

Romantisch – **Autokino Zempow:** 7 km südl. von Mirow, www.autokino-zempow.com, Tel. 033923 704 26. Terrassenartig angelegter Zuschauerplatz mit gastronomischer Versorgung.

Geselligkeit und Tanz – **CaRe 2012:** Auf der Festwiese in Schwarz, Tel. 039827 79 97 59, Di–So ab 11 Uhr, Drinks und Cocktails, jeden Fr Tanzabend ab 20 Uhr, vorher Fisch vom Räucherofen.

Infos & Termine

Touristenbüro

Touristinformation Mirow: Im 3-Königinnen-Palais, Schlossinsel 2a, 17252 Mirow, Mai–Sept. Mo–Fr 10–18, Sa 10–18 (Juli, Aug. auch So 10–14 Uhr) Okt., April, Mo–Fr 10–17, Nov.–März Mo–Fr 10–16 Uhr, Tel. 039833 275 67, Fax 039833 26 99 62, www.klein-seenplatte.de

Feste & Veranstaltungen

Mirower Inselfest: Das jährliche Hauptfest der Mirower über ein Wochenende im August. Tel. 0398 33 203 46 (Herr Smenteck vom Seehotel).
1000-Seen-Marathon: Ende Sept./Anfang Okt. für Kanuten, s. S. 33.

Verkehr

Mirower Bahnhof: Linienbusse nach Röbel, Wesenberg, Neustrelitz. Zugverbindung mit der ODEG nach Schwerin, Waren, Neustrelitz, Ludwigslust, Malchow. Tel. 03871 606 93 15.

Rheinsberg ► G 8

Nur 25 km von Mirow entfernt, in der wald- und seenreichen Landschaft des Ruppiner Landes, liegt das brandenburgische Städtchen Rheinsberg. Es gehört zwar nicht mehr zu Mecklenburg-Vorpommern, stellt aber – durch die Brille des Geologen betrachtet – doch einen der südlichsten Ausläufer der Seenplatte dar. Tatsächlich gab es auch in der Historie enge Verbindungen zwischen den Preußen und Mecklenburgern, sprich zwischen Rheinsberg und Mirow. So war Friedrich der Große, der Rheinsberg sehr liebte und hier seine glücklichsten Kronprinzenjahre verlebte, häufig im herzoglichen Schloss in Mirow zu Gast.

Einen Ausflug nach Rheinsberg sollten Sie in jedem Fall einplanen, denn die Stadt hat viele bedeutende Sehenswürdigkeiten und mit der Kammeroper auch eine kulturelle Veranstaltungsreihe von internationalem Rang zu bieten. Die **geschlossene barocke Stadtanlage,** dessen Zentrum der **Triangelplatz** mit der Postmeilensäule ist, entwarf Knobelsdorff nach dem großen Brand von 1740 neu. Die einheitliche Bebauung in rechtwinkligen Straßenkarrees ist als Ensemble noch weitgehend erhalten und stellt ein einmaliges Zeugnis friderizianischer Stadtplanung dar. Beim Abschreiten der Karrees trifft man auf viele schöne Lädchen mit netten Einkaufsmöglichkeiten.

Schlossanlage

Schloss

Schlosskasse im Marstall, Tel. 033931 726-15 od. Pförtner, Tel. 033931 72 60, www.rheinsberg.de, April–Okt. Di–So 10–18, Nov.–März Di–So 10–17 Uhr, 6 €, Kinder 6–16 J. 3 €

1734 erwarb der preußische Soldatenkönig Friedrich Wilhelm I. das Rheinsberger Schloss für seinen Sohn, den Kronprinzen Friedrich, der später als Friedrich der Große in die Geschichte eingehen sollte. Friedrichs Lieblingsarchitekt **Georg Wenzeslaus von Knobelsdorff,** der ihm später auch Schloss Sanssouci in Potsdam errichten sollte, baute ihm aus der alten Renaissance-Wasserburg am **Grienericksee** ein repräsentatives dreiflügeliges **Barock-Schloss** mit Ehrenhof, Säulenkolonnade und zwei markanten Rundtürmen.

Wer eine Führung durch die Innenräume mitmacht, wird hie und da auf Anspielungen auf die Geschichte hingewiesen: Im **Konzertsaal** versinnbildlicht das mythologische Deckengemälde »Apoll vertreibt die Finsternis« vermutlich einen versteckten Affront gegen den als Tyrann empfundenen Vater des Kronprinzen. Beeindruckend sind der **Spiegelsaal** mit seiner Vorkammer und auch das **Bacchuskabinett,** denn sie zählen zu ganz frühen Zeugnissen der friderizianischen Innenraumgestaltung des Rokoko.

Schlosspark

Als Friedrich 1740 den Thron in Berlin bestieg, verschenkte er das Schloss an seinen jüngeren Bruder Prinz Heinrich, der hier bis zu seinem Tod 1802 lebte und in einer **Grabpyramide** im Schlosspark – genau in der Sichtachse gegenüber dem Schloss – beigesetzt wurde.

Beide Brüder hatten zwar häufig Differenzen, waren aber der Liebe zur Musik und den schönen Künsten gleichermaßen zugeneigt. So ließ Heinrich 1758 im Park das **Heckentheater** erbauen. Überhaupt kann man im Park zwischen **Feldsteingrotte, Orangerieparterre, Laubengang** und **Gartenpavillon** länger lustwandeln.

Nach dem Tod Heinrichs geriet Rheinsberg in Vergessenheit, und erst

Kurt Tucholsky machte es 1912 mit seiner Erzählung »Rheinsberg, ein Bilderbuch für Verliebte« zu einem Stück Weltliteratur.

Kurt-Tucholsky-Literaturmuseum

Tel. 033931 390 07,
www.tucholsky-museum.de,
Di–So 9.30–12.30, 13–17 Uhr
Das Kurt-Tucholsky-Literaturmuseum im Schloss zeigt eine kleine Dauerausstellung, in der Bücher, Fotos und andere Dokumente zu Leben und Werk »Tuchos« zu sehen sind, der sich 1935 entmutigt vom Terror der Nazis im schwedischen Exil das Leben nahm. Zum Museumsprogramm gehören monatliche Lesungen, die telefonisch erfragt werden können. Unter anderem lasen hier schon Günter Grass, Günter de Bruyn und Christa Wolf.

Schlosstheater

www.musikakademie-rheinsberg.de,
Besichtigung nach Absprache,
Tel. 033931 72 10
Auf der anderen Seite des Wassergrabens liegt das 1774 auf Heinrichs Wunsch hin erbaute Schlosstheater, das nach einer Phase der Restaurierung 1999 wieder eröffnet wurde. In dem Haus hat die Musikakademie Rheinsberg ihren Sitz, die jungen Musikern aus aller Welt ideale Probebedingungen zur Verfügung stellt. Das Erprobte wird dann später im Schlosstheater oder auf Tourneen aufgeführt. Außerdem steht das Schlosstheater während der Sommermonate der Kammeroper Rheinsberg zur Verfügung, einem international renommierten Festival zur Förderung junger Sänger.

Das Barockschloss von Rheinsberg wärmt sich in der Abendsonne

Essen & Trinken

Traditionell – **Ratskeller:** Markt 1, Tel. 033931 22 64, www.ratskeller-rheins berg.de, tgl. 11–23 Uhr. Hauptgericht 8,90–16,90 €. Wo schon Fontane einst auf das Wohl der Stadt trank und an seinem Werk »Wanderungen durch die Mark Brandenburg« schrieb, kann man noch heute die deftigen märkischen Spezialitäten – wie z. B. einen Altbrandenburger Schmorbraten mit einem kühlem Rex-Pils – zu sich nehmen.

Liebevoll und gepflegt – **Seehof Rheinsberg:** Seestr. 18, Tel. 033931 40 30, www.seehof-rheinsberg.de, Hauptgericht 13,50–16,50 €. Mit Liebe hergerichtetes, individuelles Hotel-Restaurant mit Kaminzimmer und begrüntem, gepflastertem Hofgarten. Feinschmeckerqualität zu erschwinglichen Preisen.

Einkaufen

Günstige Werkstatteinkäufe – **Carstens-Keramik:** Rhinstraße (5 Min. Fußweg vom Schloss), Tel. 033931 20 03, www.impuls-geschenke.de, tgl. 10–18 Uhr. Glaskunst aus Lauscha, Brandenburger Töpferware, Korbwaren u. a.

Aktiv & Kreativ

Fahrgastschifffahrt – **Reederei Halbeck:** Am Markt 11, Tel. 033931 386 19, www.schifffahrt-rheinsberg.de. Ein- bis zwölfstündige Rundfahrten über den Grienericksee und angrenzende Gewässer (Ableger in der Seestraße). Juni–Aug. Tagesfahrten zur Seenplatte, zurück über Rheinsberg, Canow, Mirow, Röbel.

Infos & Termine

Touristenbüro
Touristinformation Rheinsberg: Kavalierhaus am Markt, 16831 Rheinsberg, Tel. 033931 20 59, Fax 033931 347 04, www.rheinsberg.de.

Feste & Veranstaltungen
Konzerte der Musikakademie Rheinsberg: Jan.–Juni u. Aug.–Dez.; Programm: www.musikakademie-rheins berg.de, Karten: Touristinformation Rheinsberg. Jedes Wochenende führen Absolventen der Musikakademie sowie auswärtige Musiker ihre erarbeiteten Werke (Konzerte, Ballett und Musiktheater) im Schlosstheater oder der Umgebung des Schlossparks auf.
Kammeroper Schloss Rheinsberg: Juni/Juli/Aug.; Programm und Karten:

Mein Tipp

Frischer Fisch!
Hier unten am See, in ungemein netter Atmosphäre, hat Fischer Eilke seine Räucherei und eine kleine Fischbräterei, in der man vom Fischbrötchen bis zur Fischplatte mal eben einen Happen essen kann (Seestr. 19a/Uferpromenade, Tel. 033931 395 86, April–Okt. Mi–Mo 12–22 Uhr, Hauptgericht 8–18 €).

Touristinformation Rheinsberg, Tel. 033931 392 96, www.kammeroper-schloss-rheinsberg.de, Karten 10–40 €. Festival zur Präsentation von 40 jungen Weltelite-Gesangstalenten im Opernfach, die einen internationalen Gesangswettbewerb durchlaufen haben. Meist werden vier große bekannte Opern neu inszeniert, dazu Arien- und Liederabende und vor ca. 20 000 Gästen im Heckentheater, dem Schlossinnenhof oder dem Schlosstheater aufgeführt.
Rheinsberger Töpfermarkt: An einem Wochenende im Oktober präsentieren über 70 Kunstkeramiker aus ganz Deutschland ihre Produkte auf der Schlossstraße und dem Kirchplatz, Tel. 033931 392 96.
Lange Nacht der Künste: Am ersten Novembersamstag gibt es in einer Gemeinschaftsaktion aller Kultureinrichtungen der Stadt Ausstellungen, Führungen, Lesungen und Konzerte in ganz Rheinsberg, Information, Tel. 033931 392 96.

Wesenberg ▶ G 6

Obwohl eine Kleinstadt mit immerhin 3100 Einwohnern, hat Wesenberg am Ufer des Woblitzsees einen wohltuend dörflichen Charakter. Es wurde vermutlich um 1250 durch Fürst Nikolaus I. von Werle im Schutz seiner Burg gegründet. Wie so viele der märkisch-mecklenburgischen Grenzstädte wechselte auch dieses Städtchen häufiger seinen Besitzer, bis es 1323 endgültig an Mecklenburg fiel.

Findlingsgarten

Von Süden aus Richtung Rheinsberg kommend, trifft man an der Wustrower Chaussee auf einer kleinen Anhöhe an der linken Straßenseite auf den Wesenberger Findlingsgarten, wo zahlreiche, von der Eiszeit rundlich geschliffene Gesteinsbrocken mit Namenstäfelchen versehen sind. Eine große Hinweistafel erläutert die Herkunftsländer der dicken Brocken, die besonders in der Abendsonne goldgelb schimmern.

Altstadt

Marktplatz

Von der Planmäßigkeit, mit der Fürst Nikaus I. Wesenberg anlegen ließ, zeugt der ovale Grundriss der Altstadt. Rund um den Marktplatz bilden hübsche Fachwerkhäuser und verputzte Bürgerhäuser im klassizistischen Stil ein fast geschlossenes Ensemble. Auf einer kleinen Anhöhe wurde die evangelische **Stadtkirche St. Marien** (Mo–Do 10–11, 14.30–15.30, Fr 10–11 Uhr) gut 50 Jahre nach der Stadtgründung erbaut. Das Langhaus wurde Anfang des 15. Jh. zwischen Westturm und Chorraum erneuert. Der imposante **Lindenbaum** neben der Kirche von 8 m Umfang wurde wegen seines geschätzten Alters von 600 Jahren zum Naturdenkmal erklärt.

Burg Wesenberg

Im hinteren Winkel des Marktplatzes führt ein kurzer Weg bergan auf einen Hügel, wo die restaurierten Reste der ehemaligen Burg Wesenberg innerhalb einer Umfassungsmauer zu sehen sind. Der Blick fällt geradeaus auf das ehemalige Gutshaus, in dem die Touristeninformation, die Heimatstube und die Stadtbibliothek ihren Sitz haben. Rechts liegen zwei alte Wirtschaftsgebäude, in denen eine **Fischerei-Ausstellung** (Fischer Borck, Tel. 039832 202 68) einiges zu den Wasservögeln dieser Region erzählt.

In der Südostecke erhebt sich der **Fangelturm** aus dem späten 13. Jh., im Unterteil quadratisch, im Oberteil rund. Oben lockt ein Panoramablick über den Woblitzsee und seine Umgebung.

Ahrensberg

Ein sehr schönes Ausflugsziel 5 km südöstlich von Wesenberg ist die älteste erhaltene hölzerne Hausbrücke Norddeutschlands in dem Straßendorf Ahrensberg. Unterhalb der Brücke hat der Fischer einen Imbiss, an dem viele Kanuten und Radler eine Jause bei Räucherfisch machen.

Abstecher nach Userin ▶ G 6

Das Dorf Userin liegt am Rand des Müritz-Nationalparks, in einer unbeschreiblich schönen Lage am Ostufer des sehr schmalen und lang gestreckten Useriner Sees.

Am Useriner See

Der ganz weiche Sandstrand am Useriner See hat ein langes flaches Ufer und eignet sich hervorragend zum Faulenzen und Baden, oder um Boote ins Wasser zu lassen. Eine der Uferbänke

ist immer frei, um mit den Einheimischen, die hier ihre Gärten haben, über das Wetter zu diskutieren oder um sich einfach das Gemüt von der Sonne fröhlich stimmen zu lassen. Die Kinder nutzen kreischend eine bereits im Wasser stehende Rutsche.

Vylym Hütte

Ende Mai–Aug. Mi 14–16 Uhr, ansonsten täglich nach Anmeldung unter Tel. 03981 20 43 95, Spende erbeten

Der bekannteste Useriner ist der ehemalige Lehrer Bernd Schmidt, und zwar wegen seiner Liebe zu ausgestopften Tieren. Hier unten, direkt am Seeufer hat er seit 1982 seine Vylym-Hütte, ein hübsches reetgedecktes Haus mit spitzem Giebeldach, eingerichtet. Er präsentiert seinen Besuchern den reinsten Zoo (selbst-) präparierter einheimischer Tiere – selbstredend nur solche, die auf natürliche Art zu Tode gekommen sind. Vylym ist die alte slawische Bezeichnung für den Useriner See. Der muntere Tierpräparator weiß allerhand Geschichten zu erzählen, und in der Hauptsache gibt es vom Aussterben bedrohte Vögel zu sehen – eine Schleiereule, ein Eisvogel und auch ein Wendehals sind dabei.

Naturschutzgebiet Kalkhorst ▶ H 6

Von Wesenberg bietet sich ein Ausflug in das Naturschutzgebiet Kalkhorst an. Dazu fährt man die B 198 Richtung Neustrelitz und biegt etwa 1 km nach der Ortschaft Groß Trebbow in den Erlebniswald des Naturschutzbundes ab. Nach weiteren 2 km Waldweg erreicht man am Parkplatz die **Naturwache Kalkhorst**, ein 3,2 km langer Lehrpfad zum Wandern durch das gleichnamige Naturschutzgebiet.

Schon im Mittelalter wussten die Strelitzer, dass man aus dem Waldboden Kalk gewinnen kann. Auf die Tiere des Waldes sowie die Blumen und Bäume am Wegesrand machen Hinweistafeln aufmerksam. Der Wanderweg führt schließlich zur **Wasservogelwarte am Nordufer des Tiefen Trebbow**. Eine Aussichtskanzel mit Hinweistafeln lädt zur Beobachtung der Vögel ein (Fernglas mitnehmen).

Übernachten

Tolles Frühstück – **Bed & Breakfast:** Zwenzower Weg, Tel. 039832 200 43, www.pension-wesenberg.de, DZ 55 €. Rauchfrei, hell und freundlich; mit Sauna für Schlechtwettertage sowie Grill und Lagerfeuer nach Absprache. Ideal für kleinere Gruppen.

Mein Tipp

Minioasen der Ruhe
Am **Woblitzsee** auf einem Holzsteg im Wasser gelegen bezaubern zwei **Bootshäuser**, ein größeres rotes und ein kleineres grünes. Beide sind voll ausgestattet, sogar mit Waschraum, Gasherd und -heizung, Ruderboot und Kanu. Die Lage ist betörend naturverbunden.
Ein weiteres freundliches, in den Woblitzsee hinaus gebautes **Bootshaus** fasziniert mit seinem atemberaubenden Blick von der Holzterrasse aus. Es gibt einen Grill- und Lagerfeuerplatz und ein Ruderboot. Kanu-Mühle Wesenberg, Tel. 039832 203 50, www.kanu-muehle.de. Rotes Haus: 80 €/Nacht, max. 4 Pers., grünes Haus 50–65 €/Nacht.

Kinderfreundlich – **Villa Pusteblume:** Burgweg 1, Tel. 039832 213 05, Ferienwohnung 40 €. Schöne, sanierte Villa mit komplett ausgestatteten Ferienwohnungen in Drei-Sterne-Standard (mit Spülmaschine), Liegewiese mit Platz zum Spielen.

Essen & Trinken

Traditionshaus – **Fürst Nikolaus I. – Restaurant im Familienhotel Borchards Rookhus:** Am Großen Labussee, Tel. 039832 500, www.rookhus.de, Hauptgericht 16–19 €, Menü 30–75 €, DZ 70–150 €, Suiten 175–220 €. Im ehem. »Rauchhaus« im englischen Landhausstil gibt es heute zwei Restaurants; im »Fürst Nikolaus« wird in Vier-Sterne-Qualität gekocht. Im nur für Hotelgäste zugänglichen Restaurant »Storchennest« gibt es ausschließlich ein zwangloses Buffet; Kinderspielplatz.
Optimal für pausierende Kanufahrer – **Hotel-Gasthaus Peters:** Canower Allee 21, Canow (12 km südl. von Wesenberg), Tel. 039828 200 53, www.gasthaus-hotel-peters.de, tgl. ab 11.30 Uhr, Hauptgericht 7,50–13,50 €. Besticht durch seine Lage am Labussee. Deftige Küche, nachmittags eigener Kuchen und freitags Brot aus dem Lehmofen.
Schlicht und preiswert – **Useriner Dorfkrug:** Strelitzer Str. 23, Userin, Tel. 03981 20 09 18, Di–So 11–22 Uhr, Hauptgericht 5–12 €. Spezialität des Hauses ist das Mecklenburger Sauerfleisch (nicht so fett wie anderswo).

Einkaufen

Praktisch – **Kanumühle Wesenberg:** Ahrensberger Weg, Tel. 0398 32 20350, www.kanu-muehle.de. Kanuverleih und Shop mit Zubehör, dazu Outdoor-Equipment.

Die Wesenberg-Linde kann Geschichten aus mehr als sechs Jahrhunderten erzählen

Aktiv & Kreativ

Baden
Freies Baden – Badestellen am Woblitzsee und am Großen Labussee.
Schiffsrundfahrten – **Blau-Weiße Flotte:** Tel. 039833 222 70, www.schiffahrt-mueritz.de. Mit der »Königin-Sophie-Charlotte« nach Waren oder Neustrelitz.

Abends & Nachts

Cinema – **Kino Wesenberg:** Bahnhofstr. 1a, Tel. 039832 266 01. Kleines, behindertengerechtes Kino mit großer Leinwand und Dolby-Digital-Surround.

Infos & Termine

Touristenbüro
Kleinseenplatte Touristik Gmbh Wesenberg: Burg 1, 17255 Wesenberg, Tel. 039832 206 21, Fax 039832 203 83, www.klein-seenplatte.de, Mai, Sept. Mo–Fr 10–18, Sa 10–14, Juni–Aug. tgl. 10–18, Okt.–April Mo–Fr 10–16 Uhr.

Feste & Veranstaltungen
Burgfest Wesenberg: Am ersten Juli-Wochenende, mit historischem Festumzug, Trödlermarkt, Ritterkämpfen. Abends gibt es Tanz sowie Lagerfeuer mit zünftiger Ochsenbraterei am Spieß, Information unter Tel. 039832 206 21.

Neustrelitz und die Feldberger Seen

Highlight❗

Neustrelitz: die ehemalige Residenzstadt des Großherzogtums Mecklenburg-Strelitz besticht durch ihren architektonischen Reiz als eine der letzten barocken Stadtgründungen Europas. Mit ihrer sternförmigen Stadtanlage, dem Schlossgartenensemble mit Hebetempel, neugotischer Schlosskirche, klassizistischer Orangerie und seinem Landestheater ist Neustrelitz der kulturelle Anziehungspunkt der Region. S. 162

Auf Entdeckungstour

Hans Fallada – Literaturgeschichte aus der Provinz: Wie sich während der 30er/40er-Jahre des 20. Jh. ein Schriftstellerleben in der tiefsten mecklenburgischen Provinz anfühlte, zeigt ein Besuch im Fallada-Museum in Carwitz am Carwitzer See. S. 176

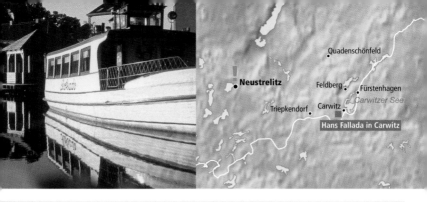

Quadenschönfeld

Neustrelitz   Feldberg   Fürstenhagen
                                    Carwitzer See
Triepkendorf   Carwitz

Hans Fallada in Carwitz

Kultur & Sehenswertes

Marktplatz Neustrelitz: Die sternförmige Anlage dieses Platzes, bei der acht Straßen in alle Himmelsrichtungen führen, ist einmalig in Europa. S. 163

Slawendorf Neustrelitz: Auf einer Landzunge am Zierker See liegt das palisaden-umzäunte Areal eine nachgebauten Holzdorfes, auf dem gezeigt wird, wie unsere Vorfahren gelebt haben. S. 167

Aktiv & Kreativ

Paddeln mit Ruhepuls: Das Sporttouristikunternehmen in Feldberg bietet sehr schöne geführte Kanutouren an, jeweils mit Shuttle-Service. S. 185.

Kochkurs Feine Landküche: In seinem stimmungsvollen Hotel-Restaurant »Alte Schule Fürstenhagen« veranstaltet Daniel Schmidthaler Wochenend-Kochkurse. S. 185

Genießen & Atmosphäre

Flusskrebsessen im alten Bahnhof: Im Landgasthof St. Moritz in Quadenschönfeld lockt die Speisekarte mit einem Flusskrebsessen und die besonders individuelle Atmosphäre. S. 170

Gasthof Tenzo in Triepkendorf: Schlicht und klasse! Das Gasthaus in traditioneller Lehmbauweise, die Küche überwiegend ökologisch. S. 184

Abends & Nachts

Kulturzentrum Alte Kachelofenfabrik in Neustrelitz: In dem coolen, aber dennoch warmen Backstein-Ambiente fühlt man sich gut aufgehoben. Neben Bar und Restaurant gibt es ein richtig gutes Programmkino. S. 167

Hofkonzerte: Auf der Seeterrasse des »Abendseglers« in Feldberg gibt es jeden Samstagabend Livekonzerte von Jazz, über Tango bis hin zu Klassik. Dazu werden aus dem Gewölbekeller Kleinigkeiten serviert. S. 183

Stille garantiert

Wer seine Ruhe haben will, ist hier genau richtig! In der Feldberger Seenlandschaft kann man noch sicher sein, dass außer weiter Natur, hie und da versehen mit kulturellen Einsprengseln, kaum etwas los ist. Wer großstadtmüde oder einfach rückzugsbedürftig ist, findet in dieser zutiefst beschaulichen, lieblichen Landschaft leichter zu einem gesunden Pulsschlag zurück.

Der **Naturpark Feldberger Seenlandschaft** umfasst rund 345 km^2 im Osten der Mecklenburgischen Seenplatte. Eckpunkte sind die nahe gelegenen Städte **Neustrelitz** im Westen und Woldegk im Osten, die B 198 im Norden und die brandenburgische Landesgrenze mit dem angrenzenden Naturpark Uckermärkische Seen im Süden. Die Stadt **Feldberg** liegt mittendrin, **Carwitz** am südöstlichen Rand.

Infobox

Naturparkamt Feldberger Seenlandschaft

Haus des Gastes, Strelitzer Str. 42, 17258 Feldberger Seenlandschaft, OT Feldberg, Tel. 039831 27 00, Fax 039831 270 27, www.naturpark-feldberger-seen landschaft.de. Broschüren zu geführten Wanderungen und eine interessante Ausstellung zum Feldberger Naturpark.

Verkehr

Busverbindungen zwischen Neustrelitz und Feldberger Seenlandschaft: Verkehrsgesellschaft Mecklenburg-Strelitz: Tel. 03981 481/473, www.vms-bus.de, Mobilitätszentrale: Tel. 0395 350 03 50.

Neustrelitz! ▶ H 6

Eigentlich war das heute benachbarte Städtchen Strelitz-Alt die ursprüngliche Residenz der Herzöge von Mecklenburg-Strelitz. Als dort aber 1712 das Residenzschloss abbrannte, fehlte das nötige Geld zum Wiederaufbau. Herzog Adolf Friedrich III., Großonkel der Königin Luise, entschied sich deshalb für die preiswertere Alternative, sein Jagdhaus Glieneke am **Zierker See** zu einer neuen Residenz auszubauen. Deshalb erließ er 1733 einen Gründungsaufruf für eine neue Stadt und nannte sie – wie kann es anders sein – Neustrelitz!

Während der folgenden Jahrzehnte bestimmten die Belange des Hofes die wirtschaftliche Entwicklung der Stadt. Neustrelitz war Grund und Boden des Landesherrn und der wünschte keine Ansiedlung von Industrie. Diese Einstellung aber rächte sich. Denn nachdem das Herzogtum Mecklenburg-Strelitz 1918 unterging, fehlte Neustrelitz jegliche Infrastruktur, um wirtschaftlich auf die Beine zu kommen. Wer heute die Altstadt durchstreift, kann am vornehmen Charme der ehemaligen Residenzstadt, die überwiegend von Beamten und Handwerkern bewohnt wurde, noch an vielen Gebäuden ablesen. Besonders Großherzog Georg, Bruder der Königin Luise, der von 1816 bis 1860 regierte, nutzte die Nähe zu Berlin und pflegte persönliche Kontakte zu bedeutenden Künstlern und Philosophen seiner Zeit, darunter die Baumeister Karl Friedrich Schinkel und Friedrich Wilhelm Buttel sowie der Bildhauer Christian Daniel Rauch und der preußische Gartenbaudirektor Peter Joseph Lenné.

Rund um den Marktplatz

Der **Marktplatz** ist das städtebauliche Zentrum der Altstadt, von dem sternförmig acht Straßen in alle Himmelsrichtungen ausgehen. Das ist einmalig in Europa, somit steht das Stadtzentrum unter Denkmalschutz. Die Idee geht auf die Planung des »hochfürstlichen Kunstgaertners« und Baumeisters Christoph Julius Löwe zurück, der 1726 nach Strelitz gekommen war. Federführend beim Entwurf der Bürgerhäuser und öffentlicher Bauten war der Architekt Friedrich Wilhelm Buttel (1796–1869), ein Schüler Karl Friedrich Schinkels. Von ihm stammt das stattliche **Rathaus** 🔳, 1841 an der Ostseite des Marktplatzes errichtet.

Parken in Neustrelitz

Unbegrenztes und gebührenfreies Parken ist möglich auf folgenden Parkplätzen: Semmelweisstraße am Stadthafen, Tiergartenstraße am Schwanenteich, Louisenstraße an der Strelitzhalle und Useriner Straße an der Uferzone des Zierker Sees. Von da aus läuft man jeweils 10 Minuten bis zum Marktplatz! Einen Reisemobilstellplatz gibt es am Stadthafen in der Zierker Nebenstraße.

Stadtkirche 🔳

Tel. 03981 20 55 42, Juli–Aug. Mo–Fr 10–17, Sept.–Juni Zutritt über den Eine-Welt-Laden Di 15–18, Mi–Do 10–12, 15–18, Sa 10–12 Uhr

Der streng symmetrisch angelegte Marktplatz von Neustrelitz ist der einzige seiner Art in ganz Europa

Neustrelitz

Dominierend in der Randbebauung des Marktes ist die evangelische Stadtkirche, die der Neustrelitzer Hofarzt und Architekt Johann Christian Verporten (gest. 1794) 1778 erbaute. Der hohe Westturm im geradlinigen toskanischen Stil wird bei den Neustrelitzern kurzerhand »Bodderfatt« genannt. Der von innen eindrucksvolle Turm kann bestiegen werden und bietet eine schöne Aussicht über die barocke Stadtanlage bis hin zum Zierker See. Der in zartes Beige-Weiß getauchte Innenraum mit den zweigeschossigen Emporen und dem spätbarocken Kanzelaltar hat eine elegante Ausstrahlung.

Stadtmuseum 3

Schlossstraße 3, Tel. 03981 20 58 74, Mai–Sept. Di–So 11–18, Okt.–April Di–So 11–16 Uhr
In einer Dauerausstellung erfährt man hier mehr über die Geschichte der ehemaligen Residenzstadt und auch über die Regionalgeschichte von Mecklenburg-Strelitz aus der Zeit von 1701 bis 1945. Neben Ausstellungsstücken aus dem bürgerlichen Leben der Stadt gibt es auch Abbildungen aus dem abgebrannten Residenzschloss zu sehen.

Rund um den Buttelplatz

Der als Grünfläche gestaltete Buttelplatz dient im 18 Jh. als Paradeplatz. Heute steht hier das Denkmal Großherzog Georgs, der das Land von 1816 bis 1860 regierte.

Das **Carolinenpalais** 4 erbaute Buttel 1850 eigens für Caroline, Tochter des Großherzogs Georg und geschiedene Kronprinzessin von Dänemark. Die hübschen architektonischen Dekorationselemente, wie der auffällige Zinnenkranz und der gotisierende Erker am südlichen Eckrisalit, sind der englischen Tudorgotik entlehnt.

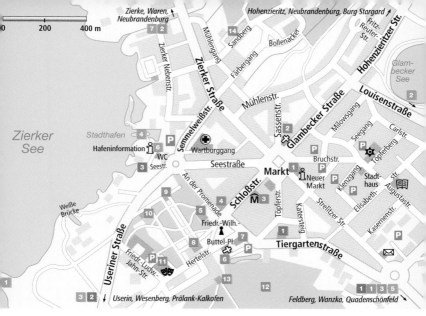

Orangerie 5

An der Promenade 22 sieht man die Orangerie, die schon 1755 als kleines Rokokogebäude errichtet wurde. Ihre klassizistische Gestalt erhielt sie 1840/42 nach den Vorschlägen Buttels und Schinkels. Innen befindet sich ein Restaurant-Café (Tel. 03981 23 74 87); hier kann man die drei wunderschönen klassizistischen Säle anschauen, die repräsentativ in den mecklenburgischen Landesfarben Blau, Gelb, Rot gehalten sind. Auf der Rückseite des Gebäudes plätschert das Wasser in dem niedlichen, mit Kinderfiguren bestückten **Märchenbrunnen** von Albert Wolff.

Plastikgalerie in der Schlosskirche 6

Tel. Kulturamt 03991 34 95 52 oder 23 92 62, Mai–Sept. Di–So 11–18 Uhr
Die durch ihre schlanken Doppeltürme weithin sichtbare Schlosskirche wurde nach ihrer Vollendung im Jahr 1859 durch Friedrich Wilhelm Buttel vom

Hof genutzt. Die Hauptfassade ist mit reichem Blendmaßwerk und den von Albert Wolff gefertigten Terrakottafiguren der vier Evangelisten geschmückt. Seit 2001 heißt das Gebäude **Plastikgalerie Schlosskirche**, da im Innenraum Skulpturen und Plastiken aus privaten Sammlungen und Museen oder Lebenswerke und Arbeiten zeitgenössischer Künstler zu sehen sind. Zudem finden des Öfteren Konzerte und Lesungen im Kirchenraum statt.

Marienpalais 7

Links neben der Kirche steht das Marienpalais, benannt nach seiner Bewohnerin Großherzogin Marie. In zwei Bauetappen wurde das hell erstrahlende, breit gelagerte Gebäude im Stil der Berliner Schinkelschule fertiggestellt. Nach dem Tod ihres Gemahls Großherzog Georg diente ihr das Palais als Witwensitz. Die Hermen- und Karyatidenfiguren an der Westseite des Gebäudes erinnern an das Erechtheion auf der Athener Akropolis.

Im Schlossgarten

Der Schlossgarten vermittelt zwischen der Stadt Neustrelitz und der umgebenden Natur. Das **ehemalige Residenzschloss** 8 der Herzöge von Mecklenburg-Strelitz, 1726–31 durch Christoph Julius Löwe erbaut, brannte allerdings 1945 während der letzten Kriegstage aus und wurde später abgetragen. Es befand sich oben auf der Terrassenanhöhe, von wo man noch heute einen herrlichen Blick über den Schlossgarten am Ufer des Zierker Sees hat. Bei genauerer Betrachtung lässt sich erkennen, dass der Schlossgarten aus zwei Partien besteht: der weitgehend original erhaltenen barocken Anlage mit Mittelachse und der westlichen Erweiterung im Stil eines englischen Landschaftsgartens, die der preußische Gartenbaudirektor Peter Joseph Lenné Mitte des 19. Jh. gärtnerisch umsetzte. Den Übergang bildete die sogenannte **Seufzerallee,** ein langer, von Hecken und Hainbuchen gesäumter Gang.

Heute dient der Schlossgarten während der Sommermonate Juni und Juli alljährlich als Aufführungsort der **Festspiele im Schlossgarten,** einem Theaterprogramm für etwa 1000 Zuschauer, das jeweils ein Kinderstück sowie eine Operette zur Aufführung bringt (Infos und Kartenservice, s. S. 171). Am schönsten ist die Stimmung im Schlossgarten während der Abendvorstellung, wenn man links hinter dem Bühnenrand auf die beleuchtete Schlosskirche schaut und oben am Himmel die Sterne leuchten.

Hebetempel 9

Optisch wirkungsvoll am Ende der Parkachse platziert ist der Hebetempel, ein kleiner Rundtempel. Die anmutige Marmorskulptur der Hebe, der griechischen Göttin jugendlicher

Schönheit, die als Schenkin im Olymp diente, ist die Kopie einer gleichnamigen Figur des italienischen Bildhauers Antonio Canova.

Gedächtnishalle für Königin Luise 10

Oben auf dem Kaninchenberg und überschattet von einer riesigen Blutbuche steht die Gedächtnishalle für Königin Luise. 1891, 81 Jahre nach dem Tod der verehrten Königin, errichtete Bernhard Sehring dieses kleine Bauwerk. Der Innenraum birgt die Marmorkopie eines Sarkophags, die Albert Wolff 1891 nach dem Vorbild schuf, das sein Lehrer Christian Daniel Rauch für das Mausoleum im Charlottenburger Schlosspark von Berlin angefertigt hatte. Mit diesem Werk, das die ganze Anmut und die menschliche Würde der Königin zum Ausdruck bringt, begann Rauchs Aufstieg zum bedeutendsten preußischen Bildhauer des 19. Jh.

Landestheater Neustrelitz 11
Friedrich-Ludwig-Jahnstraße 14
Diese älteste kulturelle Einrichtung der Stadt wurde im ahre 1759 eigentlich als Reithaus eröffnet, dann aber 16 Jahre später zum Theater umgebaut. Auch hier wüteten 1945 bei Kriegsende die Flammen, sodass das Haus Mitte der 1950er-Jahre neu aufgebaut werden musste. Seit dem Zusammenschluss mit dem Schauspielhaus und der Philharmonie Neubrandenburg im Jahr 2000 finden im Neustrelitzer Landestheater häufig Philharmonische Konzerte der Neubrandenburger Musiker statt.

Im Tiergarten 12

Tel. 03981 20 44 90, Juni–Aug. 9–19, Mai, Sept. 9–18, April, Okt. 9–17, Nov.–März 9–16 Uhr

Für Kinder kann hier ein Aufenthalt ganz schön sein, da es viele begehbare Streichelgehege gibt, vorwiegend besetzt mit einheimischen Paarhufern wie Mufflons oder Eseln. Den exotischen Akzent setzt das begehbare Berberaffengehege.

Das **Hirschtor** 13 ist der ehemalige Haupteingang des Neustrelitzer Tiergartens. Schon 1721 ließ Herzog Adolf Friedrich III. hier ein Wildgehege südlich seines Schlosses einzäunen. Das heute nicht mehr zugängliche Portal zeigt zwei große Bronzehirsche, die Karl Friedrich Schinkel 1826 entwarf.

Im Biergarten der **Tiergartengaststätte** kann man sich an Fleischgerichten und Vegetarischem gütlich tun, während die Kinder auf dem Spielplatz toben.

Alte Kachelofenfabrik 14

Sandberg 3a, Tel. 03981 20 31 45, www.basiskulturfabrik.de
Die Alte Kachelofenfabrik ist ein Industriedenkmal aus der zweiten Hälfte des 19. Jh. Auf dem großen Gelände wurden zuerst Gefäße für Sauermilch – sogenannte Milchsatten, dann Töpferware und später Kachelöfen produziert, dies sogar bis 1963. Heute sind auf dem großen Gelände mehrere Gewerke zu einem Kulturzentrum vereinigt:

Für das leibliche Wohl sorgt die **Fabrik.Kneipe** mit Biergarten. Im hinteren Teil des Geländes gibt es ein wunderbares **Öko-Hotel** und **Öko-Ferienhäuser.**

Kulturell erfreut hier ein **Kino**, das mehrere Vorstellungen internationaler Filmkunst täglich, dazu regelmäßige Filmgespräche mit Schauspielern und Regisseuren anzubieten hat, darüber hinaus eine **Kunstgalerie für Zeitgenössisches.** Konzerte von Klassik bis Jazz, Lesungen, Theateraufführungen und Filmpreviews runden das Programm ab. Nicht umsonst erhielt das Kulturzentrum 2005 den Bundespreis für Denkmalpflege, denn das ganze Areal besticht durch seine charmante Ausstrahlung.

Slawendorf Neustrelitz 1

Useriner Straße 4, Tel. 03981 23 75 45 (Kasse), 03981 27 31 35 (Büro), www. slawendorf-neustrelitz.de, April–Okt. Mo–Fr 10–17 Uhr, letzter Einlass 16.30 Uhr, Erw. 4 €, Kinder 2 €, Familienkarte 10 €
Die Slawen siedelten in weit verstreuten Stämmen von Mecklenburg-Vorpommern über Berlin-Brandenburg und Sachsen-Anhalt bis hinunter nach Sachsen etwa vom 7. Jh. bis ins frühmittelalterliche 12. Jh. Dann setzten sich die alten Kultorte in deutschen Städten fort. Der Stamm, der hier um Neustrelitz herum lebte, waren die Redarier.

Der Grund und Boden auf der kleinen Landzunge im **Zierker See** ist nicht wirklich archäologisch bedeutend, aber dennoch wurde das 1,4 Hektar große Areal in Erinnerung an die slawische Besiedlung durch eben jene Redarier zum Schaudorf bestimmt. Während die Landseite durch einen übermannshohen **Palisadenzaun** aus 1300 Baumstämmen abgesteckt wurde, ist die Wasserseite zum Zierker See durch einen 180 m langen **Flechtzaun** gesichert.

Zahlreiche Gebäude und Unterstände in Blockhaus- oder Ständerbauweise sind als Wohn- oder Handwerkerhaus gestaltet. In der großen **Kulthalle** ist eine Ausstellung zu sehen und vom hohen **Wachturm**, der sogar eine Alarmglocke hatte, kann man weit über den Zierker See blicken. An allen

Handwerkerständen kann man das Alltagsleben der Slawen nachvollziehen, selbst einen Korb flechten, ein Schwert schnitzen oder einen Specksteinanhänger bearbeiten. Highlight ist eine Fahrt über den Zierker See mit dem originalgetreu nachgebauten **Ruderschiff »Nakon«**. Wenn man Glück hat, kann man einmal richtiges echtes Slawenbrot probieren, das gerade im **Lehmofen** gebacken wurde.

Fahrradtour rund um den Zierker See

Eine 12 km lange, ausgeschilderte und landschaftlich abwechslungsreiche Fahrradtour führt vom Neustrelitzer Stadthafen rund um den **Zierker See**, der über den langen, 1,40 m tiefen **Kammerkanal** Verbindung zur gesamten Mecklenburgischen Seenplatte hat (Faltblatt mit Karte in der Tourist- und Nationalpark-Information Neustrelitz:

Vom **Stadthafen** fährt man entlang der Useriner Straße zum **Slawendorf** und befindet sich dann auf einem Abschnitt des Radfernwegs Lüneburg-Usedom. Anschließend gelangt man zur **Schlosskoppel**, eine 50 Hektar große waldartige Parkanlage, wegen ihrer Naturbelassenheit auch »Urwald von Neustrelitz« genannt. Wer sich den artenreichen Laub- und Mischwald etwas genauer ansehen möchte, biegt an der Holzplastik »Große Mutter« vom Hauptweg ab und kann trifft auf die **Tabula**, eine kleine Ruheterrasse mit Tisch und Eichen-Bänken, an der die Hofgesellschaft gern Sängerwettbewerben lauschte.

Über den »**Franzosensteig**« und an der 72,7 m hohen **Marienhöhe** vorbei führt die Route am Rande einer breiten Verlandungszone des Zierker Sees um den Südzipfel des Gewässers herum und trifft wieder auf die Useriner Straße. Gleich hinter der Brücke über den Kammerkanal geht es geradeaus in die Ansiedlung Lindenberg.

In Lindenberg biegt man rechts ab Richtung **Prälank-Kalkofen**, das für seinen **Findlingsgarten am Buteberg** bekannt ist. Hier wurden auf der grünen Wiese über 80 dicke Findlingsteine zusammengeschleppt und in Form einer Eule aufgestellt. Den Grundstock der Sammlung bilden Steine, die hier 1920 erstmals entdeckt und abergläubisch als Höhlenreste des Räubers Bute, der hier gehaust haben soll, gedeutet wurden. Wohlgeordnet und bezeichnet liegen da Brocken aus Granit, Sandstein, Porphyr, Gneis, Glimmerschiefer, Basalt und Diabas, alle vor 1,5 Mio. Jahren aus Finnland, Schweden und Dänemark vom eiszeitlichen Gletscher her- geschoben.

In Prälank Kalkofen bietet sich eine kleine Pause im **Landhotel Café Prälank** an (s. u.). Danach geht es rechts Richtung Torwitz. Linker Hand kann man sich an der offiziellen **Badestelle im Großen Prälanksee** abkühlen.

Ab der Siedlung **Torwitz** beginnen die großen **Niedermoorwiesen**. Wer ein gutes Fernglas dabeihat, kann hier Gänse, Enten, Kraniche und Rehe beobachten. In Torwitz trifft man auf die Straße nach **Zierke**, wo eine schöne **Dorfkirche** von Friedrich Wilhelm Buttel aus dem Jahr 1865 steht. Ab da führt der Weg am Ufer entlang wieder nach Neustrelitz zurück.

Übernachten

Klein und klassisch – **Hotel Schlossgarten 1**: Tiergartenstr. 15, Tel. 03981 245 00, www.hotel-schlossgarten.de, DZ 69–99 €. Ein kleiner, hübscher und zen-

Orientierungspunkt im Schlossgarten: der Hebetempel

tral gelegener Altbau mit parkettiertem, betont stilvollem Biedermeier-Ambiente, Abendrestaurant mit Terrasse, Garten mit Liegewiese. Die Gästeliste ist illuster.

Familientauglich – **Öko-Hotel:** in der **Alten Kachelofenfabrik** 14, DZ 58–71 € (Wochenrabatt). Dem menschlichen Organismus wohltuendes Holz-Lehmhaus in moderner Kuben-Architektur. Die Zimmer sind sehr hell und ohne jeden Schnörkel möbliert.

Essen & Trinken

Mit Seele – **Forsthaus Strelitz** 1: Berliner Chaussee 1, Tel. 03981 44 71 35, www.forsthaus-strelitz.de, ganzjährig Di–So 12–22 Uhr, Hauptgericht 8,50–13 €. Eine Slow-Food-Oase in renoviertem Forsthaus von 1912. Hofladen mit sehr leckeren Marmeladen, Säften von der Streuobstwiese und Schlachterprodukten – alles selbst gemacht und zum Mitnehmen, große Terrasse im lauschigen Forstgarten.

Für Neugierige – **Fabrik.Kneipe:** in der **Alten Kachelofenfabrik** 14, Reservierung: Tel. 03981 23 70 96, tgl. ab 17 Uhr bis open end, Hauptgericht 6,80–11,50 €. Cooles Mobiliar, aber durch die Backsteinwände gemütlich. Unschlagbar lecker ist das *Chatchapuri*, eine georgische Käsepastete, schön angemacht mit einer scharfen Mischung aus Rote Beete, Apfel, Meerrettich mit Oliven, Aioli und Baguette.

Für den Ausflug – **Landhotel Café Prälank am See** 2: Ortsteil Prälank-Kalkofen 4 (zehn Automin. vom Zentrum), Tel. 03981 20 09 10, www.cafe-prälank.de, ganzjährig, tgl. 11–mind. 22 Uhr, Hauptgericht 6,50–14 €. Netter Ausflugsgasthof auf einer waldgesäumten Wiese mit Biergarten und Seeterrasse in ruhiger und schöner Naturlage nahe dem Zierker See.

Auf die Schnelle – **Zum Fischerhof** 3: Seestr. 15a, Tel. 03981 20 08 42, tgl. ab 11 Uhr, im Sommer bis ca. 23 Uhr geöffnet, Hauptgerichte gibt es von 4–10 €. Der Fischladen nebenan hat täglich ab 7 Uhr geöffnet. Was Fischer Rüdiger Glashagen in Netz und Reuse vorfindet, kommt hier in der offenen Bistroküche zwischen zwei Brötchenhälften oder warm auf den Tisch. Schöne Essplätze: im Holzhäuschen, auf der Wiese, auf der Mole oder im Strandkorb am See.

Mein Tipp

Seenlandschaft Serrahn-Wanzka

In diesem bisher noch etwas unbeachteten Erholungsgebiet 10 km nordöstlich von Neustrelitz (www.mueritz.de/fvv-serrahn-wanzka.de) gibt es eine **schöne Bademöglichkeit** an einem weichen, hellen Sandufer mit Kinderspielplatz in Wanzka am Wanzkaer See und einen Landgasthof, wo man es sich nach dem Baden gut gehen lassen kann:

Landgasthof St. Moritz: Am Bahnhof 5, Quadenschönfeld (nahe Wanzka), Tel. 03964 21 01 37, www.landgasthof-st-moritz.de, Di–Sa ab 17 Uhr, So, Fei auch Mittagstisch ab 12 Uhr, Hauptgericht 6–14 €. Aus dem stillgelegten Bahnhofsgebäude (1892) hat der Musiker Moritz Schubert eine urgemütliche Kneipe mit Stil und Pfiff gemacht, sogar eine Modelleisenbahn fährt unter der Decke entlang. Die Küche ist deftig, frische Flusskrebse und Rumpsteak mit Bratkartoffeln sind der Renner. Im Biergärtchen wird manchmal auch Livemusik gespielt.

Aktiv & Kreativ

Baden

Umgrünt – Bewachte Badeanstalt in der Neustrelitzer Innenstadt am **Glambecker See** 2 : Adolf-Friedrich-Str. 11, Tel. 03981 25 69 88, mit Beach-Volleyball. Außerdem freie Badestellen am **Domjüch-See**, am **Klugen See bei Klein Trebbow**, am **Langen See bei Weisdin**, am **Großen Prälanksee bei Prälank** 3 .

Fahrgastschifffahrt

Weiter hinaus – **Fahrgastschifffahrt** 4 : Mole im Stadthafen, Tel. 039833 222 70, www.blau-weisse-flotte.de (Fahrplan zum Download). Fahrten von Neustrelitz über den Zierker See und die angrenzenden Gewässer finden tgl. bis zu zwei Mal durch die Mirower Schifffahrt statt.

Fahrradverleih

Rund ums Rad – **Pedal Point** 5 : Strelitzer Chaussee 278, Tel. 03981 44 16 38
In der Hafeninformation – **Fahrradverleih am Stadthafen** 6 : Seestraße, Tel. 03981 262996.
Mit Pannenhilfe – **Fahrradcenter Ballin** 7 : Zierke 36, Tel. 03981 20 30 44.

Abends & Nachts

Schön groß – **Kino Movie Star** 1 : Kühlhausberg 16, Tel. 03981 48 92 50, www.moviestar-net.de. Etwas außerhalb, mit vier Kinosälen.
Gutes Programmkino – **Fabrik.Kino 1 und 2:** in der **Alten Kachelofenfabrik** 14 , Tel. 03981 23 70 92 (Programmansage).
Vielfältiges Repertoire – **Landestheater Neustrelitz** 11 : Programm- und Karteninformation über Service Neustrelitz, Tel. 03981 20 64 00 od. 03981 27 70 (Zentrale), Mo–Fr 9–18, Sa 9–12 Uhr. Einheimische und auswärtige Ensembles: Schauspiel, Musiktheater,

Konzert und Kabarett sowie engagiertes Kindertheaterprogramm.
Rustikal – **Tanzremise** 2 : Penzliner Str. 15, Tel. 03981 20 59 09 oder 0151 57 11 16 64, www.tanzremise.de, tgl. ab 11 Uhr und zu den Veranstaltungen. Gaststätte und Biergarten mit traditioneller Küche, in der junge Leute aus der Gegend Musical-Shows aufführen, u. a. für die ganze Familie.
Individuell – **Hofkonzerte Klein Trebbow** 3 : Dorfstr, 16, OT Klein Trebbow, Tel. 03981 44 13 08, www.hof-konzerte.de. Gabriele und Christoph Poland holen Jazz, Soul, Gitarrenmusik, Gesang und Kleinkunst in die stimmungsvolle ländliche Atmosphäre unter die Holzdachbalken ihrer Scheune.

Infos & Termine

Touristenbüros

Tourist- und Nationalpark-Information Neustrelitz: Strelitzer Str. 1, 17235 Neustrelitz, Tel. 03981 25 31 19, Fax 03981 239 68 70, www.neustrelitz.de, Mai–Sept. Mo–Fr 9–18, Sa–So 9.30–13, Okt.–April Mo–Do 9–12, 13–16, Fr 9–12 Uhr.
Hafenbüro Neustrelitz: Semmelweißstr. 20, Tel. 03981 26 29 96, www.neustrelitz.de, Mai–Sept. tgl. 8–20, April u. Okt. tgl. 9–18 Uhr.

Feste & Veranstaltungen

Lesereihe Vollmond: immer an Vollmondabenden um 20 Uhr auf der kleinen, feinen Bühne im gelben Gewölbekeller des Hotels Schlossgarten, Tiergartenstr. 15, Tel. 03981 245 00 (s. S. 169). Veranstalter: Johannes Groh, www.hans-fallada-klub.de, Tel. 03981 44 55 89.
Festspiele im Schlossgarten: Veranstaltungskalender und Karteninformation über den Theaterservice (Tel. 03981 20 64 00, www.festspiele-im-schlossgarten.de), über www.neustrelitz.de

oder die Touristinformation Neustrelitz. Tausende Zuschauer, vorwiegend das sogenannte ›jung gebliebene‹ Publikum, begeistern sich jedes Jahr für die Open-Air-Vorstellungen im Neustrelitzer Schlossgarten, darunter Operetten wie »Frau Luna« von Paul Lincke oder »Die Csárdásfürstin« von Emmerich Kálmán, aber auch Theatervorstellungen mit Musik für Familien wie »Peter Pan« von James M. Barrie in der Fassung von Erich Kästner sind dabei. Die Vorstellungen sind Produktionen des Landestheaters Neustrelitz mit der Neubrandenburger Philharmonie, der Deutschen Tanzkompagnie Neustrelitz sowie auswärtigen Künstlern.

Feste im Slawendorf Neustrelitz: Über das Jahr verteilt, z. B. am Kindertag, am Vatertag oder zur Sommernachtsparty, Tel. 03981 23 75 45 od. 03981 27 31 35.

Verkehr

Bahnhof Neustrelitz: Rudi-Arndt-Platz 2, Reiseservice Tel. 03981 23 80 41, Mo–Fr 6.30–17.30, Sa 7.30–12.45, So 10.30–18 Uhr. Zugverbindungen nach Berlin, Rostock, Stralsund, Mirow. Vom Bahnhofsvorplatz fahren Busse in die Feldberger Seenlandschaft.

Feldberger Seenlandschaft

Eine Besonderheit des Naturparks **Feldberger Seenlandschaft** ist, dass hier alle typischen Landschaftsformen der Eiszeit auf dem relativ kleinen Raum von 75 km² vorkommen. Acht große und ungezählte kleine Seen, hübsch in Landschaftsmulden gebettet, gehören dazu. Die großen muss man einfach kennen: Es sind der **Breite** und der **Schmale Luzin**, der **Haussee**, der **Lütte See**, der **Carwitzer See**, der

Zansen, der **Dreetz** und der **Wootzen**. Zusammengenommen machen alle Seen ein gutes Fünftel des Gebietes aus. Nicht umsonst begeisterte sich der Schriftsteller Hans Fallada, der in den 30er-Jahren des 20. Jh. hier lebte: »Von allen Fenstern aus sehen wir Wasser …«. Die Eiszeit hinterließ Grund- und Endmoränen sowie flussartige Talrinnen, die das abwechslungsreiche und typische Landschaftsbild dieser Gegend ausmachen.

Um die artenreiche Flora und Fauna optimal schützen zu können, wurden innerhalb des Naturparks bisher 15 kleinere Naturschutzgebiete ausge-

Anlegen am Feldberger Haussee mit Blick auf den Kirchturm der Feldberger Stadtkirche

wiesen, meist einzelne Seen, Moore und Wälder. Die Naturschutzgebiete werden touristisch ›sanft‹ genutzt, das heißt, der Besucher kann sie zu Land auf den ausgewiesenen Wegen oder zu Wasser mit dem Ruderboot erkunden.

Besonders stolz ist das Feldberger Naturparkamt auf ›seine‹ Fischotter und Biber, deren Anwesenheit in jedem Fall für die Qualität des dortigen Wassers spricht. Beide Tierarten sind so scheu, dass man sie kaum zu Gesicht bekommt. Wittert ein Biber den Menschen, klatscht er kräftig mit seiner Kelle und ist ruck, zuck verschwunden.

Biber und Fischotter gehören europaweit zu den seltensten Säugetieren.

Feldberg ►J 6

Feldberg, staatlich anerkannter Erholungsort mit rund 3000 Einwohnern, hat sich mit den umliegenden Dörfern und Flecken im südlichen Bereich des Naturparks zur Großgemeinde Feldberger Seenlandschaft zusammengeschlossen – und so kommt man auf stattliche 4900 Einwohner! Feldberg selbst mutet an wie eine Kleinstadt ohne wirklich städtischen Charakter.

173

Reizvoll, ja fast märchenhaft platziert in einer malerischen Landschaft, am Westufer des Haussees, ist sie schon von Ferne an ihrem spitzen Kirchturm auszumachen.

Geschichte

Vom 7. bis zum 9. Jh. stand auf dem Nordwestufer des Breiten Luzins fast 60 m über dem Haussee ein slawischer Kultplatz, eine gewaltige Burganlage, in der fast 1000 Menschen lebten. Lange wurde hier die Stammesburg der Redarier, das Heiligtum »Rethra« vermutet, doch drei archäologische Grabungen in den Jahren 1885, 1922 und 1967 haben dies widerlegt. Erst 1236, als das Stargarder Land in den Besitz der Askanier gelangte, setzte die deutsche Kolonisation ein. Dabei entstand eine frühmittelalterliche Grenzburg, auf deren Grundmauern seit dem Jahr 1782 das **Drostenhaus** steht, das auffällige Fachwerkgebäude am Amtsplatz 4, in dem der Droste, wie man den Verwalter eines Amtes nannte, seinen Sitz hatte (heute Appartementhaus Drostenhaus Feldberg, s. S. 183). Alsbald entstand um die Burg herum die Siedlung Feldberg, die sich allmählich immer weiter bis aufs Festland ausbreitete.

Schon während des 19. Jh. entwickelte sich Feldberg zu einem beliebten Erholungsort. 1855 entstand hier gar eine Wasserheilanstalt für die Urlaubsgäste. 1932/33 wohnte der Schriftsteller Hans Fallada für kurze Zeit in dem Feldberger Hotel Deutsches Haus in der Strelitzer Straße 18, während er die Renovierung seines 6 km entfernten Carwitzer Wohnhauses (s. S. 176) abwartete.

Heimatstube Feldberg

Amtsplatz 36, Tel. 039831 206 76, Mai–Okt. Mo/Mi/Fr 14–16, Sa/So/Fei 10–12, 14–16 Uhr

In dem ehemaligen Spritzenhaus aus dem Jahr 1827 mit seinem putzig heruntergezogenen Glockendach ist eine Mini-Ausstellung zur Ortsgeschichte mit Gebrauchsgegenständen aus dem ländlichen Alltagsleben zu sehen. Anhand des Studiums der verschiedensten Ausstellungsstücke erfährt man u. a., wo bronzezeitliche Hügelgräber und slawische Burgreste in der Umgebung zu finden sind.

Evangelische Stadtkirche

Tel. 039831 204 05, im Sommer tgl. 10–18 Uhr, ansonsten Schlüssel im Pfarramt, Prenzlauer Str. 18

Auf dem Festland mitten im Ort erhebt sich die evangelische Stadtkirche, ein kreuzförmiger Backsteinbau, der 1875 vollendet wurde. Die Stilsprache verrät die späte Nachfolge des bedeutendsten preußischen Baumeisters Karl Friedrich Schinkel. Aus der Erbauungszeit stammt auch das Altargemälde des Malers Georg Kannengießer (1814–1900), der lange Jahre in Neustrelitz die Großherzogin von Mecklenburg-Strelitz unterrichtet hatte und in dieser Zeit viele Kirchen der Umgebung mit seinen Gemälden ausstattete.

Feldberger Wiesenpark

Naturkundliche Führungen über die Kurverwaltung, Tel. 039831 27 00

Der Spaziergang durch dieses »Wiesenmuseum« beginnt am Haupteingang an der Strelitzer Straße, wo ein ca. 1 km langer Holzsteg durch vier Wiesenlandschaften führt, zunächst durch eine nährstoffreiche Feuchtwiese, dann durch eine nährstoffarme Sumpfwiese, die nur einmal im Jahr die Sense sieht, anschließend durch eine dreijährige Brachfläche, in der das Schilf mannshoch steht, und zuletzt durch eine zehnjährige Brache, die von Weidengebüsch durchsetzt ist.

Hier wachsen Kräuter, brüten Vögel, flattern Schmetterlinge – ein artenreiches Nebeneinander in unterschiedlichsten Strukturen.

Carwitz ► J 6

Carwitz, auch ein Ortsteil der Feldberger Seenlandschaft, ist ein ausgesprochen nettes und ruhiges Straßendorf mit sage und schreibe 200 Einwohnern. Der Ort erstreckt sich rechts und links einer einzigen Landstraße, die parallel zum Schmalen Luzin und rechtwinklig zum Carwitzer See gebaut wurde.

Hans Fallada in Carwitz

Carwitz ist Literaturkennern ein Begriff, da der Schriftsteller Hans Fallada hier von 1933 bis 1944 mit seiner Familie lebte. Das Ganze hatte folgende Vorgeschichte: Nach einer höchst problematischen Kindheit, einer Einweisung in die Nervenheilanstalt, einer Rauschgift- und einer Alkoholentziehungskur sowie zwei Gefängnisaufenthalten wegen Unterschlagung wurde der völlig verarmte Schriftsteller Rudolf Ditzen (1893–1947) 1932 unter dem Pseudonym Hans Fallada mit seinem Roman »Kleiner Mann – was nun?« schlagartig weltberühmt. Fallada kam mit dem unerwarteten Erfolg nicht zurecht, fing erneut an zu trinken und verschleuderte das Geld. Da geleitete ihn seine Frau Anna geschickt in das entlegene Dörfchen Carwitz, nur zwei Autostunden von Berlin und doch zurückgezogen von der Welt (s. S. 176).

Gleich am Carwitzer Ortseingang liegt links der **Dorffriedhof**. Neben hübschen Eisenkreuzen aus dem 19. Jh. befindet sich hier, hoch oben mit Panoramablick über den Schmalen Luzin, die **letzte Ruhestätte Hans Falladas.**

Dorfkirche

Schlüssel im Pfarramt Feldberg, Tel. 039831 204 05, www.dorfkirche-carwitz.de
Ein paar Meter weiter hat Carwitz eine schöne Dorfkirche vorzuweisen. Der turmlose rechteckige Fachwerkbau stammt aus dem Jahr 1706. Kunstgeschichtlich interessant ist der acht Jahre später entstandene Kanzelaltar. In den architektonischen Aufbau des Kanzelkorbes sind übermalte spätgotische Schnitzfiguren und Flügel eines älteren Altars eingearbeitet.

Schmaler Luzin

Der Schmale Luzin – eben schmal und sehr lang – ist das klassische Beispiel für einen flussartigen Rinnensee, wie sie während der Eiszeit so zahlreich in der Seenplatte entstanden sind. Mit seinen bis zu 40 m hohen, bewaldeten Steilufern, seinen ›Felsen‹, wie man hier in Mecklenburg die eiszeitlichen Steine nennt, wurde auch dieser See zum Naturschutzgebiet erklärt. Unvergleichlich, ja geradezu überwältigend, ist der Blick auf den Schmalen Luzin, wenn man – von Feldberg kommend – nach Carwitz hineinfährt und von oben auf den See und sein helltürkis schimmerndes Wasser hinunterschaut.

Wanderungen nahe Feldberg und Carwitz

Von Feldberg zu den Heiligen Hallen ► J 6

Der wohl älteste deutsche Buchenwald, die **Heiligen Hallen bei Lüttenhagen**, sind eine Besonderheit des Naturparks Feldberger Seenlandschaft. Von Feldberg gelangt man dorthin über den südwestlichen Ortsausgang, die Bahnhof- und schließlich die Neuhofer Straße, die bis nach Neuhof führt. Wer hier rechts in ▷ S. 179

Auf Entdeckungstour

Hans Fallada – Literaturgeschichte aus der Provinz

Das Hans-Fallada-Museum, ein Anwesen am Ende der Dorfstraße von Carwitz, wurde von der Hans-Fallada-Gesellschaft e. V. so schön und weitgehend originalgetreu wieder hergestellt, dass man sich mühelos in die Lebensumstände der Familie Fallada einfühlen kann, die hier ab 1933 elf Jahre lang lebte.

Reisekarte: ▶ J 6

Ort: Zum Bohnenwerder 2, Carwitz, Tel. 039831 203 59, www.fallada.de, Apr.–Okt. Di–So 10–17, Nov.–März Di–So 13–16 Uhr, Führungen n. Vereinbarung, Eintritt 4 €, ermäßigt 3 €, Kinder unter 6 Jahren frei.

Hinweis: gebührenfreies Parken am Ende der Carwitzer Ortsdurchfahrt, 400 m vor dem Fallada-Haus.

Auf der Veranda ...

... sitzend, den Blick über Garten und Carwitzer See schweifen lassend, kann man die Atmosphäre dieses zauberhaften Ortes spüren. In seinem autobiografischen Buch »Heute bei uns zu Haus« schildert Fallada auf mitreißende Weise, wie er in Mahlendorf – so heißt Carwitz in dem Erinnerungsbändchen – ein reichlich verfallenes Bauernhaus, die Büdnerei 17, kauft: »... in völliger Ahnungslosigkeit hatte ich einen der schönsten, stillsten Erdenflecken eingehandelt ... Was ich dir nicht schildern kann, lieber Leser, das ist die Lage dieses Landhauses, ein wenig abseits vom Dorf, zwischen Obstbäumen, von hohen Tannen beschirmt, am Ufer eines großen Sees. Der See ist sehr tief, sein Wasser kristallklar, noch in der stärksten Sommerhitze bleibt es kühl.«

Dass die Leute im Dorf ihn freilich für verrückt halten, erfährt Fallada dann bei einem Besuch im Gasthof: »Ein paar Leute sitzen da, ich kenne sie nicht, sie kennen mich nicht, ich bin ein Kurgast für sie. Eine Stimme erhebt sich und spricht: ›Da hat ja so'n Berliner Dösbartel das Haus in Mahlendorf gekauft. Zwölftausend Mark soll er dafür gegeben haben. Daß die Dummen nicht alle werden!‹ ›Dat segg man, Päule!‹, stimmt der Wirt eifrig zu. ›Zwölfdusend Mark – und is doch bloß ne Baracke, die alle Tage einfallen kann! Herrgott, wie groß ist dein Tiergarten!‹ ›Meine Herren!‹, sprach ich hoheitsvoll. ›Der Dösbartel aus unsers Herrgotts Tiergarten – der bin ich!‹ Sah sie alle der Reihe nach an und verschwand unter tiefem Stillschweigen.«

Küche und Esszimmer ...

... sind auch voller Geschichten: Mit der Zeit vergrößert sich der Carwitzer Hausstand. In »Heute bei uns zu Haus« schildert Fallada die häusliche Mittagsrunde mit dem treuen Gärtner Onkel Herbert und der kapriziösen Hausdame Fräulein Bäht. Gelegentlich kommen Freunde zu Besuch, darunter auch Falladas Verleger Ernst Rowohlt, und werden aufs Beste von Anna bewirtet. Fallada schwärmt begeistert: »Ist im August der Tag sehr heiß, ist es beinahe Essenszeit, so stürzen, gesotten vom Küchenherd, Hausfrau und Haustöchter erst noch einmal in den See. Ein wenig feucht, aber kühl und lächelnd setzen sie sich an den Tisch.«

Mittags sitzt er mit seiner Tochter Lore, genannt Mückchen, stundenlang am Esstisch und erzählt ihr Geschichten. Der Grund dafür ist einfach: Mückchen ist die langsamste Esserin der Welt und Fallada will ihr die Zeit dabei vertreiben.

Im Arbeitszimmer ...

..., das mit Hilfe der beiden Fallada-Söhne so weit wie möglich wieder auf den Stand von 1938 gebracht wurde und jetzt so wirkt, als habe der Dichter eben den Schreibtisch verlassen, steht das originale Mobiliar und sogar Falladas alte Remington-Reiseschreibmaschine.

Hier verfasst der disziplinierte, nahezu pingelig an ein festes tägliches Arbeitspensum gebundene Schriftsteller weitere 14 Romane und Geschichten, bedeutende darunter: »Wer einmal aus dem Blechnapf frißt«, »Wolf unter Wölfen« und »Der eiserne Gustav« oder die Kindererzählungen »Hoppelpoppel, wo bist du?« und »Geschichten aus der Murkelei«. Fallada erzählt humorvoll, volkstümlich und zeitnah. Er hat ein Auge für das Leben der kleinen Leute in den wirren Jahren zwischen den beiden Weltkriegen. Mit sachlicher Genauigkeit beschreibt er ihre Freuden und Nöte. Schon damals

Von der liebevoll rekonstruierten Veranda hat man einen schönen Blick in den Garten

erkennen die Germanisten einen der bedeutendsten deutschen realistischen Erzähler in ihm.

Doch nicht nur vor sich selbst, auch vor den Nazis ist Fallada nach Mecklenburg geflüchtet. Schon 1933 hatte ihn die SA einmal verhaftet. Aber sogar bis nach Carwitz verfolgen ihn ihre Attacken. Eingeschüchtert weicht Fallada in seiner Schreiberei der Problematik des sozialen Realismus vorübergehend aus und macht schließlich vor den Nazis einen »Knicks«, wie er selbst es ausdrückt.

Im Garten …

… steht noch das Bienenhaus, in dem Fallada zwölf Bienenvölker hielt. Außerdem leben in Hütte und Stall der Neufundländer Brumbusch, die Kuh Olsch und zig Hühner. Unermüdlich rackern die Ditzens und verwandeln den heruntergekommenen Hof unter den erstaunten Augen des gesamten Dorfes in ein blühendes Anwesen. Im Garten steht Falladas Bootshaus, das 2010 originalgetreu wieder hergerichtet wurde.

Im Balkonzimmer …

… kann man Filme anschauen, in denen Falladas Sohn Ulrich vom Leben im Carwitzer Haus, und vom unseligen Ende des Vaters erzählt. Fallada beginnt ein Verhältnis mit der 30 Jahre jüngeren, suchtkranken Ursula Losch, die so ganz anders ist als die eher mütterliche Anna, die immer auf »ihren Jungen« aufpassen musste. 1944 wird Fallada geschieden und in die Neustrelitzer Heilanstalt zwangseingewiesen. Im Jahr darauf heiratet er Ursula, und als er mit nur 53 Jahren in Berlin elend stirbt, ist sie die Erbin aller Rechte an seinen Büchern. Doch die Witwe braucht Geld und verkauft die Rechte nach und nach an Privatpersonen; erst der Aufbau Verlag hat sie über Jahrzehnte wieder zusammengetragen.

Die Scheune …

… wurde nach 1995 zu einer kulturellen Begegnungsstätte, die besonders im Sommer genutzt wird. Oben, im ehemaligen Gärtnerzimmer, hat das Fallada-Archiv sein Domizil, das von Philologen aus aller Welt besucht wird.

den Herrenweg abzweigt, sollte das Auto dort abstellen und dann den 3 km langen Fußmarsch mitten in den Wald hinein unternehmen.

Das seit 1938 ausgewiesene Naturschutzgebiet mit seinen vielen Buchen, von denen die ältesten auf 350 Jahre geschätzt werden, blieb seit Jahrzehnten von der Försterei fast gänzlich unangetastet. Schon Großherzog Georg von Mecklenburg-Strelitz begeisterte sich in einem Gedicht und verfügte 1850, diesen urwüchsigen Wald »für alle Zeiten zu schonen«. Seitdem hat der Wald auch seinen Namen, denn die bis zu 50 hoch gewachsenen Stämme erinnern an gotische Säulen. Wenn die Bäume ihr Höchstalter erreicht haben, was gerade in diesen Jahren der Fall ist, gehen sie in die Zerfallsphase über. Das heißt, sie sterben einen natürlichen Tod, indem sie umstürzen und am Boden verrotten. Auf die frei gewordenen Stellen werfen umstehende Bäume dann wieder Samen, wodurch sich eine Art Urwald herausbildet – und so geht hier der Kreislauf von Zerfall und Verjüngung seinen ungestörten Gang.

Lütt Holthus ► J 6

Lüttenhagen (nahe Feldberg), Forsthof 1, Tel. 039831 591 26, www.luettholthus.de, Mai– Sept. Di–So 10–18, Okt.–April Di– Sa 13–16 Uhr
Wer sich für die Entstehung eines Waldes und für das Ökosystem Wald im Speziellen interessiert, kann das Lütt Holthus, ein **Waldmuseum** in **Lüttenhagen** besuchen. Auf dem dortigen Forstamtsgelände wurde 1999 ein alter Marstall aus dem 19. Jahrhundert wieder hergerichtet und bietet nun in einer fast 200 m² großen Ausstellung neben Bäumen und Tierpräparaten auch zahlreiche Informationen zu den Heilkräften von Rinden, Blättern, Blüten und Früchten. Auf dem Gelände

steht auch eine **Harzerhütte**, die die mittlerweile veraltete Form der Waldnutzung, die sogenannte Harzung, veranschaulicht.

Von Carwitz nach Feldberg

Von Carwitz aus führt ein schöner Wanderweg nach Feldberg (ca. 3 km). Auf der lang gewundenen asphaltierten Straße, die von der Hauptortsdurchfahrt abzweigt, geht es über den **Hauptmannsberg**, wo der Wanderer von einem 120 m hohen Aussichtspunkt weit über den Carwitzer See und den Zansen blicken kann. Unterwegs kommt man an der **Schäferei Hullerbusch** (s. S. 180) und am gleichnamigen Hotel vorbei.

Ungefähr auf dieser Höhe betritt man das **Naturschutzgebiet Hullerbusch**, wo am sogenannten Hünenwall, einer Endmoräne, große Steine zu finden sind. Früher nahmen die Menschen an, dass sie von Hünen (Riesen) aufgeschichtet wurden. Vor dem Hotel Hullerbusch führt links ein dreiminütiger Fußweg bergab durch den Wald und dann eine Treppe hinunter bis zum Ufer des Schmalen Luzin. Hier trifft man Thomas Voigtländer, den Fährmann der in Europa einzigartigen **handbetriebenen Seilfähre** (Bord-Tel. 0170 307 01 28 oder 039831 528 77, www.luzinfaehre.de, Mai/Juni u. Sept./Okt. Mo–Fr ab 10, Sa/So ab 9 Uhr, Juli/Aug. tgl. ab 9 Uhr), die zwischem Hullerbusch und Feldberg im Halbstundentakt pendelt. Am anderen Ufer kommt man in Feldberg aus. Entlang dem Fischersteig gelangt man in wenigen Minuten ins Ortszentrum.

Krumbecker Park ► J 6

Von der B 198 führt kurz vor der Dorfkirche in Bredenfelde rechts eine Ab-

LAMM
& KÄSE
aus dem
NATURPARK

BIO-PRODUKT
EIGENER SCH

ANDER

Lieblingsort

Bei den Schäferinnen in Hullerbusch ▶ J 6

In ihrem Hofladen bieten Mona Lisa Gluth und Josephine Hermühlen alle Produkte, die aus ihrer biologischen Zucht Rauwolliger Pommerscher Landschafe und Ziegen hervorgehen. Klein und fein ist das appetitliche Angebot: Wurst und Braten aus dem Fleisch der Lämmer und Ziegenkäse von einem befreundeten Ziegenhof. Auch warme Socken, Westen und Strickwolle werden aus der Wolle der Tiere hergestellt. Hier kaufe ich gern ein wenig Käse ein, dazu einen Rotwein, setze mich abends an den See – und die Welt ist perfekt. **Hofladen Schäferei Hullerbusch:** Hullerbusch 2, an der Straße zwischen Carwitz und Wittenhagen, OT Feldberg, Tel. 039831 200 06, im Sommer tgl. 11–19 Uhr, Frühjahr u. Herbst s. www.schaeferei-hullerbusch.de.

Der Krumbecker Park, ein Lenné'sches Landschaftskunstwerk

zweigung nach Krumbeck, wo Preußens bedeutendster Gartenbaumeister **Peter Joseph Lenné** (1789–1866) 1832 einen Landschaftspark nach englischem Vorbild anlegte, der so hoch im Norden, fernab der Residenzstädte Berlin und Potsdam, schon etwas Besonderes ist. Lange war die herrliche Gartenanlage vollkommen in Vergessenheit geraten. Erst 1986, im Rahmen der Vorbereitung für Lennés 200. Geburtstag, rückte der Park erneut ins Blickfeld der Öffentlichkeit.

Die Geschichte des **Gutes Krumbeck** lässt sich bis zur Reformation im 16. Jh. zurückverfolgen, als es noch Eigentum des brandenburgischen Zisterzienserklosters Himmelpfort war. Nach mehrmaligem Besitzerwechsel wurde 1797 die Familie von Dewitz belehnt. Bis 1945 war Krumbeck eine Stätte kulti-

vierter Gastlichkeit, dann wurde Ursula von Dewitz wie alle Großgrundbesitzer enteignet. Park und Gutsanlage verfielen. 1951 brannte das Haupthaus fast bis auf die Grundmauern nieder, Siedler bebauten den Parkrand mit Neubauerngehöften und Anfang der 1960er-Jahre setzte die LPG Rinderställe mitten in den Park. Nach der Wende erblühte die Gartenanlage wieder zu neuem Leben: Nachkommen der Familie von Dewitz nahmen den Landwirtschaftsbetrieb wieder auf. Sie restaurierten das **Nebenhaus** (privat) und das barocke **Wirtschaftshaus.**

Heute erstreckt sich das vorbildlich gepflegte **Parkgelände,** das öffentlich begehbar ist, über 4 ha. Die ursprüngliche sanft geschwungene Wegeführung konnte durch stichprobenartige

sowie dem Dorf Krumbeck und seiner **Dorfkirche**, deren schöne Innenraumgestaltung ein Werk des Schinkel-Schülers Friedrich Wilhelm Buttel ist (Schlüssel ggb. Kirche erhältlich).

Übernachten

Mit Biergärtchen – **Forsthaus am See:** s. Essen & Trinken.
Traumlage – **Drostenhaus Feldberg:** Amtsplatz 4, OT Feldberg, Tel. 0398 31 527 90, www.drostenhaus.de. Appartements 60–150 €. Komfortable Appartements im historischen Gebäude der alten Drostei direkt an der Spitze der Halbinsel Amtswerder.
Ästhetisch – **Haus Seenland:** Strelitzer Str. 4, OT Feldberg, Tel. 039831 22 22 od. 222 34, www.haus-seenland.de, Appartements 58–85 €. Altes Herrenhaus direkt am Haussee in parkähnlichem Garten mit eigener Badestelle.

Mein Tipp

Schlemmen und Schlafen in der Schule
Im ehemaligen Klassenzimmer regiert jetzt der gute Geschmack, denn es kocht Daniel Schmidthaler – alias Souschef in der Quadriga bei Bobby Bräuer in Berlin und 2011 mit einem Michelin-Stern ausgezeichnet. Feine, jahreszeitlich durchdachte Landküche, bei der die Zutaten ausschließlich aus heimischen Kräutergärten, Seen und Ställen stammen. Nicole Uthmann führt das schöne Hotel (**Hotel Alte Schule**, OT Fürstenhagen (7 km östl. von Feldberg), Tel. 039831 220 23, www.hotelalteschule.de, Hauptgericht 23–32 €).

Suchgrabungen rekonstruiert werden. Der Königlich Preußische Kammerherr Karl Ludwig von Berg, der das Gut ab 1784 bewirtschaftete, hatte eigens für Krumbeck unbekannte nordamerikanische Nadelhölzer aus Samen ziehen lassen. Drei schön geschwungene Holzbrücken führen auf die **Kleine Insel im Schulzensee.** Hier befinden sich auch das schlichte **Feldsteingrab des letzten Gutsbesitzers Ulrich Otto von Dewitz** (1856– 1921) und eine **Gedenktafel für seine Schwester Ursula** (1864–1950). Nordwestlich der Insel liegt unter einem Hügel versteckt ein **Eiskeller**. Eine weitere dendrologische Besonderheit ist die komplett erhaltene **Lärchenallee** am nördlichen Parkrand. Überall verlaufen die berühmten Lenné'schen Sichtachsen zwischen **Herrenhaus**, **Schmiede**, **Brennerei**, Gutshof, Teich

Appartements und Maisonettewohnungen in komfortablem puristischem Landhausstil; stimmungsvoller Gewölbekeller, Gartencafé und samstägliche Hofkonzerte.

ADAC-prämiert – **Campingplatz Am Dreetzsee:** Thomsdorf 51, 17268 Boitzenburger Land, Tel. 039889 746, ganzjährig geöffnet, www.dreetzseecamping.de. Naturcamping am Südufer des Sees, teils parzelliert, teils naturbelassen, mit großzügigem Badestrand, sehr nette Holzhäuschen.

Auf einer Landzunge – **Campingplatz »Klein & Fein«:** Am Carwitzer See, OT Carwitz, Tel. 039831 211 60, www.campingplatz.carwitz.de, Mai–Okt. Vom Carwitzer See umschlossener Platz mit einem Kanal zum Dreetzsee. Moderne Sanitäranlagen, Grill- und Spielplatz.

Essen & Trinken

Außergewöhnlich – **Gasthof Tenzo:** Alter Schulweg 2–4, OT Triepkendorf (10 km südwestl. von Feldberg), Tel. 039820 339 40, Mo, Di, Do, Fr 17–22, Sa–So 12–22 Uhr (Pension tgl. geöffnet), Hauptgericht 11–27 €, DZ 75 €, www.tenzo-gasthof.de. Katarina Hering und Marcus Sapion haben das alte Schulhaus in traditioneller Lehmbauweise zu einem denkbar schönen und schlichten Hotelgasthof mit frischer ökologischer Küche umgebaut. Das Haus nimmt seine Gästen mit einer warmen und kultivierten Ausstrahlung auf.

Romantisch-rustikal – **Altes Zollhaus:** Am Erddamm 31, OT Feldberg, Tel. 039831 500, www.romantik-am-see.de, Hauptgericht 12–25 €. Für Ausflügler prädestinierter Fachwerkgasthof mit Biergarten, hoffnungslos romantisch direkt am Breiten Luzin.

Stimmungsvoll – **Abendsegler:** Im Haus Seenland, Strelitzer Str. 4, OT Feldberg, Tel. 039831 222 34, www.abendsegler.com, Ostern–Okt. tgl. ab 8, Nov.–Ostern Mi–So ab 18 Uhr, Hauptgericht 6,50–10 €. Die mediterran angehauchten Kleinigkeiten wie Flammkuchen, Auflauf oder Ciabatta in dieser sehr warm gestalteten Kellerkneipe eines restaurierten Gewölbes sind sehr zu empfehlen. Auch die Terrasse mit Seeblick gehört dazu. Im Sommer kann man hier jeden Samstag den Hofkonzerten lauschen, die ansonsten im Keller stattfinden.

Rustikal und sehr gemütlich – **Fischerhütte zum Hecht:** Jägerwörde 31, OT Carwitz (die Ortsdurchfahrt immer geradeaus), Tel. 039831 211 54, www.ferien-beim-fischer.de, April u. Okt. Mi–So 12–21, Mai–Sept. tgl. 12–22 Uhr, Hauptgericht 6–15 €. Fischer Frank Krüger lässt in seiner Fischerhütte kochen, braten und räuchern, was er selbst tagtäglich fängt.

Mit Biergärtchen – **Forsthaus am See:** Forsthaus am See 1, OT Lichtenberg (7 km nördl. von Feldberg), Tel. 039831 209 46, www.hotelforsthaus.de, Ostern–Okt. Do–Di 11.30–21 Uhr, DZ 85–120 €. Hauptgericht 4,50–14 €. Das ehemalige Jagd- und Gästehaus der SED erstrahlt heute hell und freundlich renoviert. Saisonale Küche der Region mit einfachen Gerichten.

Idyllisch – **Café Sommerliebe:** Carwitzer Str. 37, OT Carwitz, Tel. 039831 591 09. Juli–Nov. Di–So ab 13, Di, Mi, Sa, So Frühstück ab 9 Uhr. Romantisches kleines Café mit selbst gebackenem, leckeren Kuchen.

Aktiv & Kreativ

Baden

Auch hüllenlos – Badestrand am Schmalen Luzin. FKK-Strände am Scmalen Luzin und auf der Halbinsel Bohnenwerder am Carwitzer See.

Bootsverleih

Angenehm – **Ruhepuls:** Amtsplatz 50, OT Feldberg, Tel. 039831 229 09 od. 0177 278 12 89, www.ruhepuls.com. Ruderboote, 2er- und 4er-Kanadier sowie 1er- und 2er-Kajaks stehen im Angebot. Shuttle-Service, geführte Halbtags- und Ganztagstour sowie Fackeltour bei Anbruch der Nacht.

Kochen

Für Genießer – **Kochkurs Feine Landküche:** In seinem stimmungsvollen Hotel-Restaurant »Alte Schule Fürstenhagen« (s. Mein Tipp S. 183) veranstaltet der Koch Daniel Schmidthaler von November bis März Wochenend-Kochkurse für kleine Kreise von 6 bis 10 Personen. Abends essen dann alle zusammen an einer langen, herzlich gedeckten Tafel und schlafen sich in den gemütlichen Hotelzimmern aus. Preise 75–115 €.

Tauchen und Wasserski

Innerhalb des mecklenburgischen Binnenlandes ist die Feldberger Seenplatte ein echtes Tauchparadies, denn das Wasser ist hier so klar, dass Taucher sich mühelos von der mannigfaltigen Unterwasserwelt bezaubern lassen können.

Professionell – **Tauchcenter Feldberg:** Im Hotel Deutsches Haus, Strelitzer Str. 18, OT Feldberg, Tel. 039831 223 39 oder 0176 66 60 23 93, www.tauchcenter-feldberg.de. Tauchunterricht nach dem PADI-Programm, wonach man schon nach drei Stunden den ersten Tauchgang unter professioneller Begleitung macht. Kurse für Fortgeschrittene in digitaler Unterwasserfotografie, Nachttauchen, Wracktauchen und UW-Navigation.

Beliebt und bekannt – **Wasserskiclub Luzin Feldberg:** Amtsplatz 44, OT Feldberg, Tel. 039831 204 22, www.best-of-wasserski.de, Ende Juni–Anf. Sept. nur Mo 17–20 Uhr. Der Wasserskiclub ist bedeutender Schauplatz nationaler und internationaler Sportwettkämpfe. Der Klub verleiht auch an Gäste Wasserskier, Bananen oder Reifen samt Schwimmweste.

Infos & Termine

Touristeninformation

Kurverwaltung im Naturpark Feldberger Seenlandschaft: Haus des Gastes, Strelitzer Str. 42, 17258 Feldberger Seenlandschaft, OT Feldberg, Tel. 039 831 27 00, Fax 039831 270 27, www.feldberger-seenlandschaft.de.

Feste & Veranstaltungen

Das im Touristenbüro erhältliche Blättchen **»Utröper«** (»Ausrufer«) enthält alle Veranstaltungshinweise zur Region.

Kirchenkonzerte in der Feldberger Seenlandschaft: Mitte Mai–Anf. Dez., attraktive Konzerte auswärtiger Solisten und Ensembles in der Feldberger, Carwitzer und Fürstenhagener Kirche, Tel. 039831 22 20 71 od. 204 05.

Hofkonzerte: Mai–Aug., Jazz, Tango, Gitarrenmusik, Liedermacher, seltener auch mal Klassik. Jeden Samstagabend auf der Seeterrasse von Haus Seenland (s. Übernachten).

Carwitzer Lesestunde: Mitte Mai–Sept. jeden Fr um 20 Uhr im Scheunensaal von Hans Fallada Lesungen aus Werken des Schriftstellers, Tel. 039831 203 59, www.fallada.de.

STATT-Fest: Anfang Juli, Schausteller und Tanz in der Strelitzer Straße in Feldberg, So Drei-Seen-Schwimmen durch den Schmalen Luzin, Breiten Luzin und Haussee, Tel. 039831 27 00.

Verkehr

Nächster IC-Bahnhof: Neustrelitz. Dort fährt die Buslinie 619 nach Feldberg.

Neubrandenburg und Umgebung

Highlight!

Backsteingotik in Neubrandenburg: Einmalig im Raum der Mecklenburger Seenplatte ist das von einer Stadtmauer samt doppelter Wallanlage umschlossene Altstadtquartier. Die Wiekhäuschen, die vier Stadttore, die Marienkirche – all das sind verbliebene Zeugnisse, die heute eine Station auf der europäischen Route der norddeutschen Backsteingotik bilden. S. 188

Auf Entdeckungstour

Fritz Reuter – glückliche Jahre in Neubrandenburg: Bei einem Spaziergang durch die Altstadt von Neubrandenburg folgt man der Spur der Erinnerungen und Lebensstätten des weltberühmten Niederdeutsch-Dichters Fritz Reuter, der hier die glücklichsten und schaffensreichsten Jahre seines Lebens verbrachte. S. 194

Neubrandenburg • **Backsteingotik**

Fritz Reuter – Glückliche Jahre in Neubrandenburg

Tollensesee

Penzlin •
• Burg Stargard

Ankershagen •
Lieps • *Hotel Bornmühle*

Kultur & Sehenswertes

Heinrich-Schliemann-Museum in Ankershagen: In diesem Zentrum der internationalen Schliemann-Forschung erfährt man allerhand Biografisches über den sprachbegabten Altertumsforscher und bekommt Kopien aus dem »Schatz des Priamos« zu Gesicht. S. 202

Aktiv & Kreativ

Fahrradtour rund um den Tollensesee: Die 35 km lange Rundfahrt führt u. a. durch das Naturschutzgebiet Nonnenhof, ein bedeutender Vogelrast- und Brutplatz. S. 196

Burgenwanderweg zwischen Penzlin und Burg Stargard: Der 27,5 km lange Weg führt von Penzlin durch eine bezaubernde Hügel- und Waldlandschaft um das Südufer der Lieps herum. S. 209

Genießen & Atmosphäre

Hotel Bornmühle: In der kultivierten Atmosphäre des Restaurants direkt am Tollensesee fühlt man sich gut aufgehoben. S. 197

Restaurant-Bar Berlin: Nirgendwo ist das Ambiente in der ländlichen Seenplatte more stylish als im Berlin in Neubrandenburg! Die Küche ist hervorragend und nicht überteuert. S. 198

Abends & Nachts

Konzertkirche Neubrandenburg: Unter Leitung ihres Generalmusikdirektors Stefan Malzew spielen die Neubrandenburger Philharmoniker und andere Orchester aus ganz Europa symphonische und kammermusikalische Werke. S. 200

Kulturtrips im Nordosten

Ausgehend von der Stadt Neubrandenburg am Nordufer des **Tollensesees** und dem sich anschließenden Wasserbecken der Lieps kann man eine Rundtour durch die hügelige Landschaft des nordöstlichen Landrückens der Seenplatte machen und dabei so attraktive Ziele besuchen wie das Penzliner Museum für Magie und Hexenverfolgung, das Elternhaus des Troja-Ausgräbers Heinrich Schliemann in Ankershagen oder den Sterbeort der Preußenkönigin Luise in Schloss Hohenzieritz.

Neubrandenburg !

▶ H 4/5

Neubrandenburg, von den Stadtvätern gern mit dem Zusatzprädikat »Stadt der vier Tore am Tollensesee« versehen, ist mit 65 000 Einwohnern die drittgrößte Stadt Mecklenburgs und zugleich wirtschaftlicher, sportlicher und kultureller Mittelpunkt der Region Ostmecklenburg. Außerdem hat Neubrandenburg den am besten erhaltenen mittelalterlichen Altstadtring der **norddeutschen Backsteingotik**.

Sobald man die Befestigungsmauer durchschritten hat, bemerkt man die rechtwinklige Straßenführung in der Altstadt. Eine Legende will wissen, dass der brandenburgische Ritter Herbord von Raven an eine italienische Stadt gedacht haben soll, als er 1248 das rechtwinklige Straßenraster anlegen ließ.

Landschaftlich liegt die Stadt sehr reizvoll am Tollensesee, der so heißt, weil er vom Flüsschen Tollense durchflossen wird. Der Tollensesee ist 10 Kilometer lang, bis zu 2,5 km breit und an manchen Stellen bis zu 32 m tief. Dieses Wasser und die bewaldeten Hügel der Umgebung sind Teil des 100 km^2 großen **Landschaftsschutzgebiets Tollensebecken**. Durch die damit verbundenen Freizeitmöglichkeiten, die Badestrände und Segelmöglichkeiten sowie das Wasserskifahren auf dem Reitbahnsee, ist Neubrandenburg zu einem Touristenmagnet geworden. Auch für Profisportler sind die natürlich gegebenen Trainingsbedingungen ideal. Nicht umsonst hat der Sportclub Neubrandenburg mehrere Olympia-

Infobox

Verkehr in Neubrandenburg

Das Autofahren in der Neubrandenburger Innenstadt ist erlaubt. Gebührenpflichtiges Parken innerhalb der Wallanlagen ist möglich auf dem freien Parkplatz in der **Poststraße** sowie in den Tiefgaragen **Marktplatz** und **Krämerstraße**. Gebührenfreie Parkplätze gibt es leider keine.

Infos über Busverkehr zum Tollensesee und Reitbahnsee über Tel. 0395 350 05 24, www.neu-sw.de.

Verkehrsverbindungen in die Umgebung

Regelmäßige Fernbusverbindungen gibt es nach Passentin, Burg Stargard, Waren/Müritz, Reuterstadt Stavenhagen und Neustrelitz, Infos bei der Mobilitätszentrale im Busbahnhof, Tel. 0395 350 03 50.

Für Ausflüge nach Penzlin, Ankershagen und Hohenzieritz benötigt man ein Auto.

Das Treptower Tor, ein lebendiges Zeugnis norddeutscher Backsteingotik

Neubrandenburg

sieger und Weltmeister hervorgebracht.

Stadtgeschichte

Neubrandenburg wurde 1248 durch
deutsche Kolonisten im ehemaligen
Slawenland unter Markgraf Johann I.
gegründet. Im Jahr 1631, während des
Dreißigjährigen Krieges, wurde die
Stadt durch die kaiserlichen Truppen
von Graf Tilly, der Neubrandenburg
von den Schweden befreien wollte,
vollkommen verwüstet und erholte
sich nur langsam. Doch die schlimmste
Wunde erhielt Neubrandenburg gegen Ende des Zweiten Weltkriegs: Am
29. April 1945 besetze die Rote Armee
die Stadt, fast ohne erwähnenswerte
Kampfhandlungen, dann aber gingen
fast 80 Prozent der Bausubstanz durch
Brandschatzung in Flammen auf. So
entstanden riesige Löcher im Altstadt-
rund. Zwar wurde einiges wieder aufgebaut, doch das historische Rathaus
und das großherzogliche Palais des
Hauses Mecklenburg-Strelitz sind seitdem verloren.

Wehranlage 1

Die fast kreisrunde Innenstadt von
Neubrandenburg ist von einer **doppelten Wallanlage** umzogen, bestehend
aus zwei Wällen und zwei Gräben, die
zu Beginn des 14. Jh. angelegt wurden.
Mit der an manchen Stellen noch 7 m
hohen **Feldsteinmauer**, den **vier Stadttoren**, den **Wiekhäuschen** und dem
Fangelturm ist der gesamte Wall ein
beeindruckendes Bauwerk norddeutscher Backsteingotik, das vom mittelalterlichen Reichtum Neubrandenburgs zeugt.

Wiekhäuser und Mönchenturm

Bestandteil der Wehranlage sind die
alten **Wiekhäuser**, die etwa alle 30 m
an der Stadtmauer sitzen und eine an-
heimelnde Atmosphäre schaffen. Ursprünglich waren es 56 Wiekhäuser,
von denen bis jetzt 25 wieder aufgebaut wurden. Die meisten der drei- bis
vierstöckigen Fachwerkhäuschen rag-
ten über die Mauerkrone hinaus und
waren nach außen mit Schießscharten
versehen. Heute sind sie in Privatbesitz
oder gehören der Stadt. Der **Mön-**

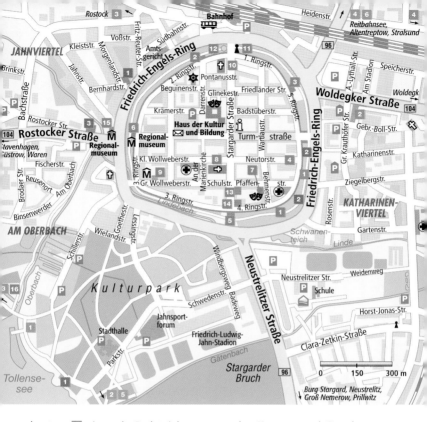

chenturm , ein runder Backsteinbau, wurde im 15. Jh. als Wehrturm erbaut, Zinnenkranz und steinerner Spitzhelm kamen 1862 dazu. Wegen der dicken Mauern richtete man im Turm ein Gefangenenverlies ein, das noch bis ins 19. Jh. genutzt wurde.

Friedländer Tor

Entlang der 1. Ringstraße führt der Weg zum Friedländer Tor, dem ältesten und am vollständigsten erhaltenen der vier Neubrandenburger Tore. Es besteht aus einem Innentor aus der Zeit um 1400, einem Vortor von etwa 1470 und dem vorgelagerten Zingel, einem halbrunden Kampfturm, der um 1530 als Schutz gegen die aufkommenden Kanonen und Gewehre gebaut wurde.

Neues Tor

Ausstellung der Fritz-Reuter-Gesellschaft, Tel. 0395 544 27 53, Mo–Fr 9–16.30 Uhr

Vom Neuen Tor ist nur noch der Torturm aus der Zeit um 1470 erhalten. Auf der Stadtseite schmücken acht Terrakottafiguren den Staffelgiebel. Die Wimpergaufsätze auf den Giebeln und die hübschen Maßwerkrosetten sind eine neugotische Zutat des 19. Jh. Im Neuen Tor hat die **Fritz-Reuter-Gesellschaft** ihren Sitz, die sich durch eine ständige **Ausstellung** auf drei Etagen um die Pflege des Reuter-Erbes kümmert, indem sie sich einmal monatlich zum »Klönsnack« trifft und abends gelegentlich öffentliche Lesungen veranstaltet.

Stargarder Tor 5

Das Stargarder Tor markiert den südlichen Ausgang der Stadt. Eigentlich besteht es aus drei Einzelbauten: einem Torturm zur Stadtseite, einem Torwächterhaus in der Mitte und einem Vortor zur Feldseite. Der Torturm ist der älteste Teil, er entstand um 1350. Wie am Neuen Tor stehen hier Terrakottafiguren in Adorantenhaltung, diesmal neun an der Zahl, mit erhobenen Armen in den Giebelnischen. Eine baukünstlerische Kostbarkeit ist die Feldseite des Torturms mit den über das Satteldach hinausgeführten Staffelgiebeln. Die filigrane Eleganz der blendengeschmückten Schaugiebel mit den vier Maßwerkrosetten bestätigt eine Bemerkung der Schriftstellerin Ricarda Huch, die 1931 in ihrem Band »Lebensbilder mecklenburgischer Städte« davon sprach, dass die vier Tore aussähen, »als wären sie mehr zur Zier als zur Wehr da«.

Treptower Tor 6

Abteilung Ur- und Frühgeschichte des Regionalmuseums Neubrandenburg, Tel. 0395 555 12 71 73, Di–So 10–17 Uhr, www.museum-neubrandenburg.de

Den westlichen Stadtausgang markiert das Treptower Tor, erbaut um 1400. Der innere Torturm macht es mit seinen 32 m zum höchsten der vier Stadttore. Seit 1873 hat hier das erste bürgerliche Museum des Fürstentums Meckenburg-Strelitz mit einer **Ausstellung zur Ur- und Frühgeschichte** seinen Sitz. Wer etwas über Mecklenburgs erste steinzeitliche Besiedlung im 10. Jt. v. Chr. bis zur deutschen Kolonisation im Mittelalter mit ihren ers-

ten Städtegründungen des 13./14. Jh. erfahren will, muss sich die enge Steintreppe über fünf Ausstellungsetagen hinaufschrauben. Thematische Schwerpunkte sind die Rethra-, die Germanen- und die Mittelalterforschung. Einen Höhepunkt bilden Kopien der beiden hölzernen Götterfiguren aus dem 12. Jh., die 1969 auf der Fischerinsel im Tollensesee gefunden wurden, gelten sie doch als Hinweis auf ein slawisches Heiligtum in der Nähe von Neubrandenburg – ob es das sagenhafte slawische Heiligtum Rethra war, ist vorerst noch offen.

Innerhalb des Stadtmauerrings

Schauspielhaus 7

Mecklenburgs ältestes erhaltenes Theatergebäude: Der zweistöckige Fachwerkbau von 1780 erhielt nach der ›Wende‹ einen modernen Glasanbau. Im Theatersaal, der für 180 Zuschauer Platz bietet, ist noch die ehemalige Fürstenloge erhalten. Heute hat hier die **Theater- und Orchester GmbH Neubrandenburg/Neustrelitz** eine feste Spielstätte.

1858 spielte sich an diesem Ort ein Stück lokale Theatergeschichte ab, als der mecklenburgische Mundartdichter Fritz Reuter die Direktoren einer Wanderbühne dazu überredete, sein Lustspiel »Die drei Langhänse« und den dramatischen Schwank »Des alten Blüchers Tabakspfeife« aufzuführen. Leider hatten die Stücke wenig Erfolg, das Publikum soll den »Blücher« noch nicht einmal beklatscht haben!

Konzertkirche 8

www.konzertkirche-nb.de, tgl. 10–17 Uhr außer an Veranstaltungs- und Probeterminen (siehe Schaukasten), Eintritt 4 €, s. auch S. 200

Weithin sichtbar ist die heute sogenannte **Neubrandenburger Konzertkirche**, im Mittelalter als **Marienkirche** erbaut und vielen Menschen noch unter diesem Namen bekannt. Sie bildet eine Station auf der Route der Europäischen Backsteingotik.

1298 wurde die eindrucksvolle gotische Backstein-Hallenkirche geweiht, wobei das reich geschmückte Ostgiebeldreieck mit den filigranen frühgotischen Maßwerkfenstern und den zierlichen Fialtürmchen damals etwas Neues im gesamten nordostdeutschen Raum war. Der Baumeister muss das Straßburger Münster gekannt haben, denn es gibt zahlreiche Parallelen. 1676 wurden die Gewölbe des Mittelschiffs und die Turmoberteile zerstört. Erst 1841 erfolgte die Wiederherstellung durch den Architekten Friedrich Wilhelm Buttel, der den Turm mit seinem achteckigen gotisierenden Aufsatz versah. 1945 brannte die Kirche komplett aus.

1996 wurde ein europaweiter Architektenwettbewerb ausgeschrieben zur Umgestaltung in eine Konzertkirche. Es gewann der Architekt Pekka Salminen aus Helsinki. Seine Baulösung besticht durch das Spiel spannender Kontraste zwischen moderner Architektur und historischem Mauerwerk. Seit dem Eröffnungskonzert im Juli 2001 ist die Konzertkirche Heimstatt der Neubrandenburger Philharmonie.

Wer Lust hat, kann den Aufgang zum **Turm** hochsteigen, die kleine **Ausstellung zur Geschichte der Kirche** anschauen und sich mit einer fürstlichen Aussicht über das ganze Tollensegebiet belohnen.

Kunstsammlung Neubrandenburg 9

Tel. 0395 555 12 90, www.kunstsammlung-neubrandenburg.de, Di–So 10–17 Uhr, Eintritt 3 €

Spartipp »Museumsmeile«
An allen Museumskassen und der Touristinfo ist die Kombikarte »Museumsmeile« erhältlich, mit der man folgende Museen zum Preis von 7 € kennenlernen kann: Konzertkirche, Kunstsammlung Neubrandenburg, Regionalmuseum im Treptower Tor und in der Vierrade Mühle.

Mit der Großen Wollweberstraße betritt man das ehemalige Quartier der Tuchmacher mit seinen dicht an dicht stehenden niedrigen Fachwerktraufenhäusern. Hier befindet sich in einem barockem Anwesen das Domizil der Kunstsammlung Neubrandenburg. Eigentlicher Ursprung der Kunstsammlung dieses Namens war die Sammelleidenschaft wohlhabender Neubrandenburger Bürger in den Jahren 1890 bis 1911. Zum Bestand gehörten qualitätvolle Werke von Murillo, van Dyck und Carl Blechen, tausende Grafiken, dazu eine Meißner Porzellansammlung, wertvolle Stilmöbel und eine ganze Bibliothek – das alles verschwand aber spurlos bei einem Auslagerungstransport kurz vor Ende des Zweiten Weltkriegs. Seit 1982 wird die Kunstsammlung nun mit Werken zeitgenössischer Künstler wieder aufgebaut, meist Malerei, Plastiken und Grafik aus Dresden, Berlin und Chemnitz.

Franziskanerkloster mit Johanniskirche 10

Tel. 0395 56 39 39 80, www.johannis kantorei-nb.de, nur Johanniskirche: Di–Fr 10–15, Sa 10–16 Uhr; regelmäßig Orgel- und Chorkonzerte
In dem Quartier Darrenstraße/Pontanusstraße liegt das ehemalige **Franziskanerkloster**, der älteste Gebäudekomplex Neubrandenburgs. Bald nach der Stadtgründung, im ▷ S. 196

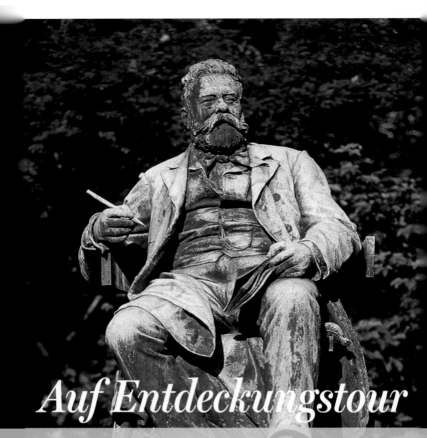

Auf Entdeckungstour

Fritz Reuter – glückliche Jahre in Neubrandenburg

Nach einer Inhaftierung wegen »Hochverrats und Majestätsbeleidigung«, einem abgebrochenen Jura-Studium, Tätigkeiten als Landwirtschaftsgehilfe und Privatlehrer für Zeichnen und Turnen zog Fritz Reuter 1856 mit seiner Frau nach Neubrandenburg – und erlebte dort eine glückliche Zeit und eine erfolgreiche Schaffensphase. Dieser Spaziergang beleuchtet die Vita des erfolgreichsten Mecklenburgischen Schriftstellers der plattdeutschen Sprache.

Start: Neubrandenburg, Stargarder Straße, in den Wallanlagen, gegenüber vom Bahnhof.

Dichter der Durchlaucht

Ganz gemütlich sitzt Mecklenburgs berühmtester Mundartdichter auf seinem Sessel in den Wallanlagen Neubrandenburgs. Munterer Stimmung, mit einem schlauen Lächeln hinter dem Vollbart, die Feder in der Hand, so zeigt ihn das **Fritz-Reuter-Denkmal** 11, wie er gerade seinen Roman »Dörchläuchting« (plattdeutsche Verniedlichung von »Durchlaucht«) verfasst. Dieses erste mecklenburgische Reuter-Denkmal stammt von dem Berliner Bildhauer Martin Wolff aus dem Jahr 1893.

Die beherzte Bäckersfrau

Des Literaten verschmitzter Blick fällt vis-à-vis auf den **Mudder-Schulten-Brunnen** 12, der eine Szene aus dem Ende des 18. Jh. in Neubrandenburg spielenden Roman »Dörchläuchting« darstellt: Auf der Muschelkalksäule im Brunnenbecken stemmt »Mudder Schulten«, die resolute Neubrandenburger Bäckersfrau, beide Hände in die Hüften und verlangt von dem ewig verschuldeten Herzog Adolf Friedrich IV., genannt Dörchläuchting, die Begleichung der sich seit zwei Jahren summierenden Brötchenrechnung – eine damals unerhört couragierte Forderung! Die schroffe Antwort des verblüfften Landesherrn meißelte der Bildhauer Wilhelm Jäger in den Brunnensockel: »Impertinentes Frauensmensch! rep hei un stödd ehr de Rekning ut de Hand.«

Hier wohnte Reuter

Ein klassizistisches Bürgerhaus ist die einzige seit 1945 erhaltene der ehemals vier Reuter-Wohnstätten in Neubrandenburg. Im **Wohnhaus Stargarder Straße** 13 lebte der Dichter ab 1859 mit seiner Frau Luise genau zwei Jahre lang. Nach anfänglich nur mäßig erfolgreichen Bühnenaufführungen

kam hier der erste Vertrag mit dem geschäftstüchtigen Verleger Dethloff Carl Hinstorff zustande.

In der Stargarder Staße entstanden in rascher Folge einige der wichtigsten Prosawerke Reuters, die er mit dem Haupttitel »Olle Kamellen« versah, u. a. »Ut de Franzosentid«, »Ut mine Festungstid« und »Ut mine Stromtid«. Seine originell-beherzten, heiteren Typen skizziert Reuter mit feinem psychologischem Gefühl. Den Handlungsstoff entnahm er gern den Klassenauseinandersetzungen des 19. Jh. In vielem erinnert sein literarischer Duktus an Charles Dickens.

Und hier trank Reuter

In der **Gaststätte Fürstenkeller** 14, wo sich im Mittelalter tatsächlich ein Fürstenhof befunden hatte, traf sich Reuter mit Freunden und Bekannten und machte dabei so manche Beobachtung, die er später in seine Werke einfließen ließ. Auch frönte er hier ausgiebig dem Alkohol, einem Laster, das ihn sein Leben lang begleitete. (Stargarder Str. 37, Tel. 0395 569 19 91, Mo–Sa 11.30–14 und 17–ca. 22 Uhr.)

1863 siedelte das Ehepaar Reuter nach Eisenach um. Kurz zuvor wurde Reuter, der das Abitur nur mit Mühe geschafft hatte, die Ehrendoktorwürde der Universität Rostock verliehen. »Die sieben Jahre, ich kann es ganz aufrichtig sagen, sind die glücklichsten meines Lebens gewesen«, beteuerte der Dichter in seiner Abschiedsrede an die Neubrandenburger.

Als Reuter 64-jährig hochgeehrt in Eisenach stirbt, hinterlässt er das Fragment »Urgeschicht von Mekelnborg«, eine Darstellung des ärmlichen Lebens in Mecklenburg, deren radikale Forderung nach Aufteilung der großen Gutshöfe Reuters Sympathie mit der Revolution von 1848 widerspiegelt.

Jahr 1260, ließen sich die grauen Mönche des Franziskanerordens hier nieder, bis sie im 16. Jh. durch die Reformation vertrieben wurden.

Von den schönen spätgotischen Klosterräumen hat sich nach 1945 nur der Nordflügel mit Kreuzgang und Refektorium sowie die **Klosterkirche St. Johannis** erhalten. Die im Inneren sehr schöne Backsteinhallenkirche wurde etwa 1350 auf asymmetrischem Grundriss errichtet. Ein Schmuckstück ist der prächtig geschnitzte Holzaltar aus dem Jahr 1817 mit Gemälden vom Abendmahl und einer figurenreichen Kreuzigung im Hauptfeld.

Außerhalb des Stadtmauerrings

Vierrade Mühle 🗹

Abteilung Stadtgeschichte des Regionalmuseums Neubrandenburg, Tel. 0395 555 12 71 73, www.museumneubrandenburg.de, Di–So 10–17 Uhr
Die **Vierrade Mühle** ist die älteste Neubrandenburger Wassermühle. Neben Restaurants, Werkstätten und Geschäften beherbergt sie auch eine **Ausstellung zur Stadtgeschichte Neubrandenburgs**. Unter anderem wird die Rolle von Persönlichkeiten wie Turnvater Jahn, Fritz Reuter oder Johann Heinrich Voss herausgestellt, die hier im 18./19. Jh. eine Rolle spielten. Zur Sprache kommt auch das KZ Fünfeichen, ein Kriegslager im Außenbezirk von Neubrandenburg, das von 1939 bis 1948 als Ort eines furchtbaren Massensterbens in die Geschichte einging.

Am Tollensee

Belvedere in Broda 🗹

Wer den atemberaubenden Blick über die schöne Landschaftsszenerie von Neubrandenburg und den Tollensee genießen möchte, dem sei eine Fahrt in den südwestlichen Ortsteil Broda ans Herz gelegt. In der Seestraße (Haltestelle Buslinie 11) kann man das Auto parken und sich auf den zehnminütigen Fußweg durch den Wald machen. Auf einem Hügel über dem steilen Seeufer steht das Belvedere, ein hell verputztes dorisches Tempelchen, das sich die Großherzogin Marie von Mecklenburg-Strelitz 1823 von Baurat Friedrich Wilhelm Buttel als Tee- und Ausflugshäuschen errichten ließ. Während der Sommermonate finden hier Konzerte und Theateraufführungen statt (Infos bei der Stadtinfo, s. S. 200).

Tollensesee-Radrundweg 🗹

Neubrandenburg ist von einem Netz mehrerer sehr schöner und gut ausgeschilderter Fahrradrouten unterschiedlicher Länge umgeben (Prospekt »Radwege in Mecklenburg« bei der Stadtinfo). Eine der stadtnahsten Touren ist der landschaftlich reizvolle, 35 km lange Rundweg um den Tollensesee (gelbes Schild, auf dem der blaue See von einem roten Pfeil im Kreis umzogen ist). Start ist der **Schiffsanleger der Fahrgastschifffahrt** am Badehaus im Kulturpark. Der Weg führt am Ostufer des Tollensesees entlang durch das 10 600 ha große Landschaftsschutzgebiet des Neubrandenburger Tollensebeckens. Zuerst kommt man durch das weitläufige Waldgebiet des **Nemerower Holzes**, wo man auf der Behmshöhe die 111 Stufen zum 34 m hohen **Aussichtsturm** besteigen kann. Etwa 3 km hinter Klein Nemerow kann man in Bornmühle vom offiziellen Radweg abzweigen und einen Abstecher zum **Naturschutzgebiet Nonnenhof** machen, einem bedeutenden Vogelrast- und -brutplatz. Bevor es bei Usadel um das **Südufer der Lieps** geht, kann man das wunderbare Panorama von der

Vom Tollensesee entlang des Oberbachs führt eine bei Kanuten beliebte Trainingsroute

Aussichtsplattform **Gnagelberg** genießen. Zurück geht es entlang dem Westufer über **Prillwitz** mit seinem Jagdschloss und **Wustrow** mit seinem bronzezeitlichen Hügelgrab durch den Mischwald des **Brodaer Forstes** bis nach Neubrandenburg.

Man kann auch von verschiedenen Punkten mit dem Linienschiff der Verkehrsbetriebe zurückfahren.

Übernachten

Zuverlässige Vier-Sterne-Qualität – **Hotel Bornmühle**: Bornmühle 35, Groß Nemerow (10 km südl. von Neubrandenburg), Tel. 039605 600, www.born muehle.com, DZ 92–101 €. In freier Natur am Groß Nemerower See gelegener Backsteinneubau mit elegantem Ambiente. Hallenschwimmbad, Restaurant-Terrasse mit Blick auf den Tollensesee. Der Golfplatz ist gleich nebenan.

Direkt am See – **Gasthaus-Hotel Badehaus 1**: Parkstr. 3/4, Tel. 0395 571 92 40, www.badehaus-am-see.de, DZ 78 €. Angenehmes Kleinhotel mit hellen und freundlich möblierten Zimmern, bei warmem Wetter wird es hier wegen des Biergartens schon mal ein wenig rummelig.

Exponiert – **Wiekhaus Nr. 49 2**: 1. Ringstraße, Tel. 0395 58 12 30 (Buchung über Hotel Weinert garni), www.hotel-wei nert.de, FeWo 75 € (gestaffelt nach Mietdauer). Das Haus bietet drei Etagen für max. 5 Personen. Die Küche ist voll ausgestattet.

Essen & Trinken

Klein und intim – **Wiekhaus 45 2**: im Wiekhaus Nummer 44, 4. Ringstr./Ecke Pfaffenstraße, Tel. 0395 566 77 62, tgl. 11 bis mind. 23 Uhr, www.wiekhaus.de, Hauptgericht 8–14 €. Sehr nettes Ambiente in kleinen Räumlichkeiten, aber

197

auch draußen an der Stadtmauer. Die Karte hat einen gutbürgerlichen Einschlag mit Würzfleisch, Fischpfanne und Bauernteller.

Aktiv & Kreativ

Baden

Die drei Neubrandenburger Freibäder werden bewacht vom 15. Mai bis 15. Sept. tgl. 10–18 Uhr. Außerhalb dieser Zeiten kann man jederzeit unbewacht schwimmen, da die Bäder nicht abgeschlossen werden.

Mein Tipp

Zwei Kulinarische Farbtupfer

Die anspruchsvollere Restaurant-Bar **Berlin** **1** von Thomas Ganschow besticht – neben der leckeren Currywurst – mit einer außergewöhnlichen, kreativen Küche und einem sehr schönen Ambiente (Fritz-Reuter-Str. 1a, Tel. 0395 570 89 70, www.berlin-nb.de, ganzjährig tgl. 11–14 und ab 17.30 Uhr open end, Hauptgericht 8,50–17,50 €).

Die Spezialitäten des **Kornhus Neubrandenburg** **3** mit seinem wunderbar rustikalen Holz-Schummer Ambiente sind hervorragende Frühstücksvarianten, hinzu kommt eine einfallsreiche Bistro-Küche; die Kuchen, Grillplatten, Scampi-Spieße und vegetarischen Gratins mit knusprigem belegtem Brotfladen aus dem Holzofen sind hier einfach lecker (In der Vierrade Mühle, Jahnstr. 3a, Tel. 0395 555 31 01, Di–Sa 7–22, So–Mo 7–21 Uhr, www.de-maekelboerger.de, Hauptgericht 4,45–13,45€).

Stadtnah – **Augustabad** **2**: Lindenstraße, OT Lindenberg, Tel. 0395 368 18 31. Am Nordostufer des Tollensees, mit sauberen Sandstränden, Liegewiesen, Spielplätzen. Preisgekrönt für sein Umweltmanagement.

Etwas außerhalb – **Freibad Broda** **3**: Seestraße, Tel. 0395 582 21 66. An der Nordspitze des Tollensesees, mit sauberen Sandstränden, Liegewiesen, Spielplätzen.

Nördliche Innenstadt – **Badestelle am Reitbahnsee** **4**: Am Reitbahnsee, Tel. 0395 469 93 44, (Buslinie 1). Am Nordrand der Stadt.

Fahrgastschifffahrt **5**

Wie ein Wasserbus – **Linienschiff MS »Rethra« auf dem Tollensesee**: Neubrandenburger Verkehrsbetriebe, Warliner Str. 6, Tel. 0395 350 05 24, www.neu-sw.de. Anleger am Badehaus im Kulturpark. Anlegestationen: Badehaus, Wassersportzentrum, Gatsch-Eck, Klein Nemerow, Nonnenhof, Prillwitz und zurück. Preise je nach Entfernung 2–4 €.

Fahrräder kostenlos – **Tollensesee-Rundfahrten**: Friedländer Str. 7, Tel. 03 95 584 12 18 od. Bordtel. 0173 216 50 99, www.fahrgastschiff-mudderschulten.de, Di–So meistens 10, 13, 15 Uhr (jahreszeitl. variierend), Anlegestelle am Badehaus im Kulturpark.

Golfen

Klein und familiär – **Golfclub Mecklenburg-Strelitz**: An der Bornmühle 1a, Groß Nemerow (6 km südl. von Neubrandenburg), Tel. 0395 422 74 14, www.gc-mst.de. Der 9-Loch-Kurzplatz mit 10 Rangeplätzen, Putting green und Übungsbunkern ist gut geeignet für Anfänger. Schnupperkurse.

Nordic Walking/Wandern

Abwechslungsreich – **Nordic-Fitnessparks**: Lindenstraße im Nemerower

Holz, Seestraße in Broda und in **Wulkenzin:** Information über die Touristinfo. Drei attraktive Strecken unterschiedlicher Länge und Schwierigkeit durch die Wälder am Tollensesee.

Wasserski/Wakeboard

Angesagte Anlage – **Wasserskiseilbahn Neubrandenburg** : Reitbahnweg 90 (am nördl. Stadtrand, Buslinie 1), Tel. 0395 421 61 61, www.wasserski-nb.de. Diese Anlage ist so gut, dass sie 2010 die WM ausrichten durfte. Wasserski-Anfängerkurs So 10–12 Uhr, Wakeboard-Anfängerkurs Mo 18–20 Uhr. Verliehen werden auch Paarski, Slalomski und Kneeboard.

Abends & Nachts

Für Nachtschwärmer – **Winehouse Bar** : Wiekhaus Nummer 45, 4. Ringstr./ Ecke Pfaffenstraße, Tel. 0395 568 30 30 od. 0176 61 01 43 74, Mo–Do 18–2, Fr–Sa 19–3, Cocktail ab 4 €. Ab Happy-Hour-Zeit eine gute Abendadresse wegen seiner leckeren Cocktails und Café-Spezialitäten.

Anspruchsvoll – **Latücht** : In der Kirche St. Joseph, Große Krauthöferstr. 16, Tel. 0395 56 38 90 26, www.latücht. de. Internationales Programmkino sowie verschiedenste Konzerte, Lesungen und andere Events in der Atmosphäre eines Kichenraumes.

Gemischtes Publikum – **Musiktheater Neuer Schlachthof** : Rostocker Str. 33, Tel. 0395 582 23 91, www.alter-schlachthof.com, Fr–Sa ab 21 Uhr. Moderner Tanztempel auf dem sanierten Areal eines alten Schlachthofes. Vier verschiedene Säle, Platz für 500 Gäste.

Alles auf Platt! – **Niederdeutsche Bühne** : Sponholzer Str. 18d, Tel. 0151 52 55 85 33, www.kulurportal-

Abendessen im Wiekhaus 45: ein wahrhaft stimmungsvoller Tagesausklang

mv.de, Programm und Kartenvorverkauf über Ticket-Service, www.niederdeutsche-buehne.nbnet.de. Die älteste Amateurtheatertruppe der Region bringt amüsante Komödien und Kleinprogramme niederdeutscher Autoren auf die Bretter. Zu Weihnachten gibt es manchmal Märchenerzählungen auf Hochdeutsch.

Klassisches Theater – siehe **Schauspielhaus Neubrandenburg** 7, Programm u. Kartenvorverkauf Tel. 0395 569 98 32, Di–Fr 10–13, 13.30–17 Uhr oder über Ticket-Service, www.theater-und-orchester.de.

Konzertprogramm – siehe **Konzertkirche Neubrandenburg** 8: Programm u. Kartenvorverkauf über Ticket-Service, Tel. 0395 55 95 127, Programminfo über www.konzertkirche-nb.de od. www.vznb.de.

Infos & Termine

Touristenbüro
Touristinfo Neubrandenburg: Stargarder Str. 17/Ecke Turmstraße, 17033 Neubrandenburg, Tel. 0395 194 33, Fax 0395 559 51 28, www.neubrandenburg-touristinfo.de, Juni–Aug. Mo–Fr 10–18, Sa 10–16, So 13–16 Uhr, Sept.–Mai Mo–Fr 10–18, Sa 10–16 Uhr.

Eintrittskarten
Ticket-Service: Stargarder Str. 17, Tel. 0395 559 51 27, Fax 0395 559 81 28, Öffnungszeiten wie Touristinfo-Neubrandenburg (s. o.), www.vznb.de.

Feste & Veranstaltungen
Der Festkalender der Stadt Neubrandenburg und Umgebung ist einsehbar unter www.vznb.de/Ticket-Service.
Kunstmarkt Neubrandenburg: Am Ostersamstag präsentieren um die 20 regionale Kunsthandwerker ihre selbst erzeugten Produkte am Treptower Tor:

Schmuck, Gebrauchskeramik, Filzware, Seidenmalerei. Infos: Thomas Steilen, Tel. 0395 566 63 77.
Neubrandenburger Jazzfrühling: Konzerte und Jazz-Partys im März/April, s. S. 33.
Internationaler Tollenseseelauf: im Juni, feste Veranstaltung bei Laufenthusiasten, s. S. 33.
Vier-Tore-Fest: Über vier Tage im August mit vielen Aktionen und Bühnenprogrammen für alle Altersklassen, Kunsthandwerkermärkten in der Altstadt, Museums-Fest am Treptower Tor und verschiedenen Musik-Festen. Infos über die Touristinfo Neubrandenburg.
Dokument-Art: Internationales Dokumentarfilmfestival im September, s. S. 33.

Verkehr
siehe Infobox S. 188.

Ausflüge in die Umgebung

Passentin ▶ H 5

Eingebettet in die leicht hügelige, von Kies und Felsbrocken geprägte Endmoränenlandschaft liegt der Penzliner Ortsteil Passentin bei Mallin, dessen Besiedlung sich bis auf die Slawenzeit des 6. bis 12. Jh. zurückverfolgen lässt. Zwei besondere lokale Bodenfunde – der Malliner Morgenstern, eine metallene Nahkampfwaffe, und der Passentiner Lanzenhortfund – haben die Archäologen auf diese Gegend aufmerksam gemacht. Die einstige Passentiner Niederungsburg gehörte zu einer Kette slawischer Burgenanlagen, die im Grenzgebiet zwischen dem Stamm der Tollenser und der Redarier lag und von daher natürlich strategische Bedeutung hatte.

Im Slawendorf Passentin wird ein Stück unserer Vergangenheit lebendig

Slawendorf Passentin

Dorfstr. 10, Tel. 0178 679 84 20 oder auch Stadtverwaltung Penzlin Tel. 03962 25 51 78 (Öffnungszeiten nachfragen wg. Betreiberwechsel)
Ein engagierter Förderverein errichtete das Slawendorf Passentin auf dem Grund und Boden eines ehemaligen Gutsparks, aber ob hier wirklich einmal ein Slawendorf stand, lässt sich nicht mit Gewissheit sagen.

Ein hoher Palisadenzaun mit beeindruckend mächtigem Eingangstor zieht sich um das gesamte Rundlingsgefilde – eine Erinnerung an das sagenumwobene Rethra, das Haupttheiligtum der Slawen, das sich am Südende des Tollensesees befunden haben soll. Um den renaturierten Dorfteich gruppieren sich mehrere nachempfundene Pfostenbauten mit selbst tragendem Dach – je nach Zweck als Flechtwand-, Stabbau- oder Blockhaus erbaut.

Da das Slawenvolk nichts Schriftliches hinterlassen hat, kennen die Archäologen seine Bauweise nur durch Ausgrabungsfunde, mit denen Mecklenburg allerdings reich gesegnet ist. Angemeldete Gäste können in einem der **Slawenhäuschen** auf Strohsäcken übernachten und am offenen Feuer kochen.

Penzlin ▶ H 5

Schon im Mittelalter wurde die heutige B 192 im Abschnitt zwischen Neubrandenburg und Waren als Ost-West-Handelsweg befahren. Heute gelangt man auf dieser geschichtsträchtigen Wegstrecke – dort, wo die Bundesstraße einen Knick macht – in das knapp 3000 Einwohner zählende und von fünf Seen umgebene Städtchen Penzlin.

Geschichte

Penzlin wurde 1263 erstmals urkundlich erwähnt. Seitdem entwickelte sich die Stadt am Fuße der Alten Burg, der einstigen Ritterburg der Familie von Maltzahn. Sie wurde im Laufe der Jahrhunderte mehrfach erweitert und umgebaut und bildet heute durch ihre museale Nutzung die Hauptattraktion in Penzlin. Am Marktplatz und der rechtwinkligen Straßenführung des Altstadtgrundrisses ist noch heute die planmäßige Anlage der mittelalterlichen Handelsstation abzulesen. Vier Brandkatastrophen zerstörten Penzlin im Lauf seiner Geschichte – zum letzten Mal am 30. April 1945 durch die sowjetischen Truppenverbände. Damals ging ein Drittel der Bausubstanz in Flammen auf.

Kulturgeschichtliches Museum für Alltagsroutine und Hexenverfolgungen in Mecklenburg

In der Alten Burg, Tel. 03962 21 04 94, www.penzlin.de, Mai–Sept. tgl. 10–18, Okt. u. April tgl. 10–17, Nov.–März Mo–Fr 10–15, Sa, So, feiertags 13–16 Uhr

In der **Alten Burg Penzlin** hat dieses etwas gruselige Museum seinen Platz. Die sehr anschaulich – und wider Erwarten durchaus auch kindgerecht – gestaltete Burgführung scheut keine Dramatik: 1560 wurde im unterirdischen Kellergewölbe der düstere Hexenkeller eingerichtet, in dem der Hexerei verdächtigte Frauen grausam gefoltert wurden. Durch eine Holzluke steigt man die engen Stiegen in den kalten Keller hinab, wo man die **Hexenverliese** und den **Folterkeller** samt Instrumenten noch bestaunen kann. Insgesamt wurden Hexenprozesse gegen 3650 Frauen, Männer und Kinder in Mecklenburg geführt!

Gegessen wurde damals im **Rittersaal**, der mit seiner dekorativen Deckenbemalung aus dem 19. Jh. eine gewisse Festlichkeit und Romantik hat und daher gelegentlich als Standesamt fungiert. Eine Besonderheit ist die spätmittelalterliche **Schwarzküche,** in dieser Größe einmalig im gesamten norddeutschen Raum.

Ankershagen ► G 5

Das Dorf Ankershagen liegt am östlichen Rand des Müritz-Nationalparks. Der Ortsname entstand bereits im 13. Jh., als Ritter Eckehard von Anker die Besiedlung durch Urbarmachung eines Hags (Wald) ermöglichte.

Ankershagen würde man getrost übersehen, hätte nicht Heinrich Schliemann (1822–90), der weltberühmte Altertumsforscher und Ausgräber Trojas, hier seine Kindheit verlebt, weshalb der Ort seit 2010 offiziell Schliemanngemeinde Ankershagen heißt.

Heinrich-Schliemann-Museum

Tel. 039921 32 52, www.schliemann-museum.de, April–Mai, Sept.–Okt. Di–So 10–17, Juni–Aug. tgl. 10–17, Nov.–März Di–Fr 10–16, Sa 13–16 Uhr, Erw. 4 €, Kinder 6–16 Jahre 2 €

Gegenüber der **Kirche,** in der Schliemanns Vater als Pfarrer von der Kanzel predigte, steht sein Elternhaus, ein hübscher Fachwerkbau aus dem 18. Jh. Heute ist hier das **Heinrich-Schliemann-Museum** eingerichtet, das mit dem Lebensweg und dem wissenschaftlichen Wirken des großen Archäologen bekannt macht.

In seiner Autobiografie will Schliemann dem Leser weismachen, dass er sich bereits als achtjähriger Knabe entschlossen habe, die 3000 Jahre alte trojanische Königsfeste auszugraben. Rückwirkend beschreibt er eine schöne Kindheit und ein harmonisches Elternhaus in Ankershagen – doch heute weiß die Forschung, dass es anders

In diesem idyllischen Fachwerkhaus wuchs Heinrich Schliemann auf

war: Sein Vater unterhielt nämlich neben seiner Ehe ganz ungeniert eine Beziehung zur Magd des Hauses und trieb es nach dem frühen Tod seiner Frau so weit, dass er auf erbostes Drängen der eigenen Gemeinde aus dem Pastoren-Amt entfernt werden musste, nicht ohne vorher eine stattliche Abfindung zu erzwingen! Für den jungen Heinrich ein traumatisches Erlebnis, das er zeitlebens verdrängte. Den nächsten Lebensabschnitt verbrachte Schliemann als Kaufmann in Russland und Bankier in Kalifornien, bis er genug Geld verdient hatte, um sich seinen Traum von der Ausgrabung Trojas zu erfüllen.

In einer Ausstellung über zwei Etagen zeigt das Museum Nachbildungen aus dem »Schatz des Priamos«, Keramikgefäße und Bronzefunde aus Troja, Goldfunde aus den Gräbern von Mykene, darunter die sog. Totenmaske des Agamemnon, zudem Dokumente seiner Familie, seiner Freunde und Briefpartner.

Im Garten steht ein 6 m hohes hölzernes **trojanisches Pferd** – der Clou für Kinder, denn es ist als begehbare Rutsche gestaltet.

Schloss und Garten von Marihn ► G 5

Knapp 7 km nördlich von Ankershagen liegt der 250 Seelen-Ort Marihn. Der frei zugängliche, mit 30 ha weitläufige **Park** im englischen Landschaftsstil betört durch tausende englische David-Austin-Rosen, herrliche Obstbäume und angewandte Spalierkunst (Hofstr. 1–3, 17219 Marihn, Tel. 03962 25 70 59, www.dergartenvonmarihn.de, tgl. 10–18 Uhr, p. Pers. ab 8 Jahren 8 €, Führung mögl.).

Das **Schloss** besticht als privat geführtes Kleinhotel durch seine intime Atmosphäre und das stilvolle französische Mobiliar. Serviert wird im Speisezimmer. Ideal für kleine Gesellschaften (Flotower Str. 1, Tel. 03962 22 19 30, www.schlossmarihn.com, DZ 120 €, Suite 130–150 €).

Hohenzieritz ▶ H 5

Hohenzieritz ist ein Bauerndorf mit etwa 550 Einwohnern. Seine erste urkundliche Erwähnung unter dem Namen »Cyrice« geht auf das Jahr 1170 zurück. Der ganze Ort wäre wohl eher im Halbdunkel der Geschichte versunken, wäre da nicht das Schloss.

Zudem ist Hohenzieritz während der letzten Jahre vor allem als Sterbeort der Luise von Preußen (1776–1810) bekannt geworden, der einzigen Königin des Hohenzollernhauses, die wirklich Popularität besaß – eine Art ›preußische Diana‹. Luise indes hat Hohenzieritz insgesamt nur dreimal besucht: zuerst 1796 in Begleitung ihres Gemahls, des preußischen Kronprinzen Friedrich Wilhelm, noch einmal 1803, und zuletzt besuchte sie 1810 ihren Vater in Hohenzieritz, wurde plötzlich krank und verstarb am 19. Juli 1810 mit nur 34 Jahren an Lungenentzündung.

Schloss Hohenzieritz und Luisen-Gedenkstätte

Tel. 039824 200 20, www.museums-tour.de, Öffnungszeiten saisonbedingt, Infotel. 0173 639 49 45, Gruppenbesuche in den Wintermonaten nach Anmeldung möglich

Das cremeweiße Schloss Hohenzieritz hatte Herzog Carl von Mecklenburg-Strelitz (1741–1816), der spätere Vater der preußischen Königin Luise, ab 1771 auf dem höchsten Punkt der sanft gewellten Hügellandschaft als Sommersitz ausbauen lassen. Seine Residenz in Neustrelitz war nur 12 km entfernt.

Das Schloss, so wie es heute dasteht, entstand nicht in einem einzigen Bauabschnitt: Zuerst ließ Carl zwei Kavaliershäuser an das bereits vorhandene barocke Herrenhaus anbauen. Später, im Jahre 1790, ließ er dann die gesamte Anlage um ein zweites Geschoss aufstocken und die Fassade frühklassizistisch umgestalten. Heute gehört das Anwesen dem Land, weshalb hier auch das Nationalparkamt Müritz seinen Sitz hat. Hauptattraktion des Schlosses ist das inzwischen komplett auf den Stand von 1945 zurückgeführte Sterbezimmer von Luise mit dem Sarkophag der hochverehrten Königin sowie der Marmorbüste Luises, einer Arbeit Christian Daniel Rauchs. In zwei weiteren Räumen wurden Fotos, Gemälde, Porzellan sowie Orden, die an die Königlich Preußische Familie um 1810 erinnern, zu einer kleinen Ausstellung zusammengetragen.

Schlosspark Hohenzieritz

Den 21 ha großen **Landschaftspark** hinter dem Schloss ließ Luises Vater ab 1771 als ersten Landschaftsgarten nach englischem Vorbild im norddeutschen Raum anlegen. Verantwortlich war der englische Gartenkünstler A. Thompson. Die ältesten Bäume im Park sind knapp über 200 Jahre alt, stammen also noch aus der Erbauungszeit. Empfehlenswert ist ein Rundgang durch den Park entlang dem noch ursprünglichen Wegenetz gegen den Uhrzeigersinn (wenn man also mit dem Rücken zur Parkseite des Schlosses steht; eine gute Hilfe ist ein Faltplan, den man im Schloss erwerben kann).

Dabei trifft man auch auf den **Luisentempel**, einen klassizistischen Rundtempel, 1815 von dem Bildhauer Christian Philipp Wolff vollendet. Angeblich wurde er in der Nähe eines hohen Birnbaums erbaut, weil dort Luises Lieblingsplatz gewesen sein soll.

Schlosskirche und Dorfgebäude

Seitlich der Schlosszufahrt steht die runde, klassizistische **Schlosskirche** mit dem frei stehenden Glockenstuhl (keine festen Öffnungszeiten). Sie entstand 1806 – ein Werk des Landbaumeisters Friedrich Wilhelm Dunkelberg (1773–1844). Das Altargemälde im Inneren ist die Kopie eines Werkes von Guido Reni.

Von Dunkelberg stammt auch das **Kruggehöft** gegenüber dem Schloss. Das Haus hatte sogar eine Kegelbahn und war mit seinen Fremdenzimmern Übernachtungs- und Pferdewechselstation für Besucher, die keine Gäste der herzoglichen Familie waren.

1825 ergänzte Friedrich Wilhelm Buttel das Ensemble durch die kleine **Dorfschmiede** in Form eines griechischen Prostylostempels (d. h. ein Tempel mit Säulenhalle an der Front). Sie liegt direkt an der Dorfstraße und stellt in gestalterischer Hinsicht die Verbindung zum Ort her.

Übernachten

Vielseitig – **Schloss Wrodow:** Joseph-Beuys-Weg 1, Wrodow (2 km nordwestl. von Penzlin), Öffnungszeiten unregelmäßig, daher am besten vorher anrufen, Tel. 039602 211 46 od. 039602 293 54, www.schloss-wrodow.de. Ein Ort der Kunst – bekannt geworden durch den Film »Wunderbares Wrodow« von Rosa von Praunheim –, wo man auch Appartements bewohnen kann.

Haus mit Geschichte – **Jagdschloss Prillwitz:** Prillwitz (1 km westl. von Hohenzieritz), Tel. 039824 203 45, www.jagdschloss-prillwitz.de, DZ ab 89 €. Inmitten einer ruhigen Parkanlage des Naturschutzgebietes Nonnenhof am Südufer der Lieps ist hier die von der Jagd geprägte Atmosphäre noch spürbar.

Essen & Trinken

Gemütlich – **Burgrestaurant:** Alte Burg 1, Penzlin, Tel. 03962 257 20 46, Mi–Mo 11–22 Uhr, Hauptgericht 8,90–18,80 €. Deftige Küche mit mittelalterlichem Namen zu akzeptablen Preisen. Kleiner Biergarten unter schattigen Kastanienbäumen.

Infos & Termine

Touristenbüros

Tourist-Information Penzlin: Große Str. 4, 17217 Penzlin, Tel. 03962 21 00 64 od. Tel./Fax 03962 21 05 15, ganzjährig Mo/Di 9–12, 13–17, Do 9–12, 13–17 Uhr, www.penzlin.de.

Nationalparkinformation im Gutshaus Friedrichsfelde: 1 km westl. von Ankershagen, Nationalpark 10, Tel. 03 99 21 350 46, Mai–Okt. tgl. 10–17 Uhr, www.ankershagen.de. Videokamera zur Storchenbeobachtung im Nest.

Feste & Veranstaltungen

Walpurgisnacht: Immer am 30. April trifft sich ganz Penzlin am Hexenfeuer und auf dem Hexenmarkt auf der Alten Burg, um in der Nacht vor dem 1. Mai die letzten Wintergeister zu vertreiben. Unter den Frauen und Mädchen wird die Hexe des Jahres gewählt, abends spielt open-air eine Band.

Historisches Burgfest Penzlin: Am vorletzten Augustwochenende findet in Penzlin ein zweitägiger mittelalterlicher Markt statt mit Hexenspielplatz für Kinder, dazu treten Ritter, Reiter, Gaukler auf. Für die großen Gäste gibt

Lieblingsort

Kultur und Natur in wunderbarem Einklang

Hans und Brunhilde Schmalisch haben vier Büdnereien, wie man im Norddeutschen die ehemaligen Anwesen von Kleinbauernfamilien nennt, liebevoll saniert. Entstanden sind mehrere Ferienwohnungen, Doppel- und Einzelzimmer, ein gemütliches Galerie-Café, Kreativ-Werkstätten und ein großer, verwinkelter Garten mit versteckten Sitzecken und der großen Teichanlage. Fast für jedes Wochenende organisieren die beiden kulturelle Veranstaltungen im stimmungsvollen Hof-Theater, das früher einmal Maschinenmühle war. **Büdnerei Lehsten**, Friedrich-Griese-Str. 30-33, Lehsten,10 km nordwestl. von Penzlin, Tel. 039928 56 39, www.buednerei-lehsten.de, Galerie-Café: Mai–Okt. tgl. 14–18, Nov.–April Sa–So 14–18 Uhr, DZ 36–54 €, FeWo 50–100 m^2 für 64–99 €.

es Livemusik am Abend bis in die Nacht.

Vorträge über Leben und Werk Heinrich Schliemanns: Jeden ersten Sonntag im Monat um 11 Uhr hält Dr. Reinhard Witte, der rührige Leiter des Museums in Ankershagen, einen einstündigen Vortrag über eine der vielen Facetten von Schliemanns Leben.

Burg Stargard ► J 5

Die knapp 5000 Einwohner zählende Kleinstadt Burg Stargard liegt so malerisch zwischen sieben Bergen gebettet, dass man auf den ersten Blick glaubt, im Mittelgebirge zu sein. Ganz gleich, aus welcher Himmelsrichtung man sich nähert, es führt immer eine Lindenallee in die Altstadt hinein, bis hin zum **Marktplatz.** Burg Stargard war immer ein Handwerks- und Ackerbauerstädtchen, in dem Industrie niemals eine große Rolle spielte. Zu Fuß erschließen sich die Sehenswürdigkeiten des Ortes auf schönste Weise durch eine 4,5 km lange Wanderung entlang dem ausgeschilderten Stadtrundweg »Über die sieben Berge«, eigentlich eher sieben Hügel.

Im Ortskern

Stadtkirche St. Johannes

Tel. 039603 207 54, im Sommer nach Bedarf geöffnet

Weithin sichtbar ist der Turm der evangelischen Stadtkirche St. Johannes. Der mittelalterliche Kirchenbau erhielt nach einem Brand von 1758 seine heutige Gestalt. Der neogotische Turm wurde erst 1894 angefügt. Ein Kunstwerk ist der barocke Kanzelaltar mit seinem säulenflankierten Holzaufbau, den Rokoko-Ornamenten und den Schnitzfiguren von Moses und Johannes.

Marie-Hager-Haus

Dewitzer Chaussee 17, Tel. 039603 211 52, Fr–So 14–17 Uhr

In der Kunstgalerie im Marie-Hager-Haus präsentiert der Kunstverein eine Dauerausstellung der Werke dieser Malerin. In manchem erinnern ihre Werke an den impressionistischen Stil von Max Liebermann, der sich auch einmal hier aufhielt. Ergänzend dazu sind Wechselausstellungen zeitgenössischer Kunst zu sehen. Marie Hager gehörte der Stargarder Malerschule an, an der u. a. auch die Scherenschnittmeisterin Johanna Beckmann wirkte und Professor Eugen Bracht lehrte.

Burganlage

Innenhöfe der Vor- und Hauptburg ständig geöffnet, März–Okt. öffentliche Burgführung Sa/So/Fei 14 Uhr, Start: an der Burgkasse

Etwa 50 m oberhalb der Stadt, auf dem Burgberg, thront **Burg Stargard**, die nordöstlichste Höhenburg Deutschlands. Die zwischen 1236 und 1270 aus rotem Backstein errichtete Burganlage ist das älteste profane Bauwerk ganz Mecklenburg-Vorpommerns. Als die brandenburgischen Markgrafen Johann I. und Otto III. das fruchtbare Land Stargard 1236 von den Pommern erhielten, entschlossen sie sich zum Bau einer Backsteinburg, bestehend aus einer Haupt- und einer Vorburg, umgeben von tiefen Gräben. Als das Land 1292 durch Heirat an die Fürsten von Mecklenburg fiel, übernahmen sie bis 1918 die Nutzung. Für die Belagerung und Erstürmung Neubrandenburgs schlug hier sogar General Tilly 1631 sein Hauptquartier auf. 1726 fand in den alten Gemäuern der letzte Hexenprozess des Herzogtums Mecklenburg-Strelitz statt. Die Burg ist zum größten Teil erhalten, wenngleich sie im 19. und 20. Jh. viele Veränderungen verkraften musste. 1929 erwarb die Stadt Stargard die Burg und nennt sich seitdem Burg Stargard. Bis 1990 wurden die meisten Burggebäude bewohnt oder als Jugendherberge genutzt, danach begann eine umfassende Sanierung.

Rundgang durch die Vorburg

Nach Überschreiten der alten **Steinbrücke** tritt man durch das **Untere Tor**, das ursprünglich ein massives Gebäude zu Verteidigungszwecken war, in die **Vorburg**. Hier liegt der **Marstall**, hinter dessen fast 2 m dicken Mauern früher gut und gerne 60 Pferde Platz hatten. Jetzt ist hier das **Museum der Stadt** (Tel. 039603 228 52, Mai–Sept. tgl. 10–17, Okt.–April Di–Do 10–16, Sa–So 13–16 Uhr, Eintritt in die Burg 4 €, Kinder ab 6 J. 2 €) untergebracht, das mit einer über 500 m² großen Ausstellung zur Geschichte von Stadt und Burg sowie der Dauerausstellung »Das Ross – eine Kulturgeschichte des Pferdes« aufwartet. In der Vorburg stehen zwei etwa 120 Jahre alte **Linden**, deren enormer Umfang oft bewundert wird. Einen solchen Baumumfang zu erreichen, ist jedoch ein alter Gärtnertrick: Es wird nämlich doppelt angepflanzt und wächst dann zusammen, was an der doppelten Krone erkennbar ist! Im näheren Umkreis befinden sich noch das **Gefangenenhaus**, in dem heute das schöne Hotel »Zur Alten Münze« untergebracht ist, das vom gleichnamigen Burggasthof in der Hauptburg betrieben wird. Zur Vorburg gehören auch das **Amtsreiterhaus** und die 300-jährige **Querdielenscheune**.

Rundgang durch die Hauptburg

Den Durchgang zur **Hauptburg** bildet das **Obere Tor**. Hier sind rundherum der **Burggasthof »Alte Münze«**, die

alte **Kapelle**, der Damenflügel des alten **Herrenhauses**, in dem ein standesamtliches Trauzimmer untergebracht ist, ein **Schöpfgang** und die Ruine des sogenannten **Krummen Hauses** angeordnet, in dem Konzerte von Klassik bis Rock open air über die Bühne gehen. Vom 38 m hohen **Bergfried** mit seiner Wandstärke von 4 m kann man bei guter Sicht 30 km weit ins Stargarder Land bis nach Neubrandenburg schauen.

Streuobstwiesen der Burg

Seit 50 Jahren wachsen auf den Hängen rund um die Burg Stargard hunderte historischer Obstbäume. Der über die Jahre etwas lückenhaft gewordene Bestand wurde vom Burgverein nachgepflanzt. Im Frühjahr verwandelt sich die Streuobstwiese in ein zauberhaftes Meer aus Zartrosa und Frischweiß. In sonniger Lage gedeihen jetzt Pflaumen, Kirschen, Birnen und leckerste Apfelsorten wie Boskop und Gravensteiner und Äpfel mit so malerischen Namen wie Altländer Pfannkuchen, Roter Eierapfel und Pommerscher Krummstil. Mundraub sei ausdrücklich erlaubt, sagt der Burgverein. Nur bei größeren Mengen wünscht der Verein gefragt zu werden.

Burgenwanderung

Zwischen der Burg Stargard und der Alten Burg Penzlin verläuft ein 27,5 km langer **Burgenwanderweg**. Er beginnt in Burg Stargard und streift Holldorf, Ballwitz (Rastmöglichkeit auf dem Dorfanger), Zachow (Fachwerkkirche), das Zachower Forsthaus, Usadel, Prillwitz (Hotel-Restaurant Schloss Prillwitz, Bademöglichkeit, s. S. 205), Hohenzieritz (Sterbezimmer der Königin Luise im Schloss, s. S. 204) und Werder. Ziel ist die Alte Burg Penzlin (s. S. 202).

Zu Fuß ist es eine Tageswanderung. Der Weg führt durch eine zauberhafte Landschaft um das niedermoorige Südufer der Lieps herum und durch das Naturschutzgebiet Rosenholz. Zu erkennen ist die ausgeschilderte Route an dem Schild mit dem Stargarder Burgturm und der fliegenden Hexe von Penzlin. Der Hin- oder Rückweg ist auch möglich mit dem Linienbus Waren-Neubrandenburg oder mit dem Zug Neubrandenburg–Burg Stargard (jeweils stündlich).

Übernachten & Essen

In historischen Gemäuern – **Hotel und Gasthof Zur Alten Münze:** Burg 5, Tel. 039603 27 40 00, www.hotel-burggasthof-zuraltenmuenze.de, DZ 70–95 €, Hauptgericht 7,90 €. Schönes Hotel im ehemaligen Gefangenenhaus des Burghofes. Man schläft »mittelalterlich« in Alkovenbetten. Die Küche bringt deftige, manchmal mittelalterlich titulierte Hausmannskost auf den Tisch. Mit Sonnenterrasse.

Aktiv & Kreativ

720 m lang – **Sommerrodelbahn:** Teschendorfer Chaussee, Tel. 039603 232 26, www.rodelbahn-burgstargard.de, März–Okt. tgl. 10–18 Uhr, 2 €, Kinder 3–14 J. 1,50 €. Ein Lift zieht alle schnurstracks hinauf und dann kann man in acht Steilkurven, einem Sprung und über zwei Brücken hinweg einen Höhenunterschied von 30 m überwinden.
10 ha groß – **Tierpark:** Klüschenbergstr. 14, Tel. 039603 206 66, www.tierpark-burg-stargard.de, Mo–Fr 10–17, Sa/So/Fei 10–18 Uhr, 4 €, Kinder 2 €. Der Park liegt in einem Eichen- und Hainbuchenbestand auf dem **Klüschenberg**. Gegenwärtig leben hier 500 Tiere, da-

runter auch Bennettkängurus, Persische Leoparden und Schlangen. Für kleine Kinder gibt es ein Streichelgehege mit Afrikanischen Zwergziegen und Kamerunschafen.

Infos & Termine

Touristenbüro
Touristinformation: Am Markt 3, 17094 Burg Stargard, Tel./Fax 039603 208 95, www.burg-stargard.de.

Feste & Veranstaltungen
Walpurgisnacht: Am letzten Apriltag treiben Hexen ihr Unwesen vor der un-

heimlichen dunklen Burgkulisse; anschließend Tanz in den Mai, Tel. 039 603 208 95.

Mittelaltertage auf der Burg Stargard: Im Mai/Juni u. Sept. jeweils am dritten Mittwoch im Monat, Pflege mittelalterlichen Brauchtums speziell für Kinder.

Mittelalterliches Burgfest: Am zweiten Augustwochenende wird auf dem schönsten und größten Burgfest Mecklenburgs gefeiert wie die Fürsten: mit Märkten, Speis und Trank, Gaukelei, großem Ritterturnier, Fackelumzug, Musik, Gesang und Tanz bis in die Nacht, www.stargarder-burgverein. de, Tel. 039603 226 05.

Burgenlauf: Im August, die Läufer laufen die 27,5 km lange Strecke zwischen den beiden Burgen Penzlin und Burg Stargard. Die Sieger werden mit Pokalen geehrt. Tel. 039603 208 95.

Romantische Burgenweihnacht: Am zweiten Adventssonntag 11–18 Uhr, stimmungsvoller Weihnachtsmarkt auf dem Burghof, www.burg-stargard.de, Tel. 039603 208 95.

Verkehr

Direkte Zugverbindungen: Berlin und Stralsund.

Busverbindungen Burg Stargard nach Neubrandenburg, Feldberg und Lychen.

Eine wahre Bilderbuch-Kulisse: die Burg Stargard

Mecklenburgische Schweiz

Auf Entdeckungstour

Zu den 1000-jährigen Eichen von Ivenack: Tausend Jahre sollen die dicken Eichen von Ivenack alt sein! Was solch alte Bäume zu erzählen haben, berichtet der Revierförster von Stavenhagen. S. 218

Basedow, Ulrichshusen und Burg Schlitz – drei ungleiche Schwestern: Wie Juwelen an einer Perlenkette, so wirken die drei meistbesuchten Schlösser der Mecklenburgischen Schweiz um den Südzipfel des Malchiner Sees. S. 222

Dalwitz

Kummerower See

Schlosshotel Teschow

Burg Schlitz

Basedow

Malchiner See

Ulrichshusen

Ivenack

Zu den 1000-jährigen Eichen von Ivenack

Reuterstadt Stavenhagen

Schlössertour: Basedow, Ulrichshusen und Burg Schlitz

Kultur & Sehenswertes

Fritz-Reuter-Literaturmuseum, Reuterstadt Stavenhagen: Aus dem Geburtshaus des niederdeutschen Dichters wurde eines der schönsten Museen Mecklenburgs. S. 216

Aktiv & Kreativ

Fahrradtour rund um den Malchiner See: Die gut beschilderte Route führt in 29 km um den Malchiner See, vorbei an sehenswerten Gutsanlagen, Fischerhäusern und Schlössern. S. 221

Golfclub Mecklenburgische Schweiz e. V.: Der dem Schlosshotel Teschow angegliederte Golfplatz bietet günstige Schnupperkurse für Anfänger und Unterrichtsstunden für Fortgeschrittene. S. 231

Genießen & Atmosphäre

Gourmet-Restaurant »Rittersaal« im Schlosshotel Burg Schlitz: Hier kreiert Sabine Teubler neue Ideen aus der Wildküche. S. 225

Die Remise: Das Hofrestaurant im alten Pferdestall von Gut Dalwitz bietet biologische Landküche vom offenen Grill. S. 230

Abends & Nachts

Die Büxe: Beliebter Kneipentreff in Reuterstadt Stavenhagen mit internationalen Biersorten für vorwiegend jüngere Leute, da, wo Fuchs und Hase sich ansonsten gute Nacht sagen. S. 226

Sanfte Hügel, weite Seen

Die Mecklenburgische Schweiz vollzieht den Übergang von der Seenplatte in die vorpommersche Talzone
Richtung Ostseeküste. Im geologischen Sinn meint die Bezeichnung
Schweiz ein Mini-Mittelgebirge, wie es
in Europa auch an anderen Stellen, beispielsweise in der Holsteinischen, der
Märkischen, der Sächsischen oder der
Fränkischen Schweiz vorkommt. Dennoch lässt einen die Bezeichnung im
Fall der Mecklenburgischen Schweiz
eher ein wenig schmunzeln, misst doch
der **Hardtberg** bei Hohen Mistorf westlich vom Kummerower See gerade einmal 121 m – für die ansonsten vollkommen flache Norddeutsche Tief-
ebene wohl schon etwas Besonderes!

Verantwortlich für diese leicht wel-
lige Oberflächenform ist die Eiszeit,
die bei ihrem Rückzug vor Jahrmillio-
nen noch einmal einzelne Gletscher-
zungen nach vorne, nach Südwesten
schob und so letzte kleine Endmoränen bildete. Dadurch entstanden die
sanft geschwungenen Hügelketten,
sogenannte Stauchmoränen, die für
die Mecklenburgische Schweiz so typisch sind. In den tiefsten Tälern blieb
das abgetaute Wasser stehen – et voilà:
es entstanden der Teterower, der Kummerower und der Malchiner See, die
drei größten Gewässer in diesem Gebiet. Einen der schönsten Ausblicke auf
diese Landschaft bietet der 96 m hohe
Röthelberg bei Karstorf in der Nähe
von **Burg Schlitz.**

Ein Teil der Mecklenburgischen
Schweiz, in der während der letzten
Jahre der Trend zum Wandern auffallend zugenommen hat, ist der 1997 ge-
gründete **Naturpark Mecklenburgische Schweiz und Kummerower See.**
Er erstreckt sich auf einer Fläche von
67350 Hektar, etwa zwischen der **Reuterstadt Stavenhagen** mit **Ivenack** im
Osten, **Teterow** im Westen, **Ulrichshusen** im Süden bis hinauf nach Demmin
und Dargun im Nordosten.

Der **Kummerower See** wurde rundherum zum Landschaftsschutzgebiet
erklärt. Besonders die imposanten
Ostufer sind von ganz eigenem Reiz,
denn hier steigt die ebene Grundmo-

Infobox

**Tourismusverband
Mecklenburgische Schweiz e. V.**
Am Bahnhof, Postfach 11 23, 17131
Malchin, Tel. 03994 29 97 80, Fax 03994
29 97 88, www.mecklenburgische-
schweiz.com. Versand einer Wander-
broschüre (2 €) und digitale Wander-
und Rad-Karten mit GPS-Daten zum
Herunterladen.

**Naturpark Mecklenburgische
Schweiz und Kummerower See**
Dorfstr. 124, Basedow, Tel. 039957 291
20, Fax 039957 291 22, www.natur
park-mecklenburgische-schweiz.de.
Veranstaltungskalender zu Vorträgen,
naturkundlichen Wanderungen u. a.

Busverkehr
Demminer Verkehrsgesellschaft: Tel.
03998 270 50, www.dvg-demmin.de
(für Stavenhagen, Ivenack, Malchin,
Kummerow, Basedow).
**Omnibus Verkehrsgesellschaft Gü-
strow:** Tel. 03843 694 00, www. ovg-
guestrow.de (für Teterow, Burg Schlitz)
Personenverkehr Müritz: Tel. 03991
645-0, www.pvm-waren.de (für Ulrichshusen).

räne erst sacht an und erhebt sich dann zu einem stellenweise 10 m hohen Steilufer. Der See ist 30 m tief und mit seiner Breite von 11 km der viertgrößte in Mecklenburg-Vorpommern. Die Grenze zwischen den beiden Landesteilen Mecklenburg und Vorpommern verläuft mitten durch diesen See.

Reuterstadt Stavenhagen ▶ G 4

Stavenhagen ist ein sympathisches und ruhiges Städtchen von gut 6000 Einwohnern, das im touristischen Sinne ganz auf seinen großen Sohn, den niederdeutschen Dichter **Fritz Reuter** (1810–74), hinlebt, den Mann, dem man in Mecklenburg auf Schritt und Tritt begegnet und nach dem entweder eine Straße, eine Apotheke oder eine Gastwirtschaft benannt ist. Reuter

zu Ehren erhielt Stavenhagen 1949 offiziell den Ehrennamen Reuterstadt. Schon an der Ortseinfahrt sieht man, über die B 104 aus Neubrandenburg kommend, auf einer Anhöhe linker Hand die mächtige **Reutereiche**, die der Dichter 1859 zur Erinnerung an seine Eltern pflanzte.

Sehenswert

Reuter-Denkmal
Auf dem Marktplatz (Mo und Do Wochenmarkt) sitzt Reuter in den besten Mannesjahren unmittelbar vor seinem Elternhaus auf einem robusten Lehnstuhl, einen seiner Romane auf dem Schoß, nachdenklich in die Weite blickend. Der aus Plau stammende Bildhauer Wilhelm Wandschneider gab seinem niederdeutschen Dichterfürsten 1911 ein warmherziges Aussehen. In das Reuter-Denkmal ist eine riesige

In Bronze verewigt mitsamt einem Aufmarsch seiner legendären Figuren: Fritz Reuter

Sitzbank aus Granit integriert, an deren Lehne sich acht filigran durchbrochene Bronzetafeln befinden, die legendäre Figuren aus Reuters Werken zeigen.

Fritz-Reuter-Literaturmuseum

Am Markt 1, Tel. 039954 210 72, www.fritz-reuter-literaturmuseum.de, Mo–Fr 9–17, Sa/So 10–17 Uhr, Führung auf Hochdeutsch, Englisch und Niederdeutsch ab 10 Pers., Eintritt 4 €, Kinder 1 €

Ein unbedingtes Muss ist der Besuch von »Fritzings« Geburtshaus – einem schönen Zeugnis später norddeutscher Barockarchitektur, in dem das 2001 modern gestaltete Fritz-Reuter-Literaturmuseum seinen Sitz hat. Sprach- und Literaturwissenschaftler aus aller Welt treffen sich hier zur Erforschung und Pflege des Niederdeutschen.

37 lange Jahre bekleidete Vater Reuter das Bürgermeisteramt dieser Stadt und wohnte hier mit seiner Familie im Rathaus.

Neben Fritzens Geburtszimmer, das noch mit originalem Interieur aus dem Besitz von Reuters Eltern eingerichtet ist, führt eine glanzvolle, reich bebilderte und multimedial ergänzte Ausstellung durch Reuters Biografie und durch die Geschichte der niederdeutschen Literatur vom Mittelalter bis heute.

Reuter war kein Mensch mit einem geradlinigen Lebensweg, ganz im Gegenteil; die Vita des stämmigen Vollbärtigen mit der kleinen ovalen Brille verlief eher aufregend: Erst im gestandenen Alter von 43 Jahren trat Reuter mit seinem niederdeutschen Werk »Läuschen un Rimels« (»Erlauschtes und Gereimtes«) an die Öffentlichkeit. In vielen seiner Geschichten, die er auch später noch schreiben sollte, spielt die Handlung des Geschehens häufig in und um Stavenhagen.

Über den Hof ist das **Haus 2 des Literaturmuseums** zu erreichen, in dem sich eine weitere Ausstellung mit Leben und Werk des mecklenburgischen Malers und Illustrators **Ernst Lübbert** (1879–1915) beschäftigt. Die Porträts und Genrebilder seiner Bauern, Bürger und Salongesellschaften amüsieren zuweilen durch ihren gelungenen humoristischen Einschlag.

Rund um den Markt

Wer einmal durch die Sträßchen in Sichtweite des Museums streift, entdeckt die an zehn Häusern angebrachten ovalen Bronzetafeln. Sie erinnern auf Plattdeutsch an Personen, die hier wirklich wohnten und denen Reuter literarisch Gestalt verlieh. So wohnte der Bäcker Swenn aus »Läuschen un Rimels« am **Markt 6** und der Apotheker und väterliche Freund Onkel Herse aus »Meine Vaterstadt Stavenhagen« am **Markt 4**. Das Literaturmuseum macht Führungen zu diesen literarischen Schauplätzen.

Augenfällig ist auch die ev.-lutherische **Kirche** (Schlüssel im Pfarramt, Bei der Kirche 2), ein barocker Backsteinbau von 1782. Im Inneren ist die holzgeschnitzte Renaissancekanzel sehenswert, und auch die zweigeschossigen Emporen heben sich von der Innenraumgestaltung zeitgleicher Stadtkirchen der Umgebung ab.

Schloss

Links vom Reuter-Museum führt eine schöne alte Kastanienallee hinauf zum **Schloss**, in dem heute das Bürger- und Verwaltungszentrum untergebracht sind. Die Dreiflügelanlage wurde um 1740 auf den Grundmauern einer mittelalterlichen Burg von 1250 errichtet. Der Burgherr, Ritter Reinbern von Stove, war Namensgeber für Stavenhagen. Unsterblich gemacht hat Fritz Reuter das Schloss durch seine Dichtungen »Ut de Franzosentid« und »Meine Vaterstadt Stavenhagen«, denn hier lebte und arbeitete einer seiner Haupthelden, der Amtshauptmann Weber.

Im Kellergewölbe hat das Literaturmuseum eine Dependance, in der es die **Ausstellung »Franzosenzeit«** (April–Sept. (tgl. 10–17 Uhr, alle 2 Wochen Do–So geschl., telef. Anmeld. sinnvoll) zeigt. Hier wird dem Besucher die Besetzung Mecklenburgs durch napoleonische Truppen von 1806 bis 1813 vor Augen geführt. Militärhistoriker kommen auf ihre Kosten, denn neben Exponaten aus Alltagsleben, Kunst und Literatur ist eine einzigartige Privatsammlung originaler Stich- und Feuerwaffen zu sehen.

Ausflug nach Ivenack ▶ G 4

Von Stavenhagen empfiehlt sich ein Ausflug nach Ivenack, das nur 6 km nördlich am Ufer des Ivenacker Sees liegt. Der Name Ivenack kommt aus dem Slawischen und bedeutet »Weide«. Fritz Reuter, der von Ivenack immer als seinem »Jungsparadies« schwärmte, vermittelte der Nachwelt in seinem Buch »Meine Vaterstadt Stavenhagen« etwas von der Faszination, die von der einmalig schönen Landschaft um Ivenack ausgeht.

Schloss und Schlosspark
Der weitläufige englische **Schlosspark Ivenack** ist ein nicht eingefriedeter Garten an der Landstraße zwischen Ivenack und Basepohl (Parkplatz direkt am Haupteingang). Der Tierpark mit den berühmten **1000-jährigen Eichen** schließt sich direkt an den Schlosspark an (s. S. 218).

Das **Schloss** (Privatbesitz, wegen Baufälligkeit geschlossen) liegt malerisch am Ufer des Ivenacker Sees. Es

entstand auf den Grundmauern eines Klosters aus dem 16. Jh. Ab 1709 war es Stammsitz der Grafen von Plessen, die 1810 schließlich noch einen Seitenflügel anbauen ließen, sodass das Gebäude jetzt auf H-förmigem Grundriss steht. Graf Plessen pflegte ein offenes Haus und empfing interessante und einflussreiche Gäste. Unter seiner Hand entwickelte sich die Grafschaft, deren erfolgreichstes Unternehmen das Ivenacker Gestüt war, zu einer der reichsten in Mecklenburg.

Legendär ist das Schicksal des edlen Ivenacker Schimmelhengstes **Herodot**, den die Gestütsmitarbeiter 1806 vor den heranrückenden Franzosen in einer hohlen Eiche versteckten. Leider verriet sich das Tier durch sein Wiehern, wurde herausgeholt und ging in Napoleons Beutezug als sein persönliches Leitpferd mit nach Paris. Aber Marschall Blücher ließ es sich nicht nehmen, das Tier 1814 nach Ivenack zurückzubringen, wo es hochbetagt unter einer Eiche in Stavenhagen begraben wurde. Das Medaillon, hoch oben am **Marstall**, zeigt das Porträt Herodots.

Wie eingestreut in den Park wirken die **Orangerie**, das **Teehäuschen** und die hübsche **Kirche**, in der ab und zu Konzerte stattfinden (Information über Pastorin Dangow, Tel. 039954 218 13).

Ausflug nach Malchin ▶ F 4

In der 8000-Einwohner-Stadt Malchin nimmt die Sanierung der im Zweiten Weltkrieg arg zerstörten Innenstadtquartiere langsam Gestalt an. So sind von der mittelalterlichen Stadtmauer und den einst vier schmucken Stadttoren noch das **Steintor** am Südausgang Malchins, das **Kalensche Tor** im Norden sowie der schlanke **Fangelturm** mit seinem Renaissance-Giebel ▷ S. 221

Auf Entdeckungstour

Zu den 1000-jährigen Eichen von Ivenack

Sie sind mittlerweile weithin berühmt, die 1000-jährigen Eichen des Ivenacker Tiergartens. Ein Spaziergang zu diesen uralten Baumriesen eröffnet tiefe Einsichten in die Gesetze natürlichen Baumwachstums.

Reisekarte: ▶ G 4

Zeit: 1. Mai–31. Okt. Bei Führung je nach Absprache 1–2,5 Std.

Planung: Anmeldung im Forstamt Stavenhagen, Förster Reinhard Schumacher, An den Tannen 1, Gielow, Tel. 039957 298 20 od. 0173 301 20 84, www. ivenacker-eichen.de, Eintritt ohne Führung 3 € (Kinder und Jugendliche frei), ab 15 Pers. 2 €, Führungspauschale 50 €

Start: Parkeingang »Ivenacker Tor«, gegenüber dem großen Parkplatz.

Hude-Wald in Ivenack

Wer den Ivenacker Tiergarten besucht, betritt ein zauberhaftes Landschaftsschutzgebiet, das sich westlich dem Ivenacker Schlosspark anschließt. Das 75 ha große Gebiet ist umzäunt. Ralf Hecker, der erfahrene Leiter des Forstamtes Stavenhagen, ist es gewohnt, Führungen zu den sogenannten 1000-jährigen Eichen von Ivenack zu machen. Dabei wird offenbar, dass die Eichen keine Überbleibsel wilder mecklenburgischer ›Ur-Wälder‹ sind, sondern Zeugnisse eines Hude-Waldes (hude = slaw. für Waldweide, Hütewald). Ein Hude-Wald ist die älteste Form der Landnutzung: Schon die Slawen und später die ersten deutschen Siedler trieben dazu ihre Schweine, Rinder und Pferde in den Wald. Die Tiere fraßen Waldfrüchte wie Eicheln, Kastanien und Bucheckern, rupften aber auch die Verjüngungen der Büsche und Bäume ab. Dies kam den damals schon einigermaßen hochgewachsenen Eichen in Ivenack zugute, denn Eichen mögen es gar nicht, wenn sie rundherum von schneller wachsenden Bäumen bedrängt werden. An die Hudewald-Entstehung erinnert das Schaugatter mit Turopolie-Schweinen, einer alten, robusten und genügsamen Hausschweinrasse.

Tiergarten mit Damwildrudel

Ursprünglich wurden im 16./17. Jh. in ganz Europa Tiergärten angelegt, um die Speisekammer der Schlossherrn mit Wild zu beliefern. Heute hat das zuständige Stavenhagener Forstamt ein 120 Tiere umfassendes frei lebendes Damwildrudel im Gehege angesiedelt, damit der Charakter des Hude-Waldes für die alten Eichen erhalten bleibt. Wenn man sich um 12 Uhr mittags auf der Café-Terrasse des auffälligen Barockpavillons (Mai–Okt.

Mo–Fr 9–18, Sa–So 10–18 Uhr, Ausstellung »In der Zeit der Eiche«) mitten im Tiergarten aufhält, bekommt man die eigentlich sehr scheuen Tiere sogar in größerer Stückzahl zu sehen, denn hier werfen Forstarbeiter jeden Tag ein paar Schaufeln Mais auf die Futterwiese. Die Tiere mögen diesen kleinen Leckerbissen und zeigen sich so den Besuchern.

Wer möchte, kann sich auch ein Stück Wildbret mit nach Hause nehmen – und sogar lebendes Damwild wird für private Wildgatter verkauft. Das Fleisch der Ivenacker Tiere schmeckt besonders gut, da sie nicht mit Kraftfutter, sondern ganz natürlich ernährt werden.

Uralte Baumriesen

Man folgt dem Hauptweg und trifft zuerst zwei etwas ›jüngere‹ Eichen, eine 600, die andere 800 Jahre alt! An beiden sind Blitzschäden zu sehen. Eichen ziehen den Blitz besonders an, da sie gern auf wasserhaltigem Boden wachsen. Obwohl die beiden ›Damen‹ noch nicht steinalt sind, sehen sie bei weitem nicht so gesund aus wie der heimliche Star des Tiergartens: die 1000-jährige Eiche. Sie ist die älteste und vitalste der insgesamt fünf Ivenacker Eichen. 35,5 m ist sie hochgewachsen, hat einen Durchmesser von 3,5 m und einen Stammumfang von 16,5 m, sodass eine Kette von zwölf Personen notwendig wäre, um sie mit ausgestreckten Armen umfassen zu können. Trotz ihres hohen Alters pflanzt sie sich noch fort, indem sie jedes Jahr keimungsfähige Eicheln hervorbringt. Der Gedanke, dass bereits die Slawen, die um 1000 n. Chr. in Ivenack lebten, diesen Baum gesehen haben, verursacht schon ein seltsames Gefühl. Aber der Superlative sind noch nicht genug: Diese Ivenacker Eiche ist die vermutlich stärkste Eiche in ganz Mitteleuropa! Alle fünf Ivenacker Eichen sind Stieleichen, erkennbar an einem markanten Zeichen: dem Öhrchen am Blattansatz.

Altersmessung

Die genaueste Methode, um das Alter der Eichen herauszufinden, ist nach wie vor das Zählen der Jahresringe. Zum Glück muss ein Baum deswegen heute nicht mehr gefällt werden; man kann ihn mit dem Resostographen, einem kleinen Bohrer, anbohren und vom Bohrspan die Jahresringe ablesen. So ganz leicht ist das aber auch nicht, denn es kann passieren, dass man bei alten, knorrigen Eichen entweder das Zentrum des Stammes verfehlt oder die Bäume hohl sind.

Wohnstatt für Vögel und Insekten

Für den Ivenacker Förster ist es nicht beunruhigend, dass sogar alle fünf Ivenacker Eichen hohl sind. Das sei der ganz normale Zersetzungsprozess, heißt es, denn natürliche Fäule durch Pilze oder Insekten kommt bei Bäumen immer von innen. Während der Führung erfährt man, wie lebensspendend eine gesunde Eiche sein kann, indem sie ungefähr 500 verschiedenen Insekten Lebensraum und Nahrungsplatz bietet. Durch Risse und Nischen im Kronenbereich gelangen die Kleinsttiere in den Baum hinein. Und manchmal passiert es sogar, dass ein eifriger Specht ganze Arbeit leistet und so große Löcher in die Eichen hackt, dass kleine Eulen ihr Tagesschläfchen darin machen können. Doch was stört es die Eiche …

Runzeln auf 1000-jähriger Haut: die Rinde der Ivenacker Eichen von Nahem

und 400 m Stadtmauer erhalten geblieben. Interessant ist Malchin als Ausgangspunkt für eine Besichtigungstour der berühmten Schlosslagen von **Basedow**, **Ulrichshusen** und **Burg Schlitz** (s. S. 222), aber auch die Malchiner Stadtkirche St. Maria und Johannes lohnt einen Besuch.

Stadtkirche St. Maria und Johannes

Mai–Sept. Mo–Fr 10–12, 14–16 Uhr, ansonsten Schlüssel im Pfarrhaus Schweriner Str. 5, Tel. 03994 29 94 67, www.st-johannismalchin.de
Bedeutend in ihrer Architektur und wunderschön in ihrer Ausstattung ist die weithin sichtbare Stadtkirche St. Maria und Johannes. Als sie nach dem großen Stadtbrand von 1397 neu errichtet wurde, blieben in der Süd- und Westwand Reste des Vorgängerbaus erhalten, die bis heute zu sehen sind. Das Glockengeschoss am Nordturm kam erst 1590 dazu. Anstelle eines Südturms entstand die polygonale Marienkapelle, was der Kirche einen asymmetrischen Grundriss verlieh. Im Inneren ist der Raumeindruck der drei- Backsteinbasilika so überwältigend großzügig und hell wie in einer Kathedrale.

Übernachten

Repräsentativ – **Hotel-Schloss Kittendorf**: s. unter Essen & Trinken.
Großzügig – **Der Fuchsbau**: Am Fuchsberg, Meesiger (13 km nordöstl. von Malchin), über Lena Blaudez, Tel. 030 33 77 81 78, www.derfuchsbau.de, Wohnung: 1320–1480 €/Woche. Reetgedecktes Haus in einer kleinen Bucht am Ostufer des **Kummerower Sees** mit zwei FeWo (für jew. 8 Pers.), mit eigenem Bootssteg samt Bötchen und Sauna. Gigantischer Seeblick bei Sonnenuntergang!

Mein Tipp

Romantische Radtour

In der Ansiedlung Basedow-Höhe, 6 km südwestlich von Malchin, kann man zu einer **Fahrradtour um den Malchiner See** starten, die 29 km gegen den Uhrzeigersinn an dem See herumführt (siehe weißes Schildchen mit schwarzem Querbalken, Tourenbeschreibung bei der Stadtinfo). Schöne Stationen sind die mecklenburgischen Bauernhöfe in Wendischhagen, eine Gutsanlage in Bristow, wo man im See baden kann, das **Hotel-Schloss Schorssow** mit seinem ausgezeichneten Restaurant (s. u.) und der denkmalgeschützte Ort **Basedow**, wo im Alten Schafstall ein deftiger Eintopf lockt (s. S. 225).

Essen & Trinken

Exquisit – **Schloss Schorssow**: Schorssow (ca. 20 km nordöstl. von Malchin), Tel. 039933 790, www.schloss-schorssow.de, Hauptgericht 20–35 €. Klassizistischer Adelssitz mit biologisch-regionalen Wild- und Fischgerichten, Bio-Weine.
Repräsentativ – **Hotel-Schloss Kittendorf**: Kittendorf (9 km südl. von Stavenhagen), Tel 039955 500, www.schloss-kittendorf.de, DZ 99–109 €, Suiten 139–159 €, Hauptgericht im Classic-Restaurant 13–18 €. Einer der repräsentativsten Adelsbauten der Region, erbaut von dem Schinkel-Schüler Hitzig im grazilen Stil der englischen Tudorgotik. Im Sommer lohnt ein Five o' clock tea auf der Schlossterrasse mit einem schönen Blick auf den weitläufigen Landschaftspark von Peter Joseph Lenné. ▷ S. 226

Auf Entdeckungstour

Basedow, Ulrichshusen und Burg Schlitz – 3 ungleiche Schwestern

Die drei bestbesuchten Schlösser und Gutshäuser der Mecklenburgischen Schweiz liegen nicht weit vom Malchiner See – jedes in einem anderen Stil, von der Renaissance bis zum Klassizismus, und mit ganz eigener Ausstrahlung. Auch Gourmets und Gartenfreunde kommen hier auf ihre Kosten.

Reisekarte: ▶ F 4

Zeit: Tagestour

Planung: Es empfiehlt sich, die 22-km-Tour mit dem Auto zu machen, da die Strecke teilweise über Bundesstraßen führt. Je nachdem, wie man speisen möchte, kann man die Tour auch andersherum fahren, also zum Mittagessen mit Burg Schlitz beginnen.

Start: Basedow

Ein festes Haus, ein Park und eine Kirche

Das knapp 380 Einwohner zählende Dorf **Basedow** ist aufgrund seines Ensemblecharakters nach dem britischen Vorbild einer »ornamented farm« von ganz besonderem Liebreiz. Die alte Schmiede, eine Reihe von Arbeiterhäusern, Marstall, Schule, Kirche und auch das Schloss gruppieren sich in weiter Runde um einen Teich. Das prächtige, weiß verputzte Schloss erfuhr seit der Wende mehrere Besitzerwechsel. Seit 2009 gehört es einem Pferdeliebhaber aus dem schweizerischen St. Gallen. Marstall und Schafstall haben einen anderen Eigentümer.

Auf den Resten einer Vorgängerburg aus dem 15. Jh. ließ Joachim von Hahn 1552 ein »festes« Haus mit vorstehendem Treppenturm im Renaissancestil errichten. Im Laufe der Jahrhunderte kamen weitere Anbauten hinzu. Außerdem wurde das Gebäude mehrfach verändert, v. a. von dem klassizistischen Berliner Architekten Friedrich August Stüler und dem Neorenaissance-Spezialisten Albrecht Haupt. Im Januar 1945 verursachte eine einquartierte Rostocker Jungen-Klasse versehentlich einen Brand des Dachstuhls und im Mai wurde das Schloss von der Roten Armee geplündert. Ansonsten überstand es den Krieg unbeschadet. Bis dahin war Basedow Stammsitz des adeligen Rittergeschlechts von Hahn gewesen, aber nun wurde die Familie enteignet und ausgewiesen. Seinen eigentlichen Verfall aber musste das Schloss erst nach 1945 hinnehmen, als hier Flüchtlinge kampierten und man die einzelnen Raumfluchten anschließend in Wohnungen unterteilte – bis 1990 lebten hier 14 Familien.

Der **Landschaftspark** hinter dem Schloss ist eine der schönsten Mecklenburger Gartenschöpfungen Peter Joseph Lennés. Kunstvoll angelegte Sichtachsen geben die Blicke frei auf den Marstall, das Landhaus, die Brauerei und das Haus des Sekretarius. Die unbedingt sehenswerte **Dorfkirche** von Basedow verdankt der Familie von Hahn ihre wertvolle Renaissanceausstattung, darunter einen prächtigen Altaraufsatz aus Sandstein.

Führungen durch Schloss, Park und Dorf bietet Christel Müller an (Dorfstr. 13, Tel. 039957 201 50 od. 0160 95 65 08 43, www.gaestefuehrerin-mueller.de).

Hotel im Schloss, Musik in der Scheune

Ein 35-Seelen-Dorf ist **Ulrichshusen**, eingebettet in die sanft hügelige Wald- und Felderlandschaft der Mecklenburgischen Schweiz, direkt am Ulrichshusener See. Mann und Maus wären mittlerweile völlig vergessen, wären da nicht die Eheleute Angelika und Helmuth von Maltzahn, die das Gelände ihrer Vorfahren 1993 als traurig abgebrannte Ruine erwarben und das denkmalgeschützte Anwesen samt Park und den großen Fischteichen zu einem schönen Schlosshotel ausbauten.

Ursprünglich ist Ulrichshusen die Schöpfung Ulrichs von Maltzahn, der sich schon 1562 sein *hus*, also Ulrichshusen, als viergeschossige Zweiflügelanlage auf den mittelalterlichen Resten einer Burg errichtete. Heraus kam eines der frühesten Beispiele mecklenburgischer Renaissancearchitektur, elegant vermischt mit mittelalterlichen Formen. Schon sechzig Jahre später wütete ein großes Feuer im Schloss, aber Bernd-Ludolph von Maltzahn, Wallensteins Quartiermeister, baute es in nur 24 Monaten wieder auf. Im Jahr 1987 brannte die als Konsum und HO-Gaststätte genutzte und mit der Zeit arg ramponierte Anlage aus ungeklärter Ursache erneut ab.

In den mittlerweile aufwendig sanierten Innenräumen haben die Maltzahns ein individuelles Refugium geschaffen, getreu ihrem Motto »Persönliche Gastlichkeit statt Hotelmaschinerie!« Alle Zimmer, jedes mit Blick auf Park oder See, haben eine besondere Ästhetik, wobei das Cremeweiß der Wände und Stoffe mit dem Braun der antiken Vollholzmöbel wunderbar harmoniert. Schon beim Frühstück unter dem verglasten Spitzdach des Turms hat man einen grandiosen Blick auf das Land.

Der Geist der gesamten Anlage aber wird getragen von der mächtigen Feldsteinscheune, die die Maltzahns zu einem der größten Konzertsäle Norddeutschlands herrichteten. Sie hat sich im Rahmen der Festspiele Mecklenburg-Vorpommern zu einem der beliebtesten Aufführungsorte entwickelt (s. S. 66). Seit Kurzem gibt es aber auch Festspiel-Konzerte im Schloss selbst.

Unter Linden zu den Nymphen

Die prächtige klassizistische Schlossanlage **Burg Schlitz** befindet sich in landschaftlich bevorzugter Situation bei Hohen Demzin. Ein Obelisk markiert die Torauffahrt. »Gast, der Du hinaufgehst, übergib dieser freundlichen Urne Deine Sorgen!« – so lautet die Inschrift, die Hans Graf Schlitz 1816 als Aufforderung und Begrüßung zugleich in den Obeliskensockel meißeln ließ. Die Lindenallee führt leicht bergan zur Schlossanlage , die im Sommer 1999 als exquisites Hotel wieder eröffnet wurde.

1806–23 ließ sich Graf Schlitz die Burg nach eigenen Vorstellungen von dem Berliner Hofrat Otto Hirth erbauen und den 80 ha großen Landschaftspark anlegen. Während der Mittelbau die repräsentativen Räume beherbergte, residierten Hausherr und Gäste in den seitlichen Flügeltrakten. Zu DDR-Zeiten war in dem Anwesen ein Pflegeheim untergebracht.

Die Innenausstattung des Hotels ist einzigartig: Das Entree, den Balkonsaal und den Großen Säulengang zieren originale handbemalte fantasievollbunte Landschaftstapeten des 19. Jh. aus Pariser und Berliner Manufakturen. Mitarbeiter der Warschauer Restaurierungswerkstätten – die Polen stehen ja im Ruf, die besten Restaurateure der Welt zu sein – haben die kostbaren Tapeten wieder zum Leuchten gebracht. Die Flurrotunde ist mit einem Fresko bemalt, und im Balkonsaal stehen zwei von Karl Friedrich Schinkel entworfene Öfen. Der als Restaurant dienende Rittersaal ist mit neugotischem Deckengewölbe und Wappen der vorherigen Gutsbesitzer oder befreundeter Adelsfamilien geschmückt. Auch beim eigens für das Haus entworfenen Mobiliar wurde nicht gespart; es stammt aus den Deutschen Werkstätten Hellerau.

Der meilenweite Blick von der Caféterrasse über das Malchiner Becken ist atemberaubend. Auch am weitläufigen Landschaftspark kann man seine Freude haben, denn der künstlerischsinnlich veranlagte Graf Schlitz sorgte dafür, dass Bäume, Sträucher und Blumen zu allen Jahreszeiten kontrastreich aufeinander abgestimmte Farbtöne zeigen. Nahe der Karolinenkapelle liegt das sicherlich am häufigsten fotografierte Objekt der ganzen Anlage: der Nymphenbrunnen. Ausgelassen tanzen drei schlanke, zart bekleidete junge Frauen einen Reigen auf dem Brunnenrand. Dieses bekannte Jugendstilwerk fertigte der Bildhauer Walter Schott 1903 ursprünglich für das Berliner Kaufhaus Wertheim an; 1930 wurde der Brunnen auf die Burg Schlitz versetzt.

Freudenvoller Tanz mit dem Wasser: der Nymphenbrunnen im Park von Burg Schlitz

Essen und Trinken

Alter Schafstall Basedow: Wargentiner Str. 7, Basedow, Tel. 039957 204 54, März–Dez. tgl. 8–18 Uhr, www.alterschafstall-basedow.de, Suppe/Eintopf 4,50 €. Im urig-gemütlichen Alten Schafstall nahe dem Schloss wird ein nettes Bauernmarkt-Café betrieben, das Frühstück, frischen selbstgebackenen Blechkuchen und deftige Eintöpfe anbietet.

Restaurant Am Burggraben des Hotels Schloss Ulrichshusen: Seestr. 14, Ulrichshusen, Tel. 039953 79 00, 1. April–4. Jan. tgl. ab 12 Uhr, www.ulrichshusen.de, Hauptgericht 9,50– 16,50 €. Im Restaurant-Café im ehemaligen Pferdestall ist man spezialisiert auf die feine ländliche Küche der Saison, zu-bereitet aus Produkten des eigenen Gutsbetriebes. Spezialität des Hauses ist das traditionelle Krebsessen.

Restaurant Wappensaal im Schlosshotel Burg Schlitz: Hohen Demzin, Tel. 03996 127 00, www.Burg-Schlitz.de, 4-Gang Menü 66 € bis 6-Gang Menü bis 100 €, DZ 198–480 €. Der »Wappensaal« ist Hoheitsgebiet der Anfang 30-jährigen Sabine Teubler, die ein besonderes Faible für die Wildküche und das Würzen mit Wildkräutern hat (Reservierung unbedingt empfohlen). Auch Ausflügler sind täglich von 11 bis 17 Uhr in der **Brasserie Louise** mit eigener Patisserie willkommen, mittags zu herzhaften Gerichten oder zum Nachmittagskaffee mit köstlichen süßen Kleinigkeiten.

Idyllische Lage – **Mecklenburger Stube:** im Landhotel Schorssow, Tel. 039933 706 45, www.landhotel-schorssow.de, Hauptgericht 7,80–27 €. Regionale Küche, Fisch- und Wildgerichte; Spezialität: Ente. Auf Wunsch auch Diätgerichte. Nettes Fachwerkhaus direkt am Haussee von Schorssow.

Aktiv & Kreativ

Baden
Mit und ohne Wache – **Waldbad Stadtholz, Stavenhagen:** Tel. 039954 218 06. Bewachtes und beheiztes Freibad mit Kinderrutschen. Außerdem gibt es unbewachte **Strandbäder** am Malchiner, Kummerower und Tüzener See.

Klettern
Im Kolping Ferienland – **Seilgarten Salem:** Gelände der Segel-Basis Salem, Am Hafen 1, Salem (10 km nördl. von Malchin), Tel. 039923 71 60 (Mo–Fr 9–17 Uhr), www.kanubasis.de; auch für Externe zugänglich (einfach anrufen und fragen, wann die nächste Gruppe startet; im Sommer meist 2 x wöchentl.), Mindestalter 11 Jahre, Traumhaft gelegener, vielfältiger Seilgarten am Westufer des **Kummerower Sees** mit schwindelerregend hoher Kletterabseilwand, Tarzanbrücke u. a.

Abends & Nachts

Beliebte Jugendkneipe – **Die Büxe:** Markt 6, Reuterstadt Stavenhagen, Tel. 039954 270 70, tgl. ab 18 Uhr. Nettes und zentral gelegenes Kneipenlokal vorwiegend für die jüngere Generation. Hier gibt es Cocktails und internationale Biersorten aus aller Welt, dazu werden Snacks für den kleinen Hunger angeboten. Ab und zu werden Livekonzerte gespielt.

Infos & Termine

Touristenbüros
Touristeninformation Reuterstadt Stavenhagen: Markt 1, Im Reuter-Literaturmuseum, 17153 Reuterstadt Stavenhagen, Tel 039954 27 98 35, Fax 039954 27 98 34, www.stavenhagen.de, Mo–Fr 9–17 Uhr.

Stadtinformation Malchin: Markt 1, 17139 Malchin, in der Sakristei der St. Johanneskirche, Tel. 03994 64 01 11, Fax 03994 64 01 23, www.malchin.de, Juli–Aug. Mo–Fr 10–12, 13–17, Sa 9–11 Uhr, Sept.–Juni Mo–Fr 10–12, 13–16 Uhr.

Feste & Veranstaltungen
Plattdeutsche Nachmittage im Fritz-Reuter-Literaturmuseum: Niederdeutsche Gegenwartsautoren lesen aus ihren neuesten Werken; ganzjährig alle zwei Monate jeweils Mi 15 Uhr, Tel. 039954 210 72.

Malchiner Motorradtreffen: Ende April/Anf. Mai für Biker aus ganz Deutschland, s. S. 33.

Reuterfestspiele: im Juni; *das* Niederdeutsch-Festival des Landes Mecklenburg-Vorpommern, s. S. 32.

Konzerte in der Festspielscheune von Schloss Ulrichshusen: im Sommer und zur Adventszeit, Klassik gespielt von weltbekannten Interpreten, s. S. 66 und 224.

Lichterfest rund um den Kummerower See: Am letzten Juliwochenende feiern alle Orte um den Kummerower See mit vielseitigem Sportprogramm (u.a. Marathonlauf um den See, Segelregatta, Drachenbootrennen), Wahl der Lichterfest-Königin, Fischessen, Blasmusik, Disco, Händlerbuden, Flohmarkt und Feuerwerk, www.lichterfest-mv.de, Tel. 039952 237 87.

Central-Mecklenburgischer Töpfermarkt vor Burg Schlitz: Am Ersten Wochende im August, s. S. 32.

Teterow ►F 3

Die Stadt Teterow, in der rund 9500 Menschen leben, liegt am Westrand der Mecklenburgischen Schweiz. Wegen ihrer günstigen Lage in einer Mulde am Kreuzungspunkt der beiden Bundesstraßen 104 und 108 ist sie auch ein beliebter Ausgangspunkt für Erkundungen der Umgebung.

Das kleine Teterow wäre in der Welt nicht so bekannt, gäbe es nicht den **Teterower Bergring** für Motorradrennen. Als jährlicher Höhepunkt im Teterower Alltagsleben finden hier schon seit 1930 zu Pfingsten die **Grasbahnrennen** statt. Dann kommen Tausende von Motorradfans und haben Gelegenheit zum Fachsimpeln. Die 1877 m lange Rennstrecke mit einer Steigung von 22 %, haarscharfen Kurven und hohen Sprungschanzen ist als größte und schönste in ganz Europa bekannt. 2002 wurde direkt neben dem Bergring die **Arena am Kellerholz** eingeweiht. Hier kommen Freunde des Speedway auf ihre Kosten (s. S. 33 u. 231).

Sehenswert

Burgwallinsel

Schon im 9. Jh. war der Siedlungsplatz auf der lang gestreckten **Burgwallinsel** mitten im Teterower See interessant für die Slawen. Allerdings war ihre Kultur in Teterow mit dem Einsetzen der Christianisierung Mitte des 12. Jh. beendet. Geblieben ist der Name: Teterow heißt übersetzt »Auerhahnort«.

Die Slawen jedenfalls hatten die Insel durch eine 750 m lange Holzbrücke mit dem Festland verbunden. Jahrhunderte lang zweifelten Archäologen an der Existenz einer solchen Brücke, obwohl eine Landzunge am südlichen Seeufer auf einer historischen Karte

»Brügghop« heißt und die Bauern beim Mähen ihrer Wiesen immer wieder auf alte Pfahlstümpfe stießen. Erst gezielte Grabungen zwischen 1950 und 1953 legten das technisch kunstvolle, weil ohne einen einzigen Nagel erbaute Brückenbauwerk frei, das aber bisher nicht wieder aufgebaut wurde.

Heute kommt man auf zweierlei Wegen zu dem Landschaftsschutzgebiet hinüber: Von Ostern bis September legt die überdachte Barkasse **»Regulus«** von der Badeanstalt in Teterow ab (tgl. ab 10 Uhr, dort Tagesplanaushang, Tel. 0174 790 94 98), oder man fährt über die B 108 Richtung Rostock bis zum Parkplatz Burgwallinsel, läuft von da nochmals 400 m bis zur Anlegestelle und setzt über mit der hin und her pendelnden **Seilfähre** (Ostern–Okt. Mo 10–17, Di–So 10–19 Uhr).

Auf der Insel gibt es einen der Slawenzeit nachempfundenen Wall, auf dem obenauf ein Wanderpfad entlangführt. An einer Stelle führt eine Brücke ›nach Slawenart‹ hinüber zu einem Naturbeobachtungsturm, damit auch Eltern mit Kindern und Menschen mit Bewegungseinschränkungen den Turm besuchen können. Auch erwartet hier die reetgedeckte Fachwerk-**Gaststätte Wendenkrug** (Ostern–Okt. Di–So 10–19 Uhr, Juli/Aug. 10–20 Uhr) ihre Gäste und zwar genau an der Stelle, wo die Holz-und Lehmhäuser der Slawen gestanden hatten. Auch ein Badestrand sowie Bootsverleihe befinden sich hier.

Mittelalterliche Stadtanlage

Wie in zahlreichen anderen Städtchen sind in Teterow die Konturen des **mittelalterlichen Stadtkerns** am kreisförmigen Grundriss der Ringstraße zu erkennen (es empfiehlt sich, das Auto außerhalb des Stadtrings zu parken). Aus dem 15. Jh. blieben zwei Backsteinstadttore erhalten: das mit Stu-

Rapsfelder bringen im Sommer die Mecklenburgische Schweiz zum Leuchten

fengiebeln und frühgotischem Maßwerk geschmückte **Rostocker Tor** und das etwas schlichtere **Malchiner Tor**.

Im einstigen Polizei- und Ratsdienerhaus, einem kleinen Fachwerkbau am Südlichen Ring 1, befindet sich das 2011 ansprechend restaurierte **Teterower Stadtmuseum** (Tel. 03996 17 28 27, Di–Fr 10–12, 13–17, So 14–17 Uhr, www.teterow.de, 2 €). Wer sich für die Stadtgeschichte und vor allem für frühzeitliche Funde von der Burgwallinsel interessiert, sollte dem Haus einen Besuch abstatten.

Hechtbrunnen

Auf dem Marktplatz vor dem Rathaus haben die Teterower, die wegen ihrer vielen amüsanten Stadtgeschichten als die Schildbürger der Norddeutschen gelten, 1914 ihr Wahrzeichen errichtet: einen bescheidenen Sandsteinbrunnen, genannt **Hechtbrunnen**, mit dem Bronzeaufsatz eines Knaben, der einen Hecht um die Schulter gelegt trägt. Damit verbindet sich die Legende von zwei Fischern, die einst einen prachtvollen Hecht aus dem Teterower See zogen. Da 14 Tage später ein Stadtfest bevorstand, beschlossen die Ratsherren, den Fisch bis dahin aufzuheben. Um die leicht verderbliche Ware frisch zu halten, band man dem Hecht eine Glocke um und setzte ihn in den See zurück. Zur Krönung des Ganzen schlugen die Schlauen dann noch eine Kerbe in ihr Boot, um die Stelle zu markieren, an der sie den Hecht zu

Paul aus dem Jahr 1225. Das Gotteshaus weist eine interessante Stilverschmelzung zwischen romanischer und gotischer Architektur auf. Im Altarraum wurden die mittelalterlichen Deckenmalereien 2010 komplett restauriert.

Museum für Bergring- Schul- und Eisenbahngeschichte

Am Schulkamp 2, Tel. 03996 17 30 95, Mi u. Fr 10–12, 13–17 Uhr sowie nach Vereinbarung

Hier sind drei Museen unter einem Dach vereint: Das **Bergring-Museum** besitzt eine einmalige Sammlung von 25 Oldtimer-Motorrädern, darunter eine beeindruckende Eis-Speedwaymaschine mit Spikes auf den Reifen und das Motorrad von Erich Bertram, dem ersten Motorradweltmeister überhaupt. Während die Besucher im **Schulmuseum** alte und nachgebaute Klassenzimmer aus verschiedenen Jahrhunderten anschauen und dazu historisches Kinderspielzeug zum Ausprobieren ausleihen dürfen, können sie im **Eisenbahnmuseum** alte Bahntechnik mit kompliziert wirkenden Schaltanlagen studieren.

Wasser gelassen hatten. In schönstem Platt berichtet die Brunneninschrift von diesem Streich: »Weck Lüd sünd klauck, und sünd daesig. Un weck dei sünd aewernäsig. Lat't ehr spijöken, Kinning, lat't: Dei Klock hatt lürrd, dei häkt is fat't!« (»Es gibt kluge Leute, andere wiederum sind dumm. Und wieder andere sind ganz schön hochnäsig. Lasst sie spotten, Kinder, lasst sie: Die Glocke hat geläutet, der Hecht ist gefangen!«).

Pfarrkirche St. Peter und Paul

Gottesdienst Mai–Sept. jeden 1.–3. So 10.30 Uhr, jeden 4. Sa 17 Uhr, Tel. 03996 18 28 21

Hinter dem Rathaus erhebt sich die evangelische **Pfarrkirche St. Peter und**

Ausflug nach Tellow ▶ E 3

Das Dorf Tellow, etwa 10 km nördlich von Teterow, erhielt seine Bedeutung schon zu Beginn des 19. Jh. durch das erfolgreiche sozialpolitische und landwirtschaftliche Wirken des Gutsbesitzers Johann Heinrich von Thünen (1783–1850). Der weitsichtige Nationalökonom und Musterlandwirt führte im Revolutionsjahr 1848 als Erster eine Gewinnbeteiligung und eine Altersversorgung für seine Gutsarbeiter ein. Herzstück der recht idyllisch gelegenen und historisch gewachsenen Gutsanlage ist das Thünen-Museum.

Thünen-Museum
Tel. 039976 54 10, www.thuenen.de,
Mai–Sept. tgl. 9–17 Uhr, Okt.–April
tgl. 9–16 Uhr, 3/1,50 €
Die Ausstellung ist dem Leben und
Wirken des Johann Heinrich von Thünen gewidmet, der das völlig verschul-
dete Gut 1809 übernahm und hier
1850 hoch geehrt verstarb.

Ausflug zum Gut Dalwitz ► E 2

Das Gut Dalwitz liegt etwa 20 km nördlich von Teterow in der dünn besiedelten Region, die den Namen »Mecklenburger Parkland« trägt, und in den vergangenen Jahren durch den Natur-
und Agrarkultur-Tourismus in alten
Gutshäusern einen Aufschwung erlebt
hat. Mit über ca. 1700 ha Wald, Acker
und Gründland ist das Gut eigentlich
wie ein kleines Dorf. Schon seit 1349 –
mit 45-jähriger Unterbrechung von
1945 bis 1991 – wird es von der Familie
von Bassewitz bewirtschaftet. Heute
betreibt hier Heino Graf von Bassewitz
einen mehrfach prämierten ökologischen Betrieb.
  Besonders bekannt wurde das Gut
wegen seiner Weidenochsensteaks.
300 Rinder der Rassen Hereford und
Angus werden hier wie in Südamerika
ganzjährig im Freien gehalten. Aber
auch was Pferde betrifft, ist Dalwitz
einzigartig, denn es ist Deutschlands
größtes Criollo-Gestüt. Dies sind süd-
amerikanische Gauchopferde, die sich
wegen ihrer Rustizität und Ausdauer
besonders gut für die Rinderarbeit eignen. Alle hofeigenen Produkte, besonders das Rind-, Lamm- und Wildfleisch,
können im Hofladen gekauft und im
Restaurant »Die Remise« probiert werden.
  Übernachten kann man in den restaurierten Hofgebäuden auch.

Übernachten

Sehr Edel – **Landhotel Schloss Teschow:** Gutshofallee 1, Teschow (3 km
nordöstl. von Teterow), Tel. 03996 14
00, www.schloss-teschow.de, DZ 97–
143 €, Suiten 194–286 €. Sport- und fit-
nessbetontes Hotel mit Schwerpunkt
auf Naturheilkunde und traditioneller
chinesischer Medizin. Der Golfplatz ist
vor der Tür, das Haute-Cuisine-
Restaurant in Händen des Kochs Marco
Bensing, Bio-Küche.
Liebevoll restauriert – **Gutshaus Dalwitz** (s. Essen & Trinken).
Witzig – **Chinesischer Tempel:** Parkweg
1, Lelkendorf (15 km nördl. von Teterow), Tel. 039956 291 46, www.
koi-tempel-scholz.de, FeWo 45 €. Wit-
zige FeWo plus Dachterrasse im Obergeschoss eines Tempels im Stil einer
chinesischen Pagode; schön angelegter, mit Kois besetzter Teich.
Zentral – **Ferienwohnung im ev. Pfarrhaus:** Schulstr. 2, Teterow, Tel. 03996 18
28 21, www.teterow.de, FeWo 25 €. Se-
parate 2-Zi-Dachgeschosswohnung bei
Pastor Raatz im romantischen Fachwerkhaus in der Altstadt, mit Wiese
am Haus.
Abenteuer Strohboden – **Thünenkate:**
Auf dem Thünengut, Warnkenhagen,
OT Tellow, s. S. 14.

Essen & Trinken

Abgeschieden – **Ferieninsel Burgwall:**
Auf der Burgwallinsel von Teterow,
Tel. 03996 15 77 05, www.burgwall-te
terow.de, Ostern–Okt. Di–So 10–19
Uhr, Mo nur Kioskbetrieb (Fähre und
Barkasse fahren trotzdem), Hauptge-
richt 8–13 €. Fisch- und Fleischgerichte.
Einfach und schmackhaft – **Die Remise:**
auf Gut Dalwitz, Dorfstr. 43, Dalwitz,
Tel. 039972 568 56, www.gutdalwitz.
de, Di–Fr 18–22 Uhr, Sa/So/Fei ab 12.30

Uhr, Frühstück 9–11 Uhr nach Anmeldung (Reservierung wird empfohlen), Hauptgericht 7–10 €. DZ mit B & B 50–72 €, FeWo 60–99 €. Das Restaurant im ausgebauten alten Pferdestall reizt vor allem durch seinen rustikalen Charme. Spezialität: zarte Weidenochsensteaks vom südamerikanischen Holzkohlegrill. Aber auch Biokalbsleber mit Bratkartoffeln, Himmel und Erde und für die Kinder einen Bioburger McDalwitz.

Einkaufen

Regionaltypisch – **Tellower Kornspeicher:** Auf dem Thünengut, Warnkenhagen, OT Tellow, Tel. 039976 54 10, Mai–Sept. tgl. 9–17, Okt.–April tgl. 9–16 Uhr, www.thuenen.de. Keramik, Sanddorn, Honig und frische Eier; rustikaler Imbiss mit Plattenkuchen, dem berühmten Mecklenburger Blechkuchen.

Aktiv & Kreativ

Bowling

Mit Kindern – **Teterower Hecht-Bowling:** Am Kellerholz 6, Tel 03996 15 88 58 od. 0171 523 03 97, Mo–Do 17–23, Fr 17–1, Sa 15–1, So 14–23 Uhr; Mo–Do 12 €/Bahn, Fr–So 16 €/Bahn. Ein bisschen versteckt an der B 108 Richtung Laage-Rostock, aber ausgeschildert.

Golfen

Auch gut für Kinder – **Golfclub Mecklenburgische Schweiz e. V.:** Gutshofallee 1, Teschow (3 km nordöstl. von Teterow), Tel. 03996 14 04 54, www.schloss-teschow.de, Einzel-Trainerstunde 49 €, Schnupperstunde in der Gruppe ca. 13 €. Das schön in die natürlich geschwungene Landschaft eingebettete Areal hat zwei Plätze.

Infos & Termine

Touristenbüro
Tourist-Information Teterow: Markt 9, 17166 Teterow, Tel. 03996 17 20 28, Fax 03996 18 77 95, www.teterow.de.

Feste & Veranstaltungen
Osterkinderfest auf dem Thünengut in Tellow: März/April, hier werden alte Osterbräuche gepflegt (z. B. ›Osterwasser holen‹), Tel. 039976 54 10, www.thuenen.de.

Teterower Hechtfest: Eine Woche vor Pfingsten gibt die Geschichte vom gefangenen Hecht (s. S. 228) Anlass zum Feiern mit Bühnenprogramm, Festumzug und Marktständen, Tel. 03996 17 20 28.

Motorradrennen: an Pfingsten **Internationales Teterower Bergringrennen** am Teterower Bergring (s. S. 33) und der Arena am Kellerholz (15–18 €, Kinder bis 12 J. frei); April–Okt. verschiedene **Speedway-Rennen** (u. a. Euro-Speed-Cup, Vorlauf der Deutschen Juniorenmeisterschaft) in der Arena.

Bauernmarkt und Scheunenfest auf dem Thünengut in Tellow: am ersten Sonntag im September. Gut besuchtes Hoffest mit öffentlichem Verkauf aus landwirtschaftlicher Eigenproduktion, abends Musik und Tanz, 039976 54 10, www.thuenen.de.

»Dörpwihnachten up de Tellowsche Däl«: Ein besonderer Weihnachtsmarkt am 3. Advent in der Thünenscheune, schöner Weihnachtsbasar mit vielen Händlern, dazu Kultururprogramm, Tel. 039976 54 10, www. thuenen.de.

Verkehr
In Teterow fahren die Busse des Verkehrsverbundes Warnow. Auskunft: Tel. 03996 12 04 54. Tgl. stündl. Bahnverkehr nach Güstrow–Rostock–Hamburg sowie Neubrandenburg–Berlin.

Güstrow und süd-westliche Umgebung

Highlights!

Güstrow: Mit seinem beeindrucken-den Renaissance-Schloss, den schönen Kirchen und kostbaren barocken Bür-gerhäusern ist Güstrow ein besonderer kultureller Anziehungspunkt im Nor-den der Seenplatte. S. 234

Kloster Dobbertin: Eine der bemer-kenswertesten Klosteranlagen Meck-lenburgs besticht durch seine ein-drucksvolle Backsteinarchitektur. S. 249

Auf Entdeckungstour

Ernst Barlach – ein Künstler im inneren Exil: Drei Orte gibt es in Güstrow, die die wichtigsten Werke dieses eigenwil-ligen Bildhauers ausstellen, den Dom, die Gertrudenkapelle und das Atelier-haus am Heidberg. S. 240

Wikingertreffen im Altslawischen Tempelort Groß Raden: Was heute in der Tempelburg des slawischen Heilig-tums aus dem 9./10. Jh. so los ist, er-fährt man auf einer Tour durch das Ge-lände. S. 260

Kultur & Sehenswertes

Wassermühle Kuchelmiß: Die stattliche Mühle liegt idyllisch im noch sehr ursprünglichen Durchbruchtal des Flüsschens Nebel. Die vollständig erhaltene Mühlentechnik ist zu besichtigen und in der Mühlenscheune gibt es auch einen Imbiss. S. 254

Aktiv & Kreativ

Reiten im Gestüt Ganschow: Mecklenburgs größtes Pferdegestüt, das für seine großen Stutenparaden bekannt ist. S. 245

Kanu-Camp an der Mildenitz: Kleines und sympathisches Camp fernab vom Massentourismus. Abends wird ein Lagerfeuer angezündet. S. 263

Genießen & Atmosphäre

»Ich weiß ein Haus am See«: In erholsamer Lage am Krakower See kocht Küchenchef Raik Zeigner klassisch französisch. S. 255

Kloster Rühn: Romantisch anmutende Klostermanufaktur für feine native Wildkräuteröle. S. 258

Abends & Nachts

Vollmond-Wanderung zu den Wölfen: Im Natur- und Umweltpark Güstrow gibt es geführte Wanderungen zu einem Wolfsrudel. S. 246

Apachen-Live-Show im Tipilager Neu Damerow: Eine abendliche Stuntshow auf einer großen Wiese, bei der über 50 Laienakteure und 30 Pferde eine äußerst gefährliche und spannende Wildwest-Story spielen, dass es nur so knallt und die Wagenburgen brennen. S. 253

Prunk in der Provinz

Jenseits der Stadtgrenzen von **Güstrow** gelangt man in die schöne Provinz des Sternberg-Krakower Seengebietes, das die beiden Naturparks Sternberger Seenland und Nossentiner/Schwinzer Heide umfasst. Das **Sternberger Seenland** findet sich auf 540 km^2 Fläche im Gebiet zwischen **Sternberg**, Brüel, **Güstrow**, Bützow, Warin und Neukloster. Die **Nossentiner/Schwinzer Heide** erstreckt sich auf 365 km^2 etwa zwischen **Goldberg** und **Krakow am See** und den Seen nördlich von Malchow.

Mit seinen über 90 Seen wird das Sternberger Gebiet durch den Flusslauf der **Warnow** – den längsten Fluss Mecklenburgs – bestimmt. Die Warnow ist ein Gewässer mit sehr verschiedenen Gesichtern: mal ein reißendes Wildwasser und dann wieder ein ruhiger Flusslauf, der sich gemächlich durch sein Flussbett wälzt (s. S. 258).

Güstrow! ▶ D 3

Die fast 30 000 Einwohner zählende Kleinstadt Güstrow wird häufig als ›Herz Mecklenburgs‹ bezeichnet, weil sie genau im geografischen Mittelpunkt dieses historischen Landesteils

Infobox

Verkehr
Über direkte **Busverbindungen** zwischen Güstrow, seiner näheren Umgebung und Goldberg, Sternberg sowie Krakow informiert die Omnibusverkehrsgesellschaft Güstrow (OVG), Tel. 03843 694 00, www.ovg-guestrow.de.

liegt. Die einstige Residenz der mecklenburgischen Herzöge der Nebenlinie Mecklenburg-Güstrow ist mit ihren schönen Kirchen, den engen Gassen und Sträßchen sowie dem Erbe ihrer großen Künstler ein ganz besonderer Anziehungspunkt. Das Schöne an Güstrow ist, dass es sich trotz seiner Entwicklung zu einem regionalen Wirtschafts-, Verwaltungs- und Kulturzentrum noch seinen ursprünglichen Charme bewahrt hat.

Stadtgeschichte

Güstrows Geschichte beginnt um 1228, als die Siedlung am Schnittpunkt alter Handelswege das Stadtrecht erhält. Als Herzog Ulrich von Mecklenburg 1556 in Güstrow Residenz nimmt und sich das Schloss erbauen lässt, blüht auch der Ort auf. 1628/29 bewohnt Albrecht von Wallenstein das Schloss, dessen Heer den Dänenkönig Christian IV. schon 1626 besiegt hatte und der daraufhin Mecklenburg vom Kaiser als Pfand für seine Kriegskosten zugesprochen bekommt. Die Herzöge von Mecklenburg kehren erst wieder ins Schloss zurück, nachdem die Wallenstein'schen Truppen 1631 abgezogen waren. Nach dem Ende des Dreißigjährigen Krieges wächst in Güstrow der bürgerliche Wohlstand, was noch heute an den vielen stattlichen barocken Fachwerkhäusern der Altstadt zu sehen ist.

Aber mit dem Aussterben der Mecklenburg-Güstrower Herrscherlinie im 18. Jh. gerät die Stadt abseits der großen Landespolitik, Güstrow wird Provinz. Durch den Anschluss an das Eisenbahn- und später auch an das Schifffahrtsnetz erleben dann Zucker-

und Holzindustrie im Laufe des 19. Jh. einen Aufschwung. Während des Zweiten Weltkrieges bleibt Güstrow weitgehend von Zerstörungen verschont und genießt als Barlachstadt auch zu DDR-Zeiten das Privileg besonderer Pflege.

Parken in Güstrow
Zwei größere, gebührenfreie Parkplätze unterhalb des Schlosses an der Plauer Straße und am Schlossberg (s. Karte S. 237) – im Vorderteil jeweils auf 3 Std. begrenzt, ansonsten ohne Zeitlimit.

Stadtrundgang

Schloss 1

Franz-Parr-Platz 1, www.schloss-gues trow.de, ganzjährig Di–So 10–17 Uhr, Tel. 03843 75 20, 5 €, Kinder unter 6 J. frei (wird renoviert, ist aber zu besichtigen)

Die einstige Vierflügelanlage des Güstrower Schlosses ist immer noch die größte und interessanteste Schöpfung der norddeutschen Renaissance überhaupt. Stolz erhebt sich auf einer kleinen Anhöhe die helle, lebendig gestaltete Putzfassade mit den Erkern und Rundtürmen, die den Besucher an die Loire-Schlösser erinnert. Diese Mischung aus schlesischen, französischen, niederländischen und italienischen Einflüssen kommt nicht von ungefähr. Erst ließ der Auftraggeber, Herzog Ulrich, 1558 den Süd- und Westtrakt von dem schlesischen Architekten Franz Parr erbauen, während der Norditaliener Hans Strol die Innenausstattung entwarf. 1594 folgten der Niederländer Philipp Brandin und sein Schüler Claus Midow mit der Ergänzung des Nord- und Ostflügels sowie der Schlosskapelle. Das barocke Torhaus mit der langen Schlossbrücke vollendete der Franzose Charles Philippe Dieussart 1671 als letzte Zutat zur Gesamtanlage.

Stolze Bürgerhäuser in den Straßen von Güstrows Innenstadt

Güstrow

1712 traf sich hier Zar Peter der Große mit seinem Verbündeten August dem Starken von Sachsen, um einen Frieden im Krieg gegen die Schweden auszuhandeln. Nach dem Aussterben der Güstrower Herzogslinie verlor auch das Schloss als Residenz an Bedeutung und verfiel zusehends, bis schließlich der Ostflügel und ein Teil des Nordflügels abgetragen werden mussten. Im Zweiten Weltkrieg blieb das Bauwerk unzerstört. Nach der Nutzung als Altenpflegeheim wurde es 1963–80 umfassend restauriert. Höhepunkt eines Rundgangs durch das Schlossmuseum ist der große Festsaal im Südflügel mit seinen fein ausgearbeiteten Stuckfriesen.

Der **Schlossgarten** wurde wieder in einen blumenreichen Renaissancegarten zurückverwandelt. Besonders im Juli, zur Zeit der Lavendelblüte, duftet es hier wie in der Provence.

Stadtmuseum Güstrow 2
Tel. 03843 76 91 20, www.guestrow. de, Mo–Fr 9–18, Sa 10–16, So 11– 16 Uhr, Eintritt frei
Auf 500 m^2 Ausstellungsfläche trifft man hier auf eine bedeutende Schausammlung zur Geschichte Güstrows.

Die Ausstellung geht besonders auf die künstlerischen und geistigen Köpfe Güstrows ein: den Maler Georg Friedrich Kersting, den Dichter John Brinckmann und den Maler Otto Vermehren. Eine kleine Sammlung deutscher Expressionisten, zu denen auch Helmut Macke, der Vetter August Mackes, gehört, genauso wie der Nolde-Freund Christian Rohlfs und der Brücke-Maler Erich Heckel, wird besonders Interessenten am zeitgenössischen Umfeld Ernst Barlachs interessieren.

Ernst-Barlach-Theater 3
Tel. 01805 68 10 68, www.theater- guestrow.de, Theaterkasse Mi–Fr 12–18 Uhr, Tel. 03843 68 41 46 od. Güstrow-Information
Das kleine Theater wurde 1828 von dem Schweriner Architekten **Georg Adolph Demmler** (s. Entdeckungstour S. 272) errichtet und kann sich somit rühmen, der älteste klassizistische Theaterbau Mecklenburgs zu sein. Ein eigenes Ensemble haben die Güstrower zwar nicht, engagieren aber auswärtige Ensembles wie die Neubrandenburger Philharmoniker, das Parchimer Kindertheater oder Berliner Travestie-Shows.

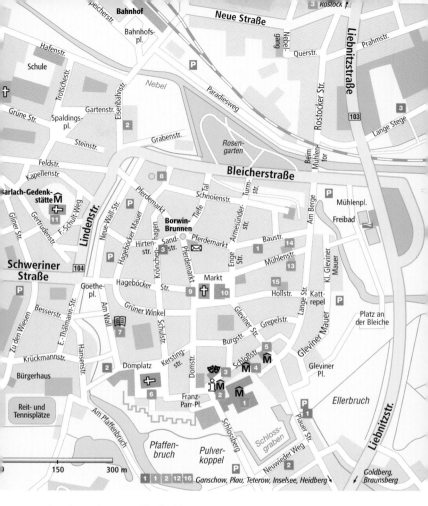

Städtische Galerie Wollhalle 4

Tel. 03843 76 91 69, www.guestrow. de, während einer Ausstellung tgl. 11–17 Uhr, Eintritt 2,50 €

Der frühere herzogliche Pferdestall mit seinen weiten Raumfluchten wurde im 19. Jahrhundert zum Handelsplatz für Wolle, im 20. Jahrhundert als Theaterwerkstatt genutzt und dient heute der Präsentation zeitgenössischer Bildender Kunst.

Krippenmuseum 5

Heiligengeisthof 5, Tel. 03843 46 67 44, 1. Advent–15. Jan., Juni–Sept. tgl. 10–17, 16. Jan.–Mai, Okt.–Nov. Di–So 11–16 Uhr, 2,50/1,50 €

In der ehemaligen Heilig-Geist-Kirche, der ältesten Predigerstätte Güstrows (1527), kann man anhand von über 350 Krippen aus 60 Ländern dieser Erde die Vielfalt an Interpretationen der Weihnachtsgeschichte nachvollziehen.

Güstrow und südwestliche Umgebung

Dom 6

Tel. 03843 68 24 33, www.dom-gue strow.de, Mitte Mai–Mitte Okt. Mo–Sa 10–17, So 11.30–12, 14–16 Uhr, ab Mitte Okt. eingeschränkt aber mit folgenden Kernzeiten: Di–So 11–12, 14–15 Uhr

Am stimmungsvollsten ist es hier auf dem Domplatz, wenn die tiefe Abendsonne auf dem dicken Backsteingemäuer des **Doms St. Maria, St. Johannes Evangelista und St. Cäcilia** steht, denn dann erglüht der warme Stein in intensivem Rot.

Gestiftet wurde der Dom 1226 von Fürst Borwin II, dem am Pferdemarkt ein **Brunnendenkmal** gewidmet ist.

Gegen 1475 schließlich erfolgten die letzten Baumaßnahmen mit der Verlängerung des Chores um ein Joch sowie der Vollendung des dreigeschossigen Westturms.

Im Dominneren ist eine Fülle bedeutender Ausstattungsstücke zu sehen, darunter Ernst Barlachs Figur des **»Schwebenden«** (s. S. 241), und auch die Grabstätten vieler Mecklenburger Herrschaften finden sich hier. Insbesondere richtet sich der Blick auf das **Grabmonument für Herzog Ulrich von Mecklenburg-Güstrow** und seine **Gemahlinnen Elisabeth von Dänemark** und **Anna von Pommern**. Das riesige Grabmal aus teilweise goldgefasstem Marmor ist

Nicht nur von außen eine Augenweide: Güstrows Stadtpfarrkirche St. Marien

238

kostbar verarbeitet. In überraschend realistischer Manier knien die drei lebensgroßen Figuren hintereinander. Das Bildwerk Ulrichs sowie der 1585 vor ihm verstorbenen Elisabeth wurde von dem Utrechter Bildhauer und Architekten Philipp Brandin, dem Hauptmeister der Renaissance in Mecklenburg, geschaffen. Die Figur der Anna kam dann 1597 von der Hand seiner Gesellen Claus Midow und Bernd Berninger hinzu. Mitte des 19. Jh. erhielt der Dom eine vollständige Innenrestaurierung, wobei die aparten Gewölbemalereien wieder entstanden.

Uwe-Johnson-Bibliothek [7]

Am Wall, Mo, Mi–Do 10–18, Di 14–18, Fr 14–18 Uhr, Tel. 03843 726 20, www.guestrow.de

Uwe Johnson zu Ehren wurde die Stadtbücherei nach ihm benannt, die mit ihrem Bestand von 50 000 Medien in einem sehr schönen frühklassizistischen ehemaligen Pferdestall untergebracht ist. Von März bis Dezember finden ungefähr ein- bis zweimal monatlich Lesungen durch bekannte Schauspieler und Johnson-Preisträger statt. Es lohnt sich nachzufragen.

Brinckman-Brunnen [8]

Auch John Brinckman machte ›Karriere‹ in Güstrow. Er lebte hier von 1849 bis zu seinem Tod im Jahr 1870. In dieser Zeit verfasste er sein literarisches Hauptwerk und wurde mit der lustigen, in Niederdeutsch verfassten Erzählung »Kaspar-Ohm un ick« berühmt. Einen Steinwurf vom Pferdemarkt entfernt erinnert der stille Brunnen an den Literaten. Die Brunnenfiguren Fuchs und Igel, die sich so kritisch musternd gegenübersitzen, stammen aus Brinckmans Geschichte vom schlauen Igel, der den Fuchs aus Rache dafür, dass dieser ihn fressen wollte, trickreich an die Jäger ausliefert.

Marktplatz

Der Marktplatz im Zentrum der Altstadt, mit seinen schönen Bürgerhäusern verschiedener Stilepochen ringsherum, stellt eines der schönsten baulichen Ensembles Norddeutschlands dar. Mitten auf dem Platz stehen Marienkirche und Rathaus.

Stadtpfarrkirche St. Marien [9]

Tel. 03843 68 20 77, www.kirchenkreis-guestrow.de, 16. April–31. Mai, 1.–15. Okt. Di–Sa 10–12, 14–16, So 11.30–12, 14–16 Uhr, Juni–Sept. Mo–Sa 10–17, So 14–16 Uhr, 16. Okt.–15. April Di–Sa 11–12, 14–15, So 14–15 Uhr

Die ältesten Bauteile der Stadtpfarrkirche gehen auf das Jahr 1298 zurück. Nach mehrmaligem Umbau erhielt das Gotteshaus 1880 seine endgültige Gestalt einer dreischiffigen Hallenkirche aus rotem Backstein. Herausragend ist die Gestaltung des Altarraums, der in ein angenehm mildes Licht getaucht ist. Hauptstück der Ausstattung aber ist der **Brabanter Flügelaltar** von 1522 aus der Werkstatt des Bildschnitzers Jan Borman; figurenreich und lebendig sind hier Passionsszenen aus dem Leben Jesu dargestellt. An bestimmten kirchlichen Feiertagen werden die vier Altarflügel ausgeklappt, dann sind die Tafelbilder des Brüsseler Meisters Bernart van Orley in ihren warmen, erdigen Farben zu bewundern.

Güstrower Rathaus [10]

Der in Rosa gefasste dekorative Bau steht Rücken an Rücken mit der Pfarrkirche St. Marien. Ursprünglich bestand das Gebäude aus vier einzelnen Giebelhäusern. 1798 vollendete David Anton Kufahl, ein Schüler des Frühklassizisten Friedrich Gilly, den Umbau in eine 13-achsige Schaufassade. In Mecklenburg gibt es nur wenige klassizistische Bauwerke dieser Louis-XVI-Stilvariante.

Auf Entdeckungstour

Ernst Barlach – ein Künstler im inneren Exil

Liebhaber der Kunst Ernst Barlachs kommen in Güstrow auf ihre Kosten, denn außer der Figur des »Schwebenden« im Dom vermitteln auch die Gedenkausstellung in der Gertrudenkapelle und das Atelierhaus am Heidberg einen umfassenden Einblick in das Schaffen des Künstlers.

Zeit: je nach Aufenthaltsdauer bei den einzelnen Stationen 2–3 Stunden.

Planung: Start am Dom, von dort läuft man 10 Min. bis zur Gertrudenkapelle. Um zum Atelierhaus am Heidberg zu gelangen, fährt man entweder mit dem Auto oder nimmt vom Bahnhof den Bus 252. Er hält direkt vor der Tür.

Tipp: Die Kombikarte für 7,50 € gilt für alle Güstrower Barlach-Museen; in den Museen erhältlich.

›Fremde Heimat‹ Güstrow

1910 war Ernst Barlach, der sich eigentlich immer als Urberliner gefühlt hatte, auf der Suche nach einem geeigneten Lebensort in die damalige kleine Ackerbürgerstadt Güstrow gekommen. Die Berliner Freunde zeigten sich schockiert über den Aufbruch in die unkultivierte Provinz, und auch der Künstler selbst war die ganzen 28 Jahre, die er bis zu seinem Tod in Güstrow verbringen sollte, eigentlich immer entschlossen, eine Veränderung herbeizuführen. Obwohl er Sympathie für die weite, leicht hügelige Landschaft und den langsamen, etwas behäbigen Menschenschlag hegte, blieb Barlach in Güstrow immer ein Sonderling. Der schwierige und menschenscheue Künstler hielt bewusst Abstand, und die Güstrower fanden kaum Zugang zu seinen eigenwilligen Werken. Während des Ersten Weltkrieges blieb das »Güstrower Tagebuch« der ehrlichste und zuverlässigste Wegbegleiter des Künstlers.

Die **Bronzeplastik des »Schwebenden«,** das bekannteste Ausstattungsstück des Güstrower Doms **6**, aufgehängt in der nördlichen Seitenkapelle über einem schmiedeeisernen Taufgitter aus dem 16. Jh., entstand, als Barlach sich 1926 anlässlich der 700-Jahr-Feier des Doms bereiterklärte, gegen Berechnung der Materialkosten ein Ehrenmal für die im Ersten Weltkrieg gefallenen Güstrower zu schaffen. Schon immer war der schwebende Mensch eine Lieblingsidee Barlachs gewesen. »Im Traum fliege ich oft«, schrieb er in diesen Tagen an einen Freund. Tief im inneren Gleichgewicht, die Augen geschlossen und die Hände vor der Brust verschränkt, führt diese Figur aus dem widrigen Alltag in eine andere Welt hinaus – ein Inbegriff des Himmlischen. Zu Recht ist die Ähnlich-

keit ihrer Gesichtszüge mit Barlachs Akademiekollegin Käthe Kollwitz bemerkt worden. Barlach hat das wohl nicht beabsichtigt, sich aber im Nachhinein dazu bekannt.

Schikane durch die Nazis

Später, nach 1933, als er schon am Heidberg wohnte, begannen die Nationalsozialisten Barlach zu schikanieren: Erst wurde im Jahr 1937 der »Schwebende« aus dem Dom entfernt und infamerweise für Rüstungszwecke eingeschmolzen. In der Folge begann die Postzensur, dann kam das Besuchsverbot, anschließend legte man Barlach den Austritt aus der Akademie der Künste nahe. 381 Werke wurden als »entartet« beschlagnahmt, in Lübeck, Kiel, Güstrow und Hamburg seine Mahnmale entfernt. In der Münchner Ausstellung »Entartete Kunst« erfolgte die Diffamierung als »Kulturschänder«, und um das Maß vollzumachen, strich ihn die Reichsschrifttumskammer aus der Liste ihrer Mitglieder, um die lebensnotwendigen Einkünfte aus seiner literarischen Tätigkeit als Dramatiker zu unterbinden. Barlachs religiös-humanistische Welteinstellung half ihm nur bedingt über diese Situation hinweg. Die innere Einsamkeit wuchs, ein Herzleiden verstärkte sich, und schließlich zog er sich noch eine Lungenentzündung zu. 1938 verstarb Barlach fast 68-jährig in einem Rostocker Krankenhaus.

Doch Barlachs Kunst sollte den längeren Atem haben. Es kam, wie er selbst an seinen Freund, den Verleger Reinhard Piper, geschrieben hatte: »Ich bin entschlossen zu trotzen, sie sollen nicht triumphieren ...«. Und tatsächlich: Ein Abguss vom Originalmodell des »Schwebenden« hat sich auf Umwegen erhalten. Nach 1942 ließ sich die Antoniterkirche in Köln einen

Zweitguss anfertigen und machte schließlich 1953 eine weitere Abformung der Güstrower Domgemeinde zum Geschenk. Im Dezember 1981 gelangte das Kunstwerk wieder einmal in den Blickpunkt der Weltöffentlichkeit, als der damalige Bundeskanzler und erklärte Barlach-Liebhaber Helmut Schmidt anlässlich eines Staatsbesuchs Güstrow und den Dom in Begleitung des SED-Chefs und Staatoberhaupts der DDR Erich Honecker besuchte.

Ein Ort für Barlachs Kunst

Ein Besuch der **Gertrudenkapelle** 11, einer alten Pilgerkirche am Rande der Güstrower Altstadt, ist umso schöner, je weniger Publikum unterwegs ist. Dann kann man in dem kleinen Park mit dem alten Baumbestand auf einer Bank sitzen und die friedliche Atmosphäre spüren. Der Kapellenraum – ein

Barlachs »Zweifler«

einschiffiger spätgotischer Backsteinbau – birgt heute zahlreiche bekannte Holz- und Metallwerke aus der Schaffensperiode der zwanziger und dreißiger Jahre, darunter die »Gefesselte Hexe«, die »Mutter Erde« und den »Zweifler«.

Marga Böhmer, die Lebensgefährtin Barlachs, sorgte noch vor ihrem Tod im Jahr 1969 dafür, dass Barlachs Werke hier eine dauerhafte Ausstellung fanden, denn es war der Ort, den er sich immer für seine Objekte gewünscht hatte. Hier finden sich viele Werke Barlachs, inspiriert von seiner Russlandreise: hilflose Bettler, elternlose Kinder, verzweifelt betende Mütter, unterdrückte und verarmte Außenseiter, hinter deren dumpfer Schicksalsergebenheit Barlach eine Seele, eine menschliche Würde erkennbar macht. In Russland, das er im Jahr 1906 besuchte, fand Barlach zu seinen Themen und Ausdrucksformen, hier bildete sich sein Stil der runden Gesichter und breitknochigen Körper, den die Nationalsozialisten in den dreißiger Jahren als »artfremd« und »bolschewistisch« anprangerten. Neben seiner Russlandreise, Barlachs wichtigster Auslandserfahrung, hatte der Bildhauer auch in anderen Städten kurze Studienaufenthalte gehabt: Dresden, Paris, Berlin und Florenz – es blieben Episoden, die es nicht vermochten, aus dem erdverhafteten, bodenständigen Künstler einen Kosmopoliten zu machen. Zwar wird seine Kunst auch später in allen eleganten europäischen Kunstmetropolen anerkannt und geschätzt, doch ein Fremder bleibt er im Grunde seines Herzens immer. (Tel. 03843 68 30 01, www.barlach-stiftung.de, Juli/Aug. tgl. 10–17, April–Juni, Sept.–Okt. Di–So 10–17, Nov.–März Di–So 11–16 Uhr, Eintritt 4 €, Kinder ab 6 Jahren 2,50 €).

Blick in den Ausstellungsraum des Atelierhauses am Heidberg

Rückzug ins Atelierhaus am Heidberg

1931 gab Barlach seine Wohnung in der Stadt auf und zog mit Marga Böhmer, die selbst Bildhauerin war, außerhalb Güstrows an das Ostufer des Inselsees, ins **Wohnhaus am Güstrower Heidberg** 12. Neben dem Wohnhaus, das auf einer Lichtung im Wald steht, ließ er sich ein **Atelier** erbauen und setzte seine Arbeit in dem lichtdurchfluteten Raum fort. Das Atelier ist bestückt mit zahlreichen Tonreliefs und bronzenen Plastiken, darunter auch Barlachs letzte Arbeit, »Die lachende Alte« aus dem Jahr 1937, und Entwürfe für den achtteiligen »Fries der Lauschenden« von 1935.

Am Eingang zum Grundstück steht das 1998 erbaute **Ausstellungsforum**, ein großzügig bemessenes und bei großer Sommerhitze gut klimatisiertes Gebäude. Darin befindet sich das Barlach-Archiv, außerdem werden Sonderausstellungen präsentiert. Das im Jahr 2003 eröffnete **Grafik-Kabinett** zeigt Grafiken und Handschriften Ernst Barlachs.

Insgesamt werden auf dem Grundstück am Heidberg, das in mehrere Areale unterteilt ist, nahezu 300 Skulpturen, 430 Grafiken, Skizzenbücher und Briefe aufbewahrt – der größte Teil von Barlachs Schaffensnachlass (Tel. 03843 84 40 00, www.barlach-stiftung.de, Juli–Aug. tgl. 10–17, April–Juni, Sept.–Okt. Di–So 10–17, Nov.–März Di–So 11–16 Uhr, feste Führungen und auf Anfrage, Eintritt 6 €, Kinder ab 6 Jahren 4 €).

Güstrower Bürgerhäuser

In den acht Straßen, die vom Marktplatz in alle Himmelsrichtungen führen, finden sich noch schöne alte Bürgerhäuser. Besonders die gut erhaltenen barocken und klassizistischen Haustüren sind ein Blickfang. Der kräftige Farbanstrich und die aufgelegten schnörkeligen Verzierungen strahlen ihre ganze Schönheit auf die Umgebung aus.

Besonders hervorzuheben ist das eindrucksvolle **Dertz'sche Haus** 13 in der Mühlenstraße 48, das schon durch seine vier stolzen abgetreppten Backsteingiebel auffällt.

Schräg gegenüber, in dem Festsaal des Bürgerhauses **Mühlenstraße 17**, trat 2005 bei Sanierungsarbeiten eine bemalte Holzdecke aus dem Jahr 1610 zutage. Seitdem heißt er der **»Renaissance-Raum«** 14 (Besichtigung für Einzelpersonen durch die Verbraucherzentrale über den rückseitigen Hauseingang an der Baustraße). 19 Bildnismedaillons, deren künstlerische Qualität in der damaligen Profanarchitektur ganz Norddeutschlands keinen Vergleich kennt, portraitieren den Hausherrn und seine Familie auffallend detailfreudig in spanischer Mode mit weißer Halskrause.

Kersting-Geburtshaus 15

Das Fachwerkhaus in der benachbarten Hollstraße 6 ist das Geburtshaus **Georg Friedrich Kerstings** (nicht zugänglich). Von seinem Vater, einem Glasmaler, erlernte der junge Kersting (1785–1847) das Malen im Biedermeierstil. Später arbeitete er in Meißen als Malervorsteher an der Königlich-Sächsischen Porzellanmanufaktur. In bescheidener Huldigung seiner Heimatstadt entwarf er dort einen Porzellanpfeifenkopf mit der Ansicht von Güstrow. Seine enge Freundschaft zu Caspar David Friedrich führte ihn in den Kreis der deutschen Romantiker, zu dem auch Philipp Otto Runge gehörte. Die Landschaftsdarstellungen dieser drei heimatverbundenen Norddeutschen ebneten der gesamten europäischen Malerei des Realismus den Weg.

Ausflüge in die Umgebung

Natur- und Umweltpark 16

Verbindungschaussee 1, Tel. 03843 699 95 10, www.nup-guestrow.de, März tgl. 9–18, April–Okt. tgl. 9–19, Nov.–Febr. tgl. 9–16 Uhr, 8,50/4 €, SB-Restaurant, Bus 250 vom Bahnhof

In einer Ausbuchtung des Flüsschens Nebel liegt der Natur- und Umweltpark, kurz NUP genannt. In einer sehr schönen Ausstellung kann man vieles zum Lebenskreislauf des Wassers erfahren. Besonders aufregend für Kinder sind die verschiedenen Themenstationen. Der Hit jedoch sind eine 30 m lange **Aquarienwand** und noch mehr der 12 m lange **Aqua-Tunnel** aus dickem Plexiglas, der in das natürliche Fließwasser der Nebel eingelassen wurde. Hier geht man völlig trocken mitten durchs Wasser und hat – allerdings nur bei viel Glück – Einblick in die Raubzüge von Hechten und Forellen aus der Güstrower Unterwasserwelt.

Draußen führt ein elegant geschwungenes Wegesystem durch eine zooähnliche **Parklandschaft**, in der weite Wiesen, bewaldete Hügel, Erlenbrüche und die Flussniederung der Nebel einander abwechseln. Der **Bodenerlebnispfad**, der mit einer Moorleiche als echtem Knüller aufwartet, führt weiter zu **Adler- und Eulenvolieren**, dem **Damwildgehege**, dem **Braunbärenberg** und dem **Wolfsgehege**, das man per Hochweg überquert, sodass eine gelassene Beobachtung dieser Vierbeiner möglich ist.

Gestüt Ganschow ▶ D 4
*Ganschow (8 km südl. von Güstrow),
Tel. 038458 202 26, www.gestuet-
ganschow.de, Longe 16 €, Einzel-
stunde 22, Kinder bis 13 J. 16 €*
Inmitten weiter Wiesen und Koppeln
liegt das **Gestüt Ganschow**, das mit
350 Pferden größte Gestüt in Mecklenburg. Es ist das jüngste der vier
staatlichen DDR-Gestüte, die die
»Wende« überlebt haben. Seit 1964
werden in Ganschow die berühmten
Mecklenburger gezüchtet. Die Meckis,
wie die Pferde mit dem »M« unter der
Krone im Brandzeichen kurzerhand
genannt werden, haben einen lieben
und robusten Charakter. Sie sind vielseitig einsetzbar, sowohl für die Dres-
sur als auch zum Fahren oder Springen.

Neben der Mecki-Zucht hat sich Ganschow nach 1945 vor allem um das
Überleben der Trakehner verdient gemacht. Diese etwas zierlichere Rasse mit
der Elchschaufel im Brandzeichen hatte
einst ihren Stammsitz im ostpreußi-
schen Trakehnen. 1732 war das Gestüt
eigens von dem preußischen »Soldatenkönig« Friedrich Wilhelm I. gegründet worden und hatte große Erfolge in
der Aufzucht von Kavallerie- und leich-
ten Wagenpferden. Vor dem Einmarsch
der Russen wurden die Tiere nach Redefin und später nach Ganschow über-
führt und die Zucht durch polnische
und russische Hengste veredelt.

Ein Höhepunkt – nicht nur für Pferdeliebhaber – ist die alljährliche **Ganschower Stutenparade** (s. S. 33).

Übernachten

Zuverlässig – **Kurhaus am Inselsee** **1**:
Heidberg 1, Tel. 03843 85 00, www.
kurhaus-guestrow.de, DZ 115–145 €.
Freundliche Umsorgung im Vier-
Sterne-Plus-Haus. Erholsame Lage der
Zimmer zum Park und Inselsee hinaus.

Gut und günstig – **Gästehaus am
Schlosspark** **2**: Neuwieder Weg, Tel.
03843 24 59 90, www.gaestehaus-gue
strow.de, DZ ab 65 €. Ruhig, aber zentral. Helle, zweckmäßige Zimmer,
größtenteils mit Kleinküche. Frühstücksraum mit Wintergarten und
herrlichem Blick aufs Schloss. Fahrrad-
touristen und Gruppen sind besonders
willkommen. Familienzimmer (max. 2
Kinder).

Persönlich – **Hotel & Pension Villa Ca-
menz** **3**: Lange Stege 13, Tel. 03843
245 50, www.villa-camenz.de, DZ
54–64 €. Komfortabel, reichhaltiges
Frühstücksbuffet, Fahrradverleih.

Essen & Trinken

Gutes Preis-Leistungs-Verhältnis – **Bar-
lach-Stuben** **1**: Plauer Str. 7, Tel. 03843
68 48 81, www.barlach-stuben.de, tgl.
11.30–15, 17.30–23 Uhr, Hauptgericht
9,50–16,90 €. Gutbürgerliches Ambiente; rustikale Alt-Mecklenburger
Hausküche, feine, Michelin-belobigte
Haute Cuisine, Vegetarisches.

Mediterran – **Villa Italia** **2**: Domplatz
10, Tel. 03843 68 32 32, Di–Fr 11.30–
14.30, 17.30–22 Uhr, Sa/So 11–23 Uhr,
Hauptgericht 5,50–17,50 €. Pizza oder
Filetto d' Agnello alla Griglia, Biergärtchen mit Dom-Blick.

Hell und modern – **Café Wunderbar** **3**:
Krönchenhagen 10, Tel. 03843 77 69 27,
Mo–Fr 9–24, Sa–So 10–24 Uhr, Hauptgericht 4,90–20 €. Kleines, nettes Café mit
vielen Köstlichkeiten: kalt und warm,
süß und herzhaft.

Aktiv & Kreativ

Baden
Am Ostufer des Inselsees – **Städtisches
Freibad am Inselsee** **1**: Am Heidberg,
Tel. 0170 554 35 53, tgl. 10–18 Uhr,

Sichtlich wohl fühlen sich diese Kühe in der unberührten Natur nahe Güstrow

www.guestrow.de, direkte Buslinie 252 vom Bahnhof. Badestrand mit Boots- und Fahrradverleih. Kutterverleih So 14, 16 Uhr.

Bei schlechtem Wetter – **Oase** 2: Plauer Chaussee 7, Tel. 03843 855 80, tgl. 10–22 Uhr, www.oase-guestrow. de. Hallenbadeparadies mit Sportbad, Spaßbad, Riesenwasserrutsche und Wellnessbereich.

Bowling

Mit Kindern – **Meck-Bowl** 3: Neukruger Straße 62, Tel. 03843 21 98 76, www.meck-bowl.de, tgl. 15–24 Uhr, mit Gaststättenbetrieb.

Fahrrad/Kanu fahren

Gut organisiert – **Wanderer Aktivtour: im Gästehaus am Schlosspark** 2: Sven-Erik Muskulus, 038458 80 11 od. 0170 554 35 53, www.wanderer-aktivtour.de. Fahrrad- und Kanuverleih inklusive Tourenberatung.

Abends & Nachts

Locker – **Kneipe »Schnick Schnack«** 1 : Baustr. 35b, Tel. 03843 773 78 87, Mo–Sa ab 17 Uhr, So ab 19 Uhr, Küche bis 24 Uhr, Hauptgericht ab 5 €. Gut besuchte rustikale Bierkneipe in Hinterhaus mit Pub-Charakter; aber es werden auch Cocktails gemixt.

Für Cineasten – **Kino »Movie Star«** 2: Eisenbahnstr. 16, Tel. 03843 77 37 72, www.moviestarkino.de. Sonntags und montags läuft »Der besondere Film« im Movie Star.

Spannend – **Vollmondwanderung zu den Wölfen: im Natur- und Umweltpark** 16: monatlich und nach Absprache, 2 Std., 8,50 €. Fachkundige Führung zu einem Wolfsrudel mit Fütterung; auch andere Tiere der Nacht wie Eulen, Käutzchen oder Fledermäuse sind hautnah zu erleben. Einbezogen wird ein »Tastpfad« für schöne Sinneserfahrungen.

Unterwegs in den Naturparks

Touristenbüro

Güstrow-Information: Franz-Parr-Platz 10, 18273 Güstrow, Tel. 03843 68 10 23, Fax 03843 68 20 79, Mai–Sept. Mo–Fr 9–19, Sa 10–17, So 11–17, Okt.–April Mo–Fr 9–18, Sa 10–16, So 11–16 Uhr, www.guestrow-tourismus.de. Zu empfehlen sind die erlebnisreichen Stadtrundgänge für Kinder.

Feste & Veranstaltungen

Güstrower Stadtfest: im Juni, Bühnenprogramme, Artistik und Musik auf dem Marktplatz und im Innenstadtbereich, Tel. 03843 68 10 23.

MeckProm im Güstrower Schlosshof: im Juli, Sommerkonzert der Staatskapelle Schwerin nach Vorbild der berühmten englischen Promenadenkonzerte mit unterhaltsamer klassischer Musik, www.theater-schwerin.de, Tel. 03843 68 10 23.

Sommerfest im Natur- und Umweltpark: im Juli, das größte Jahresfest im NUP mit Spiel, Musik und Aktionen, Tel. 03843 246 80.

Ganschower Stutenparade: im Juli, s. S. 33.

Güstrow kocht auf: Wochenend-Volksfest im August als Gourmetspektakel auf dem Marktplatz mit Schaukochen der besten Güstrower Küchenchefs, Tel. 03843 68 10 23.

Güstrower Kunstnacht: Am Abend des 2. Oktober warten die kulturellen Einrichtungen der Stadt mit Musik und Gesang, Puppentheater, Tanz, Lesungen und Führungen sowie kulinarischen Genüssen auf, www.kunstnachtguestrow. de, Tel. 03843 68 10 23.

Verkehr

Busverbindungen: Omnibusverkehrsgesellschaft Güstrow (OVG), s. Infobox S. 234, innerstädtisch auch über die Güstrow-Information (s. o.).

Dass man im **Sternberger Seenland** und der **Nossentiner/Schwinzer Heide** beim Wandern, Radeln oder Reiten auf Ansiedlungen trifft, ist keine Selbstverständlichkeit, denn beide Naturparks gehören mit 9 Einwohnern pro km^2 zu den am dünnsten besiedelten Gebieten Mecklenburgs.

Durch den Naturpark Nossentiner/ Schwinzer Heide verläuft die mecklenburgische Hauptwasserscheide: Während die Nebel und die Mildenitz als die größten Flüsse des nordwestlichen Teils in die Warnow und weiter in die Ostsee gelangen, streben alle Flüsse des südöstlichen Teils in den Kölpin-, den Fleesen- und den Plauer See, um von dort über Elde und Elbe in die Nordsee zu fließen.

Besonders schöne Momente zur Naturbeobachtung sind die frühen Morgen- und Abendstunden, nämlich dann, wenn Tausende von Enten und Gänsen ein lautes Spektakel an den Seeufern veranstalten. Sehr zu empfehlen ist der Aussichtsturm »Moorochse« im NSG **Nordufer Plauer See**, denn von dort lässt sich per Fernglas Einblick in eine Landschaft nehmen, die nicht betreten werden darf. Auch die Namen der anderen Aussichtstürme, »Seeadler« und »Rohrsänger« im NSG **Krakower Obersee** und »Rothirsch« im NSG **Großer und Kleiner Serrahn**, deuten schon auf die Tiere hin, die man hier antrifft. Mit ein bisschen Glück sieht man auch kreisende Seeadler, denn der Naturpark Nossentiner/Schwinzer Heide weist einen der dichtesten Bestände an Brutpaaren in ganz Mitteleuropa auf. Allein 18 Brutpaare wurden 2008 gezählt. Diese Horste werden von der Parkverwaltung besonders geschützt.

Infos

Naturpark-Informationsstellen

Infozentrum Karower Meiler: Karow (am Ortsrand an der Kreuzung von B 103 und B 192), Tel. 038738 702 92, www.naturpark-nossentiner-schwinzer-heide.de, Mai–Sept. tgl. 10–17, Okt. u. April tgl. 10–16, Nov., Febr., März Mo–Fr 10–16 Uhr). Informationen zum **Naturpark Nossentiner/ Schwinzer Heide** im Rahmen einer Ausstellung.
Naturpark Sternberger Seenland: Warin, Tel. 038482 220 59, www.np-sternberger-seenland.de und www.sternberger-seenland.de.

Goldberg ▶ D 5

Die Lage Goldbergs zwischen dem Großen Medower See, dem Woostener, dem Dobbertiner und dem Goldberger See an der Mildenitz, die die beiden letztgenannten Seen miteinander verbindet, hat das beschauliche 3000-Einwohner-Städtchen zum beliebten Ausgangspunkt für Wanderungen gemacht. Mit spektakulären Goldfunden hat die Stadt Goldberg – wie man vielleicht meinen könnte – nicht das Geringste zu tun. Sogar die Einheimischen sagen gern, Goldberg sei die Stadt der drei Lügen: kein Gold, kein Berg, keine Stadt. Eines steht jedenfalls fest: Wie viele mecklenburgische Städte ist auch Goldberg slawischen Ursprungs und leitet sich von dem Wort glocze (»Gold«) ab.

Die Wanderungen der Umgebung sind mit Symbolen markiert; so führt das Abbild eines Vogels in die **Langenhägener Seewiesen**, ein Laubbaum in das **Mildenitztal**, ein Boot rund um den **Goldberger See**. Ein anderer, mit einem Blatt markierter Wanderweg geht von Goldberg über Hellberg und Klees-

ten bis zum **Bolzsee**, der aufgrund seines klaren Wassers und des flachen Ufers ein idealer Badesee für Familien mit Kleinkindern ist.

Stadtgeschichte

1248 erhob der Parchimer Fürst Pribislaw I. Goldberg zur Stadt und verlieh ihm das Parchimer Stadtrecht. Goldberg lag damals recht günstig am Kreuzungspunkt zweier Handelsstraßen. Als zeitweiliger Sitz der mecklenburgischen Fürsten von Werle-Goldberg stand ab 1316 an der Stelle des heutigen Amtshauses in der Amtsstraße/Ecke Parkstraße einst eine Residenz, von der ein großer Teil 1842 abgerissen wurde, denn mit dem Aussterben dieses Geschlechts geriet Goldberg zunehmend in Vergessenheit. 1816 entdeckten die Goldberger eine Stahlquelle und prompt avancierte man zum Bad.

Sehenswertes

Der Backsteinbau in der Jungfernstraße dient seit 1925 als **Katholische Kirche Heilige Familie** (Messe Sa um 18 Uhr). Auffällig ist der schöne gotisierende Treppengiebel an der Frontseite. An der Hauswand erinnern zwei Tafeln daran, dass das Gebäude 1845 ursprünglich als Synagoge der Jüdischen Gemeinde errichtet wurde, die es 1925 an die Katholiken verkaufte.

Auf einer Anhöhe in der westlichen Altstadt liegt die **evangelische Stadtkirche** (Gottesdienst So 10 Uhr; Schlüssel im Pfarrhaus gegenüber). Der rechteckige und kompakte Saalbau aus Backstein stammt im Kern aus dem 13. Jh. Eine Restaurierung im Jahr 1842 veränderte die Kirche und beließ von den alten Formen nur das Südportal.

Naturmuseum

Im Müllerweg 2, Tel. 038736 414 16,
Mo 10–14, Di, Mi, Fr 10–16, So
12–16 Uhr

Die ehemalige Wassermühle, ein Fachwerkbau mit rotem Backstein, liegt malerisch direkt neben dem Flüsschen Mildenitz. Ein Schwerpunkt der Sammlung des Hauses ist der Nachlass des Goldberger Kunstmalers Heinrich Eingrieber (1896–1979), der zugleich der Museumsgründer war. Die im ganzen Haus ausgestellten Landschaften und Porträts in Aquarell- und Öltechnik erzählen von seiner mecklenburgischen Heimat.

Die **naturhistorische Abteilung** beeindruckt mit einer bunten Sammlung tropisch schillernder Schmetterlinge, Käfer und Insekten. Ein Schrecken für Kinder ist der zähnebleckende ausgestopfte Wolf, der 1952 im nur 30 km entfernten Eichelberg bei Güstrow von Bauern mithilfe einer Sauschlinge (für Wildschweine) gefangen wurde.

Eine echte Idylle bildet der buchsbaumgerahmte **Museumskräutergarten** hinter dem Haus, der quer durch das Refugium der Heilpflanzen und Gewürze geleitet (s. S. 250).

Langenhägener Seewiesen ▶ D 5

5 km westlich von Goldberg liegen die Langenhägener Seewiesen, ein Flachseengebiet, das in den vergangenen Jahren einige Kraniche sporadisch als Schlafplatz nutzten. Das **renaturierte Feuchtbiotop** ist mit dem Auto von Goldberg auf der Straße nach Techentin und Mestlin zu erreichen. Gleich am Anfang des sich um das Seeufer ziehenden Ortes Langenhagen kann man von einer **Kranichbeobachtungshütte** die Lebensgemeinschaft der grau-weiß-schwarz gefiederten Sumpfvögel mit dem Fernglas beobachten. Der Uferweg ist auch fürs Radfahren geeignet.

Kloster Dobbertin ! ▶ D 4

Der Ort Dobbertin, 4 km nördlich von Goldberg, wurde seit jeher stark von seinem Kloster geprägt. Das große und frei zugängliche **Klostergelände**, das aus einem Backsteinensemble aus verschiedenen Zeiten besteht, liegt reizvoll um das Kloster gruppiert auf einer leicht vorgewölbten Landzunge im naturgeschützten **Dobbertiner See**. Der See ist seit Jahrzehnten eines der schönsten europäischen Vogelschutzgebiete und wahrscheinlich deshalb liegt – auch bei etwas diesigem Wetter – ein ganz besonderer Frieden über diesem Fleckchen Erde.

Die Abtei wurde um 1220 von Fürst Heinrich Borwin I. als Benediktinermönchskloster gegründet, aber schon wenige Jahre später als Nonnenkloster des gleichen Ordens weitergeführt. Bis ins 16. Jh. entwickelte sich Dobbertin zu einem der reichsten Klöster in Mecklenburg, mit vielen Ländereien, Gütern, Mühlen sowie Schulen. 1572 erfolgte die Umwandlung in ein Damenstift, die im Lauf der Jahrzehnte den Bau der spätbarocken und klassizistischen **Wohnhäuser** rund um den Klosterhof nach sich zog. 1991 übernahm das Diakoniewerk Kloster Dobbertin die Trägerschaft der gesamten Anlage und hat aus dem denkmalgeschützten Gebäudeensemble moderne Wohn- und Fördereinrichtungen für geistig behinderte Menschen gemacht.

Klosterkirche

Tel. 038736 86 121, www.kloster-dobbertin.de, Mai–Sept. Di–Fr 11–17.30, Sa/So 11–18 Uhr, Führungen: Mi, Sa 15 Uhr.

Lieblingsort

Schlichte Idylle

Im Kräuter- und Bauerngarten des
Goldberger Naturmuseums wan-
delt man zwischen üppig blühen-
den Pfingstrosen, Rittersporn und
Tränendem Herz, auch lädt ein
Bänkchen zum Innehalten ein.
Gleich neben dem Garten rauscht
die Mildenitz vorbei und gelegentlich stolziert hier ein Fischreiher
auf der Wiese zwischen den Bee-
ten, weil er weiß, dass er hier
ungestört bleibt. Besonders sinn-
lich ist die Atmosphäre am späten
Nachmittag, wenn die Sonne den
rötlich-braunen Backstein des
Museums zum Leuchten bringt.

Die Dobbertiner Klosteranlage kann sich rühmen, die einzige in ihrer Gesamtheit noch vollständig erhaltene Klosteranlage Mecklenburgs zu sein. Ihre jetzige Gestalt stammt aus dem Jahr 1837. Sie ist ein Werk des Schweriner Schlossbaumeisters **Georg Adolph Demmler,** der sie nach Plänen von Karl Friedrich Schinkel in enger Anlehnung an dessen Friedrichswerder'sche Kirche in Berlin in neugotischer Ziegelbauweise mit vielen Wimpergen und Filialtürmchen ausführte. Damit ist die Kirche die einzige Doppelturmanlage in ganz Mecklenburg. Innen ist in den vier Jochen des hohen, schlanken Hauptschiffs noch die Nonnenempore zu sehen.

Im spitzwinklig zur Kirche liegenden **Kreuzgang** stellen Schautafeln die Geschichte des einstigen Benediktinerklosters vor. Im **Klosterladen** werden Bücher spiritueller Autoren wie Hildegard von Bingen oder Anselm Grün verkauft und Kunsthandwerkliches aus den Dobbertiner Werkstätten angeboten, darunter die handgezogenen Dobbertiner Kerzen.

Übernachten

Idyllisch – **Campingplatz am Dobbertiner See:** Am Zeltplatz 1, Dobbertin, Tel. 038736 425 10, www.campingplatz-dobbertin.de. Unparzellierter Platz in einer schönen Uferbucht des Dobbertiner Sees gegenüber dem Kloster; Wanderungen mit dem Förster auf Anfrage.

Atemberaubend schöne Lage: Kloster Dobbertin am Ostufer des Dobbertiner Sees

Essen & Trinken

Schick – **Die Insel:** Am Badestrand 4, Tel. 038736 82 30, www.hotel-seelust. m-vp.de, April–Mitte Okt. 7–24, Mitte Okt.–Jan. u. März 9–22 Uhr, DZ 74–95 €, Hauptgericht 13,50–19,50 €. Restaurant im Strandhotel Seelust. Wunderbare ruhige Einzellage mit Bootssteg direkt am Goldberger See. Herausragend ist die klassische Küche von Sebastian Rauer, die die mecklenburgischen Produkte modern interpretiert.

Ganz versteckt – **Brauhaus:** Am Kloster, Mai–Okt. Di–Fr 11–17.30, Sa/So/Fei 11–18 Uhr, Nov.–April tgl. 11–16.30 Uhr, Tel. 038736 86 198, Hauptgericht 4 €. Im Brau- und Brennhaus von 1750 bieten die Bewohner der Klosterwohnhäuser Kaffee und selbst gebackenen

Kuchen, Eis und andere Kleinigkeiten an; kleine Innenhofterrasse mit Blick auf den Dobbertiner See.

Aktiv & Kreativ

Fahrgastschifffahrt

Mystische Stimmung – **Fahrgastschifffahrt Dobbertin:** 0172 302 93 15 (tagsüber), 038736 802 43 (abends), www.ms-condor.de, Anlegestationen: auf dem Fischereigelände (Karfreitag bis Ostermontag um 13 und 15 Uhr, Mai–Sept. Di–So u. Fei um 10, 13, 15 und 17 Uhr), am Gauden Hafen auf dem Klostergelände jew. 10 Min. später, 7,50 €, Kinder bis 12 J. 4 €. 90-minütige Rundfahrt durch das Dobbertiner Vogelschutzgebiet.

Reiten

Reiterferien – **Tipilager Neu Damerow:** Seestr. 6, Neu Damerow, Mitte Mai–Sept., Tel. 038738 706 74 od. 0174 194 56 11, www.apache-live-show.de, Tipilager mit 4–6 Betten à 5 €, Showeintritt 6 €, Kinder 3 €. Lagerfeuerromantik mit Abenteuerritten in die Natur. Reitunterricht kann man bekommen oder das eigene Pferd mitbringen. An den Wochenenden im Aug. u. Sept. gibt es abends die lebhafte **Apachen-Live-Show** von Wolfgang Kring (Sitzgelegenheiten mitbringen!).

Infos

Touristeninformation Goldberg: Müllerweg 2, 19399 Goldberg, Tel. 038736 404 42, Fax 038736 405 35, www.amt-goldberg-mildenitz.de oder www.waelder-seen-mehr.de, Mo 10–14, Di/Mi, Fr 10–16, So 12–16 Uhr.

Touristeninformation Dobbertin: Kleestener Weg 10, 19399 Dobbertin, Tel./ Fax 038736 411 33, www.dobber-

tin.de, ganzjährig Mo, Mi/Do 10–16, Di
10–17.30, Fr 10–15 Uhr.

Krakow am See ► E 4

Seit 1956 führt die Stadt Krakow am
See den Titel Kurort, seit 1993 wegen
ihrer sauberen Luftverhältnisse sogar
den eines Luftkurortes. Die Kleinstadt
mit etwa 4000 Einwohnern hat ein etwas unscheinbares Zentrum, denn im
Lauf der Jahrhunderte haben mehrere
Stadtbrände fast die gesamte mittelalterliche Bausubstanz vernichtet. Zentrum ist der **Marktplatz**, der aus einem
denkmalgeschützten Gebäudeensemble von Rathaus, der bescheidenen,
aber hübschen **Stadtkirche** aus dem
Jahr 1230 sowie Bürgerhäusern des 18.
und 19. Jh. besteht. Für Urlauber, die
viel wandern, radeln und ihre Ruhe haben wollen und die großen Touristen-
ströme lieber meiden, ist das Städtchen ideal.

Eine zauberhafte Atmosphäre
herrscht unten an der **Seepromenade**,
wo die rohrgedeckte Fischerhütte malerisch ins Wasser hinaus steht. Hier hat
man einen wunderbaren Ausblick auf
den weiten, buchtenreichen **Krakower
See** mit seinen bunt leuchtenden
Bootshäuschen. Den schönsten Blick
über die Krakower Stadt- und Seenlandschaft gewährt der 27,70 m hohe
Aussichtsturm auf dem Jörnberg
(76 m), der am nördlichen Stadtrand
nahe der Freilichtbühne liegt.

Jüdische Stätten

Der **Kulturverein Alte Synagoge**
(Schulplatz 1, Mai–Sept. Di–Sa 10–12,
13–17, Okt.–April Di–Fr 10–12, 13–16
Uhr, Tel. 038457 236 47, Fax 038457 246
14) hat seinen Sitz im früheren, 1866
eingeweihten und 1920 an die Stadt
verkauften Versammlungs- und Bet-
haus der jüdischen Gemeinde. Hier fin-

den Ausstellungen, Lesungen und
Konzerte statt.

Der kleine, unter Denkmalschutz
stehende **Jüdische Friedhof** ist in den
Alten Friedhof an der Plauer Chaussee
integriert. Unter Ebereschen, Ahorn-
bäumen und Hainbuchen liegt das von
einer Fliederhecke umrahmte Terrain
mit 52 Grabstellen. Zahlreiche Säulen
und Epitaphien aus poliertem Granit
und Sandstein stehen noch. Die meisten stammen aus dem 19. Jh. und zeigen biedermeierliche oder klassizistische Formen.

Museen

In der alten Schule schräg gegenüber
am Schulplatz 2 haben zwei Museen
ihren Sitz: im Erdgeschoss befindet sich
die **Historische Buchdruck-Schauwerk-
statt** (Öffnungszeiten nach Vereinbarung, Tel. 038457 238 72, www.druck-
buchkultur.de).

Im Obergeschoss ist die **Heimatstube** (Öffnungszeiten s. o.) zu finden.
Während die Schauwerkstatt die Geschichte des Buchdrucks seit Johannes
Gutenberg ab 1455 in Mainz zeigt,
stellt die Heimatstube anhand von historischem Mobiliar aus Krakower Be-
ständen das typische Alltagsleben in
einem mecklenburgischen Ackerbür-
gerstädtchen vor.

Wassermühle Kuchelmiß ► E 4

*Mühlenweg, Tel. 038456 606 66 od.
038457 51 99 97 (außerhalb der ÖZ),
Ostern–Okt. Di–So 11–18 Uhr, Eintritt
frei, Mühlenfest am Pfingstmontag,
Dreschfest am 1. Sa im Aug.*
Die schön sanierte alte Wassermühle
Kuchelmiß wurde 1751 erbaut. Heute
stellt dieses technische Denkmal mit einer auf drei Böden verteilten, fast vollständig erhaltenen Mühlentechnik

eine attraktive Anlaufstelle für Wanderer und Fahrradfahrer dar, die im Durchbruchtal der Nebel unterwegs sind. Einen wirklich aktiven Müller gibt es hier zwar nicht mehr, aber die ehemalige Müllerwohnung wurde zum **Mühlenmuseum** umgestaltet. In der riesigen Mühlenscheune, die so groß ist, dass 150 Personen darin Platz finden, empfängt ein rustikaler Mühlenimbiss die Ausflügler.

Wolhynier-Umsiedler-Museum ▶ E 4

Hofstr. 5, Linstow (8 km östl. von Krakow), Di–Fr 13–16, Mai–Sept. zusätzl. Sa, So 14–16 Uhr, Tel. 038457 519 63, www.umsiedlermuseum.wolhynien.de, trad. Museumsfest am 1. Sa im September
Die Attraktion des Dorfes Linstow ist das Wolhynier-Umsiedlermuseum (sprich: Wolinjer), das sich rühmen kann, bisher das einzige Museum dieser Art in der Bundesrepublik zu sein.

In einem schilfrohrgedeckten Holzhaus, einem original Wolhynischen Wohnhaus mit Stall, gibt eine Ausstellung Einblicke in Schicksal und Lebensweisen der Wolhyniendeutschen. Das sind Deutsche, die seit dem 13. Jh. und zuletzt 1810/12 in mehreren großen Schüben erst ins polnische Wolin und von dort aufgrund von Hungersnöten und Aufständen weiter in die Westukraine auswanderten, dort deutsche Siedlungen gründeten und zeitweilig von Hitler einverleibt wurden. 1945 erlitten sie eine erneute Enteignung und Vertreibung durch die Russen – und das alles ohne jede Entschädigung. Die Alliierten wünschten eine Verteilung der Wolhynier im Mecklenburgischen, da das Land so dünn besiedelt war. Heute leben 78 Familien in Linstow, deren oberste Autorität die Pfarrer ist.

Übernachten

Geschmackvoll – **Landwind Ferien:** Jörnbergweg 23, Krakow am See, Tel. 038457 51 91 10, www.landwind.de, Ferienwohnungen 50–104 €. Drei wunderschöne Ferienhäuser, eines davon reetgedeckt, samt Strandkörben im Garten, nur 10 Meter vom Seeufer entfernt. Die eigene Bäckerei liefert morgens Brötchen ins Haus.
Ruhe pur – **Gutshotel Groß Breesen:** Groß Breesen bei Zehna (10 km westl. von Krakow am See), Tel. 038458 500, www.gutshotel.de, DZ 98 €, Hauptgericht 10–16 €. Helle, freundliche Zimmer, Suiten und Appartements abseits allen Lärms, herzliche Atmosphäre. Hier hat man Gelegenheit zum Lesen, denn es stehen über 300 000 Bücher zum Tausch ›zwei alte gegen ein neues‹ bereit. Gemütliches Gewölberestaurant aus dem Jahr 1833.
Michelin-Qualität – **Ich weiß ein Haus am See:** s. Essen & Trinken.

Essen & Trinken

Michelin-Qualität – **Ich weiß ein Haus am See:** Paradiesweg 3 (Navigator: Windfang), Krakow OT Seegrube, Tel. 038457 232 73, Küche März–Okt. Di–So ab 18.30, Nov.–Feb. Fr/Sa ab 18.30 Uhr, www.einhausamsee.de, DZ 63–90 €, Hauptgericht à la carte ab 32 €, Menü ab 70 €. Idyllisch gelegenes Hotel, im eleganten Landhausstil eingerichtet. Das Pavillon-Restaurant wird seit 1996 durch einen Michelin-Stern verschönert. Küchenchef Raik Zeigner pflegt die klassische französische Küche. Man sollte unbedingt reservieren!
Unkompliziert – **Dat Rökerhus:** Wadehäng 1, Tel. 038457 504 00 od. 0172 302 28 31, März–Okt. tgl. 10–21 Uhr, Hauptgericht 6,90–9,90 €. Alles vom Fischbrötchen bis zum Rauchmatjes

Schlafen im Heu

In einer alten Wassermühe nahe Krakow kann man in einem ebenerdigen Heulager in einer renovierten alten Scheune mit modernem Bad und Küche preiswert im eigenen Schlafsack übernachten. Auf dem Anwesen gibt es auch eine ökologische Gärtnerei und einen Bio-Hofladen (Ulrich Damm, Wassermühle, Kölln, 8 km nördl. von Krakow, Tel. 038451 702 39 oder 0151 53 61 45 65, www.meckbio.de, 11 €, Kinder unter 4 Jahren kostenlos.

mit Bratkartoffeln, dazu ein frisches Bierchen vom Fass!

Tolle Lage – **Naturresort Drewitzer See:** 16 km südöstl. von Krakow am See, Tel. 039927 76 70, www.drewitzer see.vanderfalk.de, tgl. 12–22 Uhr, Hauptgericht 8,50–17,50 €. Die ehem. Jagdresidenz Erich Honneckers liegt ganz allein am Drewitzer See. Einen hinreißenden Logenplatz in der Natur hat man auf der Seeterrasse. Serviert wird internationale Küche und frischer Fisch. Jeden 1. So/Monat Brunch mit Livemusik 11–14 Uhr, 14,50 €, Kinder 4–12 Jahre: 7,25 € (bitte reservieren).

Aktiv & Kreativ

Angeln

Mit Räucherei und Imbiss – **Forellenzucht Dobbin:** Teichwirtschaft 5, Dobbin (am Ostufer des Krakower Sees), Tel. 038457 242 38 oder 0173 24 01 279, Mai-Sept. tgl. 8–17, Okt.–April Mi–So 9–16 Uhr. Forellenzucht Frischfischverkauf sowie 20 Angelteiche.

Baden

Bei Sonne – **Freibad Jörnbergweg:** Jörnbergweg 25, Krakow am See, Tel. 038457 238 49, 15. Mai–Aug. 10–18 Uhr; historische, denkmalgeschützte Badeanstalt mit sehr hübschem reetgedecktem Langhaus, Liegewiese und 3-Meter-Sprungturm in den See.

Bei Regen – **Van der Valk Resort Linstow:** Krakower Chaussee 1, Linstow (10 km östl. von Krakow am See), Tel. 038457 70, www.linstow.vanderfalk. de. Baby- und Kinderbecken, breite Familienrutsche, Whirlpools, Saunalandschaft. Getränke kann man kaufen, vier Restaurants mit lokaler und internationaler Küche.

Boot fahren

Boote aller Art – **Bootsverleih am Stadtsee:** Goetheallee 1a, Krakow am See, Tel. 038457 388 75, 0172 477 10 60, tgl. 10–20 Uhr, Segel-, Ruder, Motor-, Paddelboote, Wassertreter, Imbiss.

Fahrrad fahren

Zuverlässig – **Wanderer, Kanu, Rad & Reisen:** Im Seehotel, Goetheallee 1, Tel. 51 99 97 oder 0170 554 35 53. **Freizeittreff am See:** Güstrower Chaussee 9, Tel. 224 33. In der Feriensiedlung Kiefernhain: Am Borgwall 38, Tel. 227 37.

Infos & Termine

Touristenbüro

Touristeninformation Krakow am See: Markt 21, 18292 Krakow am See, Tel. 038457 222 58, Fax 038457 236 13, www.krakow-am-see.de.

Feste & Veranstaltungen

Fischerfest: Am 2. Wochenende im August, größtes Volksfest jeder Saison.

Krakower Mittsommernachtslauf: Am Wochenende der Mittsommernacht, Rundkurs um den Krakower See.

Sternberg ► C 4

Sternberg ist ein staatlich anerkannter kleiner Erholungsort mit knapp 5000 Einwohnern und liegt am Südufer des 3 km² großen Sternberger Sees. Der Ort kann auf eine bewegte Geschichte zurückblicken: 1248 gründete Fürst Pribislaw I., ein Urenkel des letzten Slawenfürsten Niklot, die Stadt und verlieh ihr das Parchimer Stadtrecht. Die Blütezeit begann nach einem Stadtbrand im Jahr 1309, als Heinrich der Löwe Sternberg zu seinem Lieblingsaufenthalt machte und hier bis 1329 residierte. Das schachbrettartige Straßennetz von damals kann man noch heute gut erkennen. Hinter der Kirche sind **Reste der alten Wallmauer** erhalten, und ganz in der Nähe zeugt das **Mühlentor**, ein schlichter gotischer Backsteinbogen, noch von dieser Zeit.

Sternberger Kuchen ...

... nennt man ein Stück bräunlichen Tertiärgeschiebes aus vermischten Krebsschalen, Haifischzähnen, Schneckenhäusern, Korallen, Seeigeln, Fischgräten und Holzresten, ordentlich durchgeknetet von den Meereswellen, gebunden mit eisenhaltigem Sandstein und 30 Mio. Jahre lang gedrückt zwischen den Erdschichten. Fachleute bezeichnen das pikante Gemisch als oberoligozänes Brandungskonglomerat, also ein fossiles Gestein! Der größte Ballen von acht Zentnern Gewicht steht im Sternberger Heimatmuseum.

Sehenswertes

Am Marktplatz

An der Nordseite des Marktplatzes entstand 1845 ein für so eine kleine Stadt erstaunlich großes und architekturgeschichtlich bedeutendes **Rathaus** im neogotischen Stil unter Einfluss des Architekten Gustav Adolph Demmler. Immerhin wurde der große Rathaussaal bis 1913 für die mecklenburgischen Landtagssitzungen genutzt.

Von hier aus führen Gassen in alle Himmelsrichtungen, und vor allem bergab, Richtung Westen, sieht man zahlreiche schmucke **Fachwerkhäuser**. Zwischen Erd- und Obergeschoss tragen viele von ihnen das typische **Sternberger Band**, einen hölzernen Zierstreifen mit Rautenmuster.

Heimatmuseum

Mühlenstr. 6, Tel. 03847 2162, Mai–Sept. Di–Fr 10–12, 13–16, So 15–17, Okt.–April Do 10–16 Uhr, 1,50/0,50 €
Das Fachwerkhaus, in dem das Heimatmuseum seinen Platz hat, wurde nach dem letzten Stadtbrand von 1741 erbaut. Die Museumsbestände verdeutlichen die Sternberger Stadtgeschichte, die Ur- und Frühgeschichte der Gegend und die hiesige Wohn- und Arbeitskultur des 19. und 20. Jh. Eine Sonderausstellung führt durch ein jugendstilmöbliertes Arbeitszimmer.

Stadtkirche St. Maria und St. Nikolaus

Besichtigung nach Anmeldung in der Pastorei, Mühlenstr. 4, Tel. 03847 29 19
Am Südportal der Heiligen Blutskapelle der Stadtkirche ist links an der Außenwand ein **Stein in die Mauer** eingelassen, der zwei Fußabdrücke zeigt. Er erinnert an die angebliche **Sternberger Hostienschändung** im Jahr 1492, nach der der Jude Eleasar vom Messpriester geweihte Oblaten zerschnitten habe, worauf das ›Heilige Blut‹ aus ihnen geflossen sein soll. Um die Hostien zu beseitigen, soll Eleasars Frau versucht haben, sie ins Wasser zu werfen und dabei in einen Stein eingesunken sein. Im Nu war unter den er-

bosten Katholiken eine Judenverfolgung ausgelöst, in deren Verlauf allein in Sternberg 27 Juden verbrannt wurden. Das Pogrom griff immer weiter um sich und endete schließlich mit einem 200-jährigen Siedlungsverbot für Juden in ganz Mecklenburg.

Besonders harmonisch gestaltet ist der Innenraum dieser frühgotischen Backsteinhallenkirche vom Anfang des 14. Jh. In der Turmhalle sticht das großformatige **Wandfresko** des Malers **Fritz Greve** ins Auge. Das Historienbild von 1896 stellt die Einführung der Reformation in Mecklenburg durch die Ständeversammlung an der Sagsdorfer Brücke dar. Vom **Turm** hat man eine der besten Aussichten über die Sternberger Seenlandschaft.

Warnowdurchbruchtal

▶ C 3/4

Am **Landgut in Groß Görnow**, 7 km nördlich von Sternberg, leitet ein Hinweis bis zu einem Parkplatz, wo ein 8 km langer Rundwanderweg in das Warnowdurchbruchtal beginnt. Der Weg führt über Buchenhof und Sternbergerburg und ist ausgezeichnet mit einem Wanderer, der auf seinem Rucksack die Signatur »WW 1« trägt. Ein kleines Abenteuer ist die lange **Holzbrücke über die Warnow**. Das 80 ha große Naturschutzgebiet ist eine einmalig schöne, bis zu 30 m tiefe Landschaftsrinne, die vor 25 000 bis 10 000 Jahren entstand, als das Eis zwischen den Endmoränen eine lange Gletscherzunge hindurchschob. Beim etappenweisen Abfluss des Gletschertauwassers kehrte sich zuletzt die Fließrichtung um, was man noch heute an der bis zu 30 m hohen terrassenartigen Gesteinsschichtung erkennen kann. Der Warnowlauf ist Brutgebiet für die Gebirgsstelze und den kleinen, blau

gefiederten Eisvogel. Hinweis: Im Tal ist es schattig und feucht, also Pulli einpacken!

Übernachten

Einfach schön – **Gutshaus Rothen:** Kastanienweg 4-5, Rothen (10 km südöstl. von Sternberg), Tel. 038485 502 50, www.gutshausrothen.de, FeWo 60–120 €. Schlicht und hell möbilierte Ferienwohnungen. Mit Park, alten Bäumen und Bademöglichkeit am Rothener See. Konzerte und Lesungen.

In schlichter Eleganz – **Gutshaus Zülow:** Dorfstr. 1, Zülow (10 km östl. von Sternberg), Tel. 038481 204 83 od. 0201 25 66 85, www.gutshaus-zuelow.de, FeWo und App. 32–77 €. Schöne Lage in wald- und wasserreicher Gegend an der Mildenitz. Mit riesigem Garten, Bibliothek und Sauna.

Essen & Trinken

Zauberhaft – **Schloss Kaarz:** Obere Dorfstraße, Kaarz (9 km südwestl. von Sternberg), tgl. 14–18 Uhr, Tel. 038483 30 80, www.schloss-kaarz.m-vp.de. Kleine Gerichte ab 4 €. Ein Kaffeestündchen auf der Schlossterrasse mit Blick über die sanft geschwungene Parkwiese mit ihren alten Mammutbäumen und über den See ist einfach ein Gedicht.

Einkaufen

Sympathisch – **Kloster Rühn:** Klosterhof 1, Rühn (25 km nordöstl. von Sternberg), Tel. 038461 59 92 10 od. 038461 59 92 15, Mai–Sept. Mi–Mo ▷ S. 263

Das Sternberger Mühlentor bietet vielversprechende Einblicke

Auf Entdeckungstour

Wikingertreffen im Altslawischen Tempelort Groß Raden

Das Freilichtmuseum 5 km nördlich von Sternberg fungiert als Zentrum der slawischen Archäologie in Mecklenburg-Vorpommern und ist einzigartig in Deutschland. Auf der flachen Landzunge im Groß Radener See legte ein Archäologenteam in den 1970er Jahren den 7000 m^2 großen slawischen Siedlungskomplex frei, den der Stamm der Warnower um 850 n. Chr. erbaut hatte.

Reisekarte: ▶ C 4

Ort: Kastanienallee, Groß Raden, Tel. 03847 22 52, www.freilichtmuseum-gross-raden.de, April–Okt. tgl. 10–17.30, Nov.–März 10–16.30 Uhr.

Zeit: Wikingertreffen an Ostern, Himmelfahrt, Pfingsten und am 1. Sept.-Wochenende. Slawische Aktivitäten für jedermann tgl. Juli/Aug.

Hinweis: Eine Fahrsondergenehmigung für den Weg vom Parkplatz zum Freigelände (1,5 km) ist möglich.

Slawisches im Freien und unter Dach und Fach

Am Rande des Geländes hat man vor einigen Jahren ein **Museumsgebäude** errichtet, in dem eine interessante Ausstellung auf die Zeit des frühen Mittelalters einstimmt (Erweiterung ist in den nächsten Jahren geplant). Erzählt wird die Geschichte der westslawischen Stämme der Obodriten und Liutizen, die um 600 n. Chr. aus Osteuropa in das schwach besiedelte, fruchtbare Mecklenburg einwanderten.

Im Foyer des Erdgeschosses zeigt eine Ausstellung die Geschichte des Archäologischen Freilichtmuseums. Mehrere Vitrinen sind mit Originalfunden bestückt, die das Leben unserer slawischen Vorfahren anschaulich illustrieren. Im Vortragssaal finden in den Wintermonaten gut besuchte Veranstaltungen statt. In den oberen Etagen des Museumsgebäudes soll in den kommenden Jahren eine neue Dauerausstellung rund um das Leben der Slawen an der südlichen Ostseeküste aufgebaut werden. Bereits eröffnet wurde die sogenannte Schatzkammer, die eine Auswahl der schönsten mecklenburgischen Grab- und Bodenfunde aus den Lebensbereichen Handel, Schmuck und Religion zeigt.

Torhaus und Turm

Damit man sich besser vorstellen kann, wie früher der See das Dorf umfasste, haben die Archäologen einen 4,5 m breiten Sohlgraben um den Tempelort gezogen. Eine Holzbrücke führt hinüber zum Torhaus – rechts und links gesäumt von einer 60 m langen Palisadenwand mit Wehrgang. Bei der Ausgrabung haben deutliche Brandspuren an Tor und Palisade verraten, dass die Siedlung um 900 zerstört wurde. Ob es bei den Slawen zu einer kriegerischen Auseinandersetzung kam? Die Archäologen wissen es nicht. Jedenfalls wurde die Siedlung Anfang des 10. Jh. wieder aufgebaut.

Ein ›Spielplatz‹ für Freunde des slawischen Mittelalters

Die große **Freifläche** wird heute wie damals für Feiern und Märkte genutzt. Besonders an Ostern, Christi Himmelfahrt und Pfingsten kommen Hobby-Historiker sowie Slawen- und Wikingerfans aus ganz Europa, um das frühmittelalterliche Leben nachzuempfinden. Archäologische Funde auf den alten Marktplätzen der Slawen beweisen, dass es seinerzeit im Inland wie an der Ostseeküste (Groß Strömkendorf, das historische Rerik an der Wismarbucht, Rostock-Dierkow, Ralswiek auf Rügen sowie Menzlin an der Peene) permanente Handelskontakte mit den dänischen Wikingern gab. Die Wikinger waren eben tüchtige Seefahrer, die ihre Familien auch durch friedlichen Handel zu ernähren wussten.

Die Slawen- und Wikingerfans tragen selbst genähte Kleidung und kochen ihr Essen auf dem Feuer. Geschlafen wird im Zelt, teilweise ausgestattet mit historischem Mobiliar. Viele führen ihr Handwerk vor und bieten ihre Produkte an. So kann man handgewebtes Leinen erstehen oder beim Holzbogenbauer einen Ferienkurs in Bogenbau vereinbaren.

Damit auch »normale« Tempelort-Besucher frühmittelalterliche Lebensgewohnheiten erfahren, gibt es an allen anderen Tagen des Jahres Aktivitäten wie Brotbacken, Töpfern, Weben, Spinnen, Specksteinschnitzen, Korbflechten, Filzen oder Einbaumfahren. Die meisten Gäste, die die Anstrengungen eines solchen Alltags einmal hautnah erfahren, sind am Ende doch froh, in einer Welt mit Strom und Telefon zu leben!

Häuser aus zwei Jahrhunderten

Die eng stehenden **Flechtwandhäuser**, die die Archäologen rekonstruiert haben, dokumentieren slawisches Wohnen im 9. Jh. Ursprünglich waren es an die 40 Häuser, 20 m² groß und 2 m hoch. Innen war der Boden mit Sand bedeckt, die Wände aus geflochtenem Astwerk mit Lehm abgedichtet. Dass es im 10. Jh. schon komfortabler zuging, zeigen die **Eichen-Blockhäuser**. Sie sind immerhin 45 m² groß, haben zwei Räume und eine Kochstelle.

Alte Opferstätte

Schon durch seine isolierte Position verrät der **Tempel** seine Sonderstellung. Im Inneren fand man mehrere Pferdeschädel und ein besonders sorgfältig hergestelltes Tongefäß vom Aussehen eines Pokals – vermutlich ein Hinweis auf Opferrituale. Bis heute ist nicht geklärt, ob der Tempel ein Dach oder eine nach oben offene Dachkonstruktion wie ein »heiliger Hain« hatte.

Rückzug auf die Insel

Nach der Zerstörung ihres Tempels um das Jahr 900 verlegten die Slawen ihr Heiligtum zur Sicherheit auf die vorgelagerte Insel. Seit 2009 führt ein original rekonstruierter Tunnel zu dem kreisrunden Burgwall von 25 m Durchmesser, den mindestens 100 Mann in einer enormen Arbeitsanstrengung von 500 bis 800 Tagen auf die beeindruckende Höhe von 10 m aufschütteten. Im Burgwall fand man ein tiefes Erdloch und große Steine, vermutlich zur Fixierung einer riesigen hölzernen Götterstele – das Zentrum des gesamten Heiligtums.

Auf dem Ringwall kann man rundherum laufen und hat einen wunderbaren Blick über die ganze Siedlung. Aber das Schönste ist: Hier oben blüht heute die Rosenmalve, die sich vor 1000 Jahren tief in die Erde hinein ausgesät hatte, als der Tempelort zum letzten Mal zerstört wurde. Was für eine wunderbare Poesie umgibt den Besucher somit …

Die Kunst des Bogenbauens ohne Druck zu erlernen, bereitet sichtlich Freude …

10–17, Führungen 11 u. 14 Uhr, www.kloster-ruehn.de. In der alten Öl- und Senfmühle werden hocharomatische Speise- und Würzöle aus frischen Wildkräutern produziert.

Offenen Geistes – **Werkstattgalerie Rothener Mühle:** Rothener Mühle 3, Mustin (10 km südöstl. von Sternberg), Tel. 038485 252 65, www.rothenermuehle.de, Mai–Aug. Fr–So 12–18 und an Adventswochenenden 12–18 Uhr. Die Textilgestalterin Tine Schröter und der Flechtwerker Wolf Schröter stellen eigene Arbeiten und die von anderen Künstlern aus – Textiles, Malerei, Keramik, Schmuck sowie Glasgestaltung sind hier zu sehen.

Ausgefallen – **Wollmanufakt – Der Mittelalterhof:** Dorfstr. 5, Bäbelin (20 km nördl. von Sternberg), Tel. 038429 45 32 od. 0172 32 50 08, www.wollmanufakt.de, vorher anrufen. Hier gibt es handgenähtes Mittelalter-Outfit in Einzelanfertigung: farbenfrohe Gewandungen, Holzspielzeug und die weltgrößte Steinschleuder, die 23 m hoch ist!

Mein Tipp

Bootsfahrt zum Tempelort

Fischwirtschaftsmeister Jörg Rettig schippert angemeldete Gäste im alten Holzfischerkahn mit angeklemmtem Außenboarder über die Seen durch eine zauberhafe stille Landschaft nach Groß Raden und zurück, reicht dabei knackfrische, äußerst appetitliche Räucherfischbrötchen und unterhält mit Erzählungen (Seestr. 13, Tel. 03847 28 84 u. 03847 45 15 22, Mai–Mitte Sept. jeden Di 10 u. 14 Uhr und auf Nachfrage an allen Wochentagen ab Fischerei Sternberg, 6 €/Pers.).

Aktiv & Kreativ

Baden

Ortsnah – Strandbäder befinden sich in der Dörwald-Allee am **Großen Sternberger See** (Bootsverleih) sowie in der Straße Maikamp am **Luckower See** (FKK).

Kanu fahren

Fernab vom Massentourismus – **Kanu-Camp an der Mildenitz:** An der Mildenitz 10, Sternberger Burg (3 km nördl. von Sternberg), Tel. 0171 451 79 58, www.kanucamp-klein.de, Schlafsackübernachtung in der 3- oder 4-Bett-Holzhütte 7,50 €, im Zelt 5 €. 10-Personen-Schlauchboote und Kanadier, Tourenberatung, abends Lagerfeuer.

Infos & Termine

Touristenbüro

Touristinformation Sternberg: Am Markt 3, 19406 Sternberg, Tel. 03847 44 45 35/36, Fax 03847 44 45 70, www.amt-sternberger-seenlandschaft.de, Mai–Aug. Mo–Fr 9–12, 13–18, Sa 9–12, Sept.–April Mo, Mi, Do 9–12, 13–16, Di 9–12, 13–18, Fr 9–12 Uhr.

Feste & Veranstaltungen

Rapsblütenfest: Im Mai wird die Rapsblütenkönigin vom Landwirtschaftsminister auf dem Marktplatz gekrönt, dazu Schaustände und Bühnenprogramm, Infos über Touristenbüro.
Sternberger Heimatfest: Am dritten Wochenende im Juni Orgelkonzerte, Lesungen, Schausteller und Händler mit Live-Musik und Disko unten am Badestrand, Infos über Touristenbüro.
Erntefest Kobrow: Am letzten Sept.-Wochenende auf dem Agrarhofgelände Kobrow II. Mit Mähdrescher-Parcour, Vorführung nostalgischer Erntetechniken, Infos über Tel. 03847 55 38.

Schwerin und Ludwigslust

Highlights!

Schwerin: Bis heute hat sich die mecklenburg-vorpommersche Landeshauptstadt mit ihrem kulturellen Angebot und einer Lage zwischen zwölf verschiedenen Seen und weiten Park- und Baumlandschaften ihren natürlichen Charme erhalten. S. 266

Ludwigslust: »Lulu«, die Provinz-Residenzstadt der Mecklenburg-Schwerin'schen Großherzöge ist wegen ihrer gut erhaltenen Bausubstanz ein anerkanntes barockes Flächendenkmal. S. 281

Auf Entdeckungstour

Georg Adolph Demmler – auf den Spuren des Hofbaumeisters: Auf einem Spaziergang durch Schwerins Altstadt trifft man auf fürstliche und städtische Bauten, die auf die Planung dieses besonderen Mannes zurückgehen. S. 272

Auf den Spuren von Hofbaumeister Demmler

Kultur & Sehenswertes

Märchenschloss Schwerin: Das Hauptwerk des deutschen Historismus ist der Schweriner Publikumsmagnet Nummer eins. S. 267

Residenzschloss Ludwigslust: Der Goldene Saal und seine Säulen, Möbel und Prunkvasen aus Ludwigsluster Carton – sprich: aus handfestem Pappmaschee – sind einzigartig auf der ganzen Welt. S. 281

Aktiv & Kreativ

Fahrradfahren im Ludwigsluster Schlosspark: noch ist es erlaubt und wer kein Rad hat, kann sich eines leihen! Der Schlosspark vom schönen »Lulu« ist mit seinen 150 ha der größte in ganz Mecklenburg und die Wasserkünste spielen hier eine ganz besondere Rolle ... S. 282

Genießen & Atmosphäre

Schlosshotel Basthorst: Unglaublich schönes Herrenhaus aus dem 19. Jh. mit riesigem Park und einem auch für externe Gäste nutzbaren Schwimm-, Sauna- und Wellnessbereich. S. 278

Restaurant »Ambiente« im Landhotel de Weimar, Ludwigslust: Das Restaurant von Spitzenkoch Wilfried Glania-Brachmann in einem der schönsten privat geführten Hotels ganz Mecklenburgs. S. 283

Abends & Nachts

Schifffahrt in die Abenddämmerung: Romantische Fahrt mit der Weißen Flotte Schwerin; vom Wasser aus kann man die Stadtsilhouette Schwerins und schilfbewachsene Buchten bei Sonnenuntergang erleben. S. 270

»Zeitgeist« in Schwerin: Gemütliche Lounge mit behaglichen Sofas und historischem Gewölbekeller. S. 280

Zwei fürstliche Residenzen

Genau genommen gehört die Landeshauptstadt Mecklenburg-Vorpommerns schon nicht mehr zur Seenplatte, wer aber einmal in Sternberg ist, dem kann man Schwerin und auch Ludwigslust nicht vorenthalten. Beide Städte sind etwas Besonderes aufgrund ihrer herausragenden historischen Bausubstanz – sie waren eben einst Residenzen des Fürstenhauses Mecklenburg-Schwerin, und das sieht man ihnen heute noch an.

Infobox

Infos zu beiden Städten
Tourismusverband Mecklenburg-Schwerin e. V.: Alexandrinenplatz 7, 19288 Ludwigslust, Tel. 03874 66 69 22, Fax 03874 66 69 20, www.mecklenburg-schwerin.de.

Parken in Schwerin
Da ein großer Teil der Altstadt und des Schelfviertels entweder für Autos gesperrt oder für Anwohner reserviert ist, parkt man am besten auf den (gebührenpflichtigen) Parkplätzen in Dombzw. Schlossnähe.

Schwerin-Tagesticket
Kostenlose Nutzung aller öffentlichen Verkehrsmittel (**Busnahverkehr:** Tel. 0385 71 06 35), div. Eintrittsrabatte sowie ermäßigte Stadtführung tgl. 11 Uhr, 5 €, Kinder bis 14 J. 3 €, erhältlich in der Touristen-Info und allen größeren Hotels.

Schwerin – Ludwigslust
Regionalexpress: tgl. 5–22 Uhr im Stundentakt, 30 Min., einfache Fahrt 7,50 €.

Schwerin! ▶ A 4/5

Wegen seiner Lage an zwölf großen Seen und seiner weiten Park- und Baumlandschaften wird Schwerin zu Recht als Stadt der Seen und Wälder bezeichnet. Der größte ist natürlich der Schweriner See, nach der Müritz und dem bayerischen Chiemsee mit seinen 60 km^2 Wasserfläche der drittgrößte See Deutschlands; Innen- und Außensee sind voneinander getrennt durch den künstlich aufgeschütteten Paulsdamm. Die mecklenburgische Kapitale ist die älteste deutsche Stadtgründung rechts der Elbe, mit ihren rund 95 000 Einwohnern allerdings wiederum die kleinste aller deutschen Landeshauptstädte. Im Großraum Seenplatte lockt Schwerin mit den meisten kulturellen Reizen; eine schon hanseatisch anmutende Eleganz strahlt die Stadt aus und hat doch aufgrund ihrer Überschaubarkeit im Vergleich zu anderen deutschen Landeshauptstädten noch etwas Anheimelndes.

Stadtgeschichte

Bischof Thietmar von Merseburg berichtet in seiner Chronik schon um das Jahr 1018 von einer slawischen Fürstenburg »Zuarin«. 1154 ist die erste christliche Gemeinde an der Stelle des slawischen Kultplatzes bezeugt, und als 1160 Heinrich der Löwe, Herzog von Sachsen und Bayern, mit Heeresgewalt in das Land einfällt und den Slawenfürsten Niklot unterwirft, brennt die Burg Zuarin nieder und wird durch eine Neugründung ersetzt, die bis auf zwei kurze Unterbrechungen bis 1918 fast durchgehend Residenz des Mecklenburger Fürstenadels ist. Mit dieser Eroberung begründet Heinrich – neben Lübeck und Ratzeburg – ein drittes Bistum in Norddeutschland, und als Niklots Sohn Pribislaw zum christlichen Glauben konvertiert, setzt Heinrich ihn als Vasallen-Herrscher ein. So lenkten im Grunde genommen Niklots Erben bis 1918 die Geschicke des Landes, erst als Grafen von Schwerin, nach 1348 schließlich als Herzöge und ab 1815 als Großherzöge.

Die zwei kurzen Unterbrechungen als Residenzstadt erlebte Schwerin einmal durch Wallenstein, der das Land zwischen 1629 und 1631 von Güstrow aus regierte, und ein anderes Mal über 80 Jahre lang, zwischen 1756 und 1837, als die Herzöge von Mecklenburg-Schwerin ihre Residenz nach Ludwigslust verlegten.

Petermännchen überall
Überall in der Stadt, auf Firmenplakaten, Souvenirs und als Sandsteinfigur im Schlossinnenhof begegnet man dem sogenannten ›Petermännchen‹, einem kleinen grauhaarigen Männlein in mittelalterlicher Hoftracht mit weißer Halskrause und Schlüsselbund am Gürtel. Um den kleinen Zwerg, der jahrhundertelang als guter Schlossgeist gespukt und allen Bösewichten heimlich Ohrfeigen versetzt haben soll, rankt sich ein ganzer Sagenkreis.

Schlossanlage

Über die von schönen Kandelabern gesäumte **Schlossbrücke** geht es hinüber auf die Schlossinsel, wo sich das Schweriner Wahrzeichen, das Schloss **1** mit seinen goldglänzenden Türmen erhebt. Seine heutige Gestalt ist im Wesentlichen ein Werk des Schweriner

Hofarchitekten **Georg Adolph Demmler** (s. S. 272). Die vergoldete Reiterfigur in der Mitte der Schlossfassade stellt den Slawenfürst Niklot, Stammvater des Fürstenhauses Mecklenburg-Schwerin, dar.

Als der Großherzog 1918 abdankte, ging das Schloss in Staatsbesitz über. Zum einen hat hier seit 1990 der **Landtag Mecklenburg-Vorpommern** seinen Sitz, zum anderen sind in den Räumen die **Schlosskirche** und die Kunstsammlungen im **Schlossmuseum** untergebracht.

Schlossmuseum und Schlosskirche
Tel. 0385 525 29 20, www.schloss-schwerin.de, 15. April–14. Okt. Di–So 10–18, 15. Okt.–14. April Di–So u. Fei 10–17 Uhr, 6 €, Führungen Bel- und Festetage: 14. April–14. Okt. Di–So 11, 13.30 Uhr, zusätzl. Mai/Juni: Sa/So 15 Uhr, Juli/Aug. Di–So 12, 15 Uhr, 15. Okt.–13. April Di–Fr 11.30, Sa/So 11.30, 13.30 Uhr, 3 €
Bei einer Führung durch die Beletage bekommt man die geschmackvollen **Wohnräume der Großherzogin** zu sehen, während in der Festetage die **Prunk- und Gesellschaftsräume des Großherzogs** mit ihren kostbaren Decken und Intarsienfußböden beeindrucken. Vor allem der reich mit goldenem Stuckdekor ausgestattete Thronsaal wirkt als Höhepunkt in der Dramaturgie der Schlossführung. In den ehemals herzoglichen Kinderzimmern erfreut eine **Ausstellung mit kostbaren Porzellanen** aus Meißen, Berlin und anderen europäischen Manufakturen das Auge. Eine zusätzliche Rarität bildet die umfangreiche Kollektion fürstlicher Jagd- und Prunkwaffen. Und auch die **»Galerie Malerei in Mecklenburg«** präsentiert eine Sammlung von 200 Jahre alten Werken einheimischer Künstler. Sehr sehenswert ist auch die im 16. Jh. errichtete

Schwerin

Renaissance-Kapelle, der erste protestantische Kirchenbau in Mecklenburg.

Schlossgarten

Der barocke Schlossgarten ist über die gusseiserne Drehbrücke an der Lennéstraße zu erreichen. Zwischen dem als Symmetrieachse angelegten Kreuzkanal, einer schönen alten Lindenallee und den Skulpturkopien des Barockbildhauers und Architekten Balthasar Permoser, der mit der Erbauung des Dresdener Zwingers so bekannt wurde, kann man sich von der Ashpalt-Lauferei auf angenehme Weise erholen.

Im äußersten Süden des Schlossgartens kann man der **Schleifmühle** (Schleifmühlenweg 1, Tel. 0385 56 27 51, www.schleifmuehle-schwerin.de, April–Mitte Nov. tgl. 10–17 Uhr) einen Besuch abstatten. Sie dreht schon seit 1705 ihr Wasserrad am Faulen See. Als das Schweriner Schloss im Umbau war, wurden hier alle Sandstein-Fensterbänke und Treppenstufen geschliffen. Regelmäßig gibt es Vorführungen der Steinschleif-Technik des 18. Jh., schöne Open-Air-Konzerte, Märkte und Ausstellungen. Ein besonderer Veranstaltungtag ist der Pfingstmontag, der Tag der Deutschen Mühle.

Am Alten Garten

Gegenüber vom Schloss öffnet sich der **Alte Garten**, der schönste, weil stimmungsvollste Schweriner Veranstaltungsplatz. Tatsächlich befand sich hier nach 1633 ein großes, höfisch genutztes Gartengelände, das aber bald zum Exerzierplatz umfunktioniert wurde. Das **Alte Palais** 2 ist ein großer Fachwerkbau, der 1799 für den Mecklenburger Erbprinzen Friedrich Ludwig und seine 15-jährige Gemahlin, die russische Zarentochter Helena Pawlowna Romanowa, errichtet wurde. Als Helena nur vier Jahre später starb, diente es in den nachfolgenden Jahren mehreren Herzoginnen als Witwensitz. Direkt neben dem Palais kann man ein Bauwerk des Schweriner Hofbaumeisters Demmler bewundern, das sogenannte **Kollegiengebäude** 3 (zu Demmler und seinem Wirken in Schwerin s. S. 272).

Schwerin

Obotritenring

Güstrow, Sternberg, Crivitz

Lübeck

Ziegelsee

Werderstraße

Knaudtstraße

Spieltordamm

Schweinemarkt

Robert-Koch-Str.

Rosa-Luxemburg-Str.

Pestalozzistr.

Dr.-Külz-Str.

Schwerin Hauptbahnhof

Hans-Wolf-Str.

Arbeitsamt

Jugendamt

Pfaffenteich

Landreiterstr.

Mühlenstr.

Hospitalstr.

Bergstr.

Wismarsche Str.

Zum Bahnhof

Franz-Mehring-Str.

Lübecker Str.

Alexandrinenstr.

Bebel-Str.

Apothekerstr.

Röntgenstr.

Taubenstr.

Lehmstr.

Scheltstr.

August-str.

Gaußstr.

Linden-str.

Kirchenstr.

Ziegenmarkt

Amtstr.

Ferdinand-Schultz-Str.

Mozartstr.

Steinstr.

Gesundheitsamt

Arsenalstr.

Friedrichstr.

Körnerstr.

Puschkinstr.

Schliemannstr.

Munzstr.

Jahnstr.

Waisengärten

Friederstr.

Johannesstr.

Spielbank

Kreisverwaltung

Mecklenburgstr.

Bischofstr.

Friedrichstr.

Grüne Str.

Burgstr.

Wittenburger Str.

Klöresgang

Martinstr.

Marien-pl.

Puschkinstr.

Gr. Moor

Kultusministerium

Marstall

Fritz-Reuter-Str.

Reiferbahn

Lobedanzgang

Totendamm

Goethestr.

Geschw.-Scholl-Str.

Klosterstr.

Schloßstr.

Salzstr.

Kl. Moor

Werderstraße

Sozialministerium

Wall-str.

Heinrich-Mann-Str.

Schlossinsel

Feldstr.

Mecklenburg

Graf-Schack-Allee

Burgsee

Schweriner See

Schäferstr.

Karl-Liebknecht-Pl.

Gartenstr.

Querstr.

Goethestr.

Brunnenstr.

Hermannstr.

Bleicherstr.

Alter Friedhof

Ostdorfer Ufer

Ludwigsl. Chaussee

Lutherstr.

Stadtarchiv

Jägerweg

Joh.-Stelling-Str.

Finanzamt

Ludwigslust, Parchim, Mueß, Zippendorf, Ostdorfer See

Burgseestr.

Schlossgarten

Schlossgartenpavillon

Lennéstr.

Franzosenweg

Schloßgartenallee

Grüngarten

Schleifmühle

Mein Tipp

Romantische Seenrundfahrt

Weiße Flotte Schwerin [1]: Anleger am Schloss, seitl. der Schlossbrücke in der Werderstraße 140, Tel. 0385 55 77 70, www.weisseflotteschwerin.de, April–Okt., tgl. Abfahrten ab 10.30 Uhr, Preise ab 11 €. Bei den Touren über den Innen- und Außensee ist der Blick auf das Stadt-und Schlosspanorama einfach einmalig. Eine besonders romantische Unternehmung ist die eineinhalbstündige Fahrt in die Abenddämmerung (Juni–Juli Sa 19.30, Aug. 18.30 Uhr, Preis 14 €).

Staatstheater [4]

Das Mecklenburgische Staatstheater ist ein neobarockes Gebäude, erkennbar an seinem vorgelagerten Säulenportikus im Obergeschoss. 1886 hob sich der erste Vorhang in diesem außen wie innen prächtigen Traditionstheater. Das sogenannte Große Haus war schon zu DDR-Zeiten durch seine mutigen Inszenierungen bekannt und macht auch heute wieder von sich reden (s. S. 280).

Staatliches Museum [5]

Tel. 0385 595 80, www.museum-schwerin.de, 15. April–14. Okt. Di–So 10–18, Do 12–20 Uhr, 15. Okt.–14. April Di–So 10–17, Do 13–20 Uhr, 5/3,50 €

Das Staatliche Museum Schwerin, ein Museumsbau aus dem Jahr 1882 in Form eines griechischen Tempels mit ausladender Freitreppe, beherbergt eine der reichsten Kunstsammlungen der neuen Bundesländer. Herausragender Höhepunkt ist die Sammlung niederländischer und flämischer Malerei und Grafik des 17. und 18. Jh. mit Werken von Hals, Rembrandt, Rubens und Fabritius. Darüber hinaus lockt eine Impressionistensammlung von Weltrang und Kunst, die nach 1960 entstand, darunter Werke von John Cage, Sigmar Polke und Marcel Duchamp. Auch gibt es mecklenburgische mittelalterliche Plastik und eine umfangreiche kunsthandwerkliche Sammlung zu bewundern.

In der Altstadt

Dom [6]

Tel. 0385 56 50 14, www.dom-schwerin.de, Mo–Sa 10–17, So/Fei 12–17 Uhr, öffentl. Domführungen: Di, Sa 11 Uhr

Mit seinem etwa 118 m hohen Turm ist der evangelische **Dom St. Maria und St. Johannes** das beherrschende Bauwerk der Innenstadt. Die 220 Stufen hohe Aussichtsplattform dieses höchsten Kirchturms des Landes Mecklenburg bietet einen wundervollen Blick über die Dächer der Stadt. Die dreischiffige Basilika mit dem mächtigen Querhaus wurde etappenweise zwischen 1270 und 1417 errichtet, der Turm kam erst 1892 dazu. Bedeutende Kunstschätze im Inneren sind die hoheitlichen Grabmäler des mecklenburgischen Fürstenhauses, der gotische Flügelaltar von 1480 und die majestätische Ladegastorgel mit 5197 Pfeifen (Orgelmusik Mo 14.30 Uhr).

Unmittelbar südlich des Doms trifft man auf das **Logengebäude** [7], dessen Fassade Georg Adolf Demmler gestaltete (s. S. 272).

Neues Gebäude [8]

In diesem sogenannten »Säulengebäude« fand von 1785 bis ins 20. Jh. der Schweriner Markt statt. Heute verkauft hier das **Café Röntgen** seine Kuchen und Torten, und bei Sonnenschein ist dies der ideale Platz, um das Treiben auf dem Marktplatz zu beobachten.

Altstädtisches Rathaus 9

Hoch oben auf den Zinnen des Altstädtischen Rathauses sitzt der Goldene Reiter, die Statuette des Stadtgründers Heinrichs des Löwen. Hinter der Fassade im Stil der englischen Tudorgotik verbergen sich – wer hätte das gedacht – vier barocke Fachwerkhäuser, zum Teil sogar mit mittelalterlichem Kern.

An der Rückseite des Rathauses befindet sich ein sehr hübsches Glockenspiel, das mittags um 12 Uhr mecklen-burgische Volksweisen spielt. Heute hat im Rathaus die Touristeninformation ihren Sitz.

Schlachtermarkt 10

Auf eines der Glockenspiellieder des Rathauses, nämlich »Von Herrn Pasturn sien Kauh«, bezieht sich der Reliefschmuck am Brunnen auf dem Schlachtermarkt. Der Durchgang zu diesem intimen Platz liegt direkt neben dem Rathaus. Im Schatten der hohen Linden bieten hier die Händler auf dem Schweriner Wochenmarkt ihre Waren an (Mi u. Fr 8–17 Uhr). Eine Gedenktafel erinnert an die Synagoge, die einst im Garten des Privathauses Nr. 3 stand und in der Pogromnacht

Stadtrundgang-Pause: Kaffeegenuss mit Domblick

Auf Entdeckungstour

Georg Adolph Demmler – auf den Spuren des Hofbaumeisters

Um die Mitte des 19. Jh. wirkte in Schwerin ein Baumeister und Stadtplaner, der das Antlitz dieser Stadt prägte wie kein Zweiter: Georg Adolph Demmler. Fast alle fürstlichen und viele städtische Bauten entstanden unter der Leitung dieses Mannes, der neben seinem Amt als höfischer Baumeister auch in der politischen Linken engagiert war.

Zeit: circa eine Stunde.

Hinweis: Wer noch mehr über Demmler wissen möchte, kann sich zu einer 2-stündigen Führung bei Frau Liebenow von der Tourist-Information Schwerin anmelden (s. S. 280). Siehe auch www.demmler-schwerin.de.

Start: Arsenalstraße 10/Ecke Mecklenburg Straße

Von Berlin über Güstrow nach Schwerin

Im **Wohnhaus am Pfaffenteich** 14, in der Arsenalstraße 10/Ecke Mecklenburgstraße, spielt sich viele Jahre das Privatleben des Mannes ab, der am 22. Dezember 1804 als uneheliches Kind des Güstrower Schornsteinfegermeisters Johann Gottfried Demmler und der verwitweten Brauereibesitzer-Tochter Catharina Maria Mau geboren wird. Da die Eltern die Geburt ihres Kindes erst einmal nicht öffentlich machen, kommt Georg Adolph in Berlin zur Welt und wächst dort bis zu seinem neunten Lebensjahr bei einer Pflegemutter auf. Erst als die Eltern schließlich heiraten, holen sie ihren Sohn zu sich nach Güstrow, wo er 1816 das Abitur ablegt.

Schon ganz früh zeigt der Junge Interesse an bautechnischen Dingen, und der wohlsituierte Vater bringt die Architektenkarriere seines Sohnes auf den Weg, indem er ihn schon mit fünfzehn Jahren an der Berliner Bauakademie immatrikuliert. Schließlich kommt Georg Adolph im Jahr 1823 als Landbaukondukteur nach Schwerin, verheiratet sich zehn Jahre später mit Henriette Zickermann, einer Bürgerstochter aus gutem Hause, und baut hier 1842/43 das gemeinsame Wohnhaus. Das Grundstück samt Baumaterial hatte ihm sein Gönner, Großherzog Paul Friedrich, geschenkt.

Ein Haus fürs Militär

Im Jahr 1844 erbaut Demmler das **Arsenal** 15, den kastellartigen Putzbau in kräftig sattem Orange-Braun am Westufer des Pfaffenteichs. Genutzt wird es als herzogliches Waffenlager und als Sitz der Hauptwache und des Militärgerichts. Städtebaulich hat es eine besondere Bedeutung, denn es leitet den Ausbau Schwerins nach Westen ein. Zu diesem Zeitpunkt war Adolph Demmler dank seiner Zielstrebigkeit schon vom Baugehilfen zum Hofbaumeister und Hofbaurat aufgestiegen. Solch eine Karriere stachelt natürlich den Neid der etablierten Hofbeamten an, besonders weil Demmler gern die langsam mahlenden Mühlen der Bürokratie umgeht und seine Pläne lieber gleich direkt mit dem Großherzog bespricht – sozusagen auf dem kurzen Dienstweg. Heute hat im Arsenal das Innenministerium des Landes seinen Sitz.

Ein Haus für freie Geister

Schon mit 24 Jahren wird Georg Adolf Demmler Mitglied der St.-Johannis-Freimaurerloge »Harpocrates zur Morgenröthe« mit Sitz am am Schlachtermarkt 17 und entwirft auch die Fassade für deren **Logengebäude** 7. Bei den Freimaurern trifft der junge Mann auf geistig aufgeschlossene und gesellschaftlich engagierte Zeitgenossen, und er findet Unterstützung für sein streitbares politisches Wirken als Sozialreformer: Er setzt sich ein für eine verbesserte Krankheits- und Unfallabsicherung der Handwerker, gründet eine Baugewerbeschule zur besseren Bildung der Bauleute, richtet eine Arbeitersparkasse und eine Sonntagsschule für Handwerkslehrlinge ein, an der er selbst unterrichtet – unentgeltlich.

Ein Haus für die Regierung

Am unteren Ende der Schlossstraße liegt das klassizistische **Kollegiengebäude** 3, für das Demmler schon 1823, also mit nur 19 Jahren, einen Entwurf vorlegt. Im Jahr darauf übernimmt er die Bauleitung für das repräsentative Gebäude, das damals wie heute Regierungssitz ist, nur dass in der heutigen Staatskanzlei der demokratisch gewählte Ministerpräsident arbeitet. Schon seit Ende des 19. Jahrhundert betiteln die Schweriner den Verbindungsgang zum Obergeschoss des Nachbargebäudes als »Beamtenlaufbahn« und spielen damit auf Schwerins Ruf als entscheidungsunfreudige und eher schwerfällige Beamtenstadt an.

Ein Haus für Friedrich Franz

Seine heutige Gestalt erhielt das Schweriner **Schloss** 🔟 zwischen 1845 und 1857. Als Großherzog Paul Friedrich 1842 stirbt, beschließt sein Nachfolger Paul Friedrich, die Residenz von Ludwigslust wieder nach Schwerin zurückzuverlegen. Allerdings findet er das Schloss in einem so unrepräsentativen Zustand vor, dass er erst einmal eine Generalüberholung anordnet. Demmler steht nun vor einer einzigartigen Herausforderung: Aus einem Konglomerat mehrerer Gebäude aus verschiedenen Epochen muss er ein einheitliches und repräsentatives Schloss machen. Er belässt den alten Grundriss, baut an der Seeseite einen Hauptturm an und überformt das Vorhandene im Stil der Neorenaissance; kurzum, es ist ein Ausbau, Umbau und Neubau gleichzeitig.

Die französische Renaissance als Vorbild

Bei all dem hat sich Demmler vom französischen Schloss Chambord an der Loire inspirieren lassen. Deutlich sieht man seine Vorliebe für Bögen und Türmchen. So entsteht in Schwerin ein bedeutendes Baudenkmal des Historismus, das noch heute wegen seiner sieben Baustile manchmal liebevoll-spöttisch als »mecklenburgisches Neuschwanstein« tituliert wird.

Aber Demmler baut das Schloss nicht zu Ende. Während der Revolu-

tion von 1848/49 unterstützt er in aller Öffentlichkeit die Forderung nach Presse- und Versammlungsfreiheit und protestiert gegen die Wiederaufhebung einer schon beschlossenen liberalen Verfassung für Mecklenburg. Dadurch ist er für den Herzog nicht mehr haltbar. Der politische Oppositionskämpfer im Schweriner Bürgerausschuss gerät als höfischer Baumeister in einen unlösbaren Loyalitätskonflikt mit seinem Arbeitgeber.

Nach verschärfter Androhung disziplinarischer Maßnahmen will Demmler sich nicht verleugnen und zieht schließlich von sich aus die Konsequenz: 1851 reicht er seine Kündigung ein und schafft Abstand zu Schwerin, indem er erst einmal gemeinsam mit seiner Frau Henriette auf Reisen geht. Sieben Jahre ist er in England, Schottland, Frankreich, Italien und der Schweiz unterwegs. Das Schloss wird nun vom Berliner Baumeister Friedrich August Stüler vollendet, und als der Großherzog es im Mai 1857 feierlich bezieht, ist auch Demmler wieder anwesend.

Zwar hatte er einen endgültigen Bruch mit dem Fürstenhaus vermeiden können, doch eine Wiedereinstellung bei Hofe lehnt er ab.

Vom Baumeister zum Politiker

Seine kurz hintereinander gestorbenen Eltern haben Demmler ein stattliches Erbe hinterlassen, und so kann er es sich leisten, sich ganz der Politik zu widmen, wird Mitbegründer der Deutschen Volkspartei und zieht im hohen Alter von 72 Jahren sogar noch für die Sozialdemokratie in den Berliner Reichstag ein. Als er am 2. Januar 1886 stirbt, wird er neben seiner schon im Jahre 1862 verstorbenen Frau in der Familienkapelle auf dem Alten Friedhof am Obotritenring beigesetzt.

vom 9. auf den 10. November 1938 verwüstet wurde.

Im Schelfviertel

Die **Schelfstadt** (schelf = »flache, sumpfige Insel, auf der Schilf wächst«) ist eine geschlossene barocke Siedlung mit vielen hübschen Fachwerkhäusern am Ostufer des Pfaffenteichs und zugleich das interessanteste Schweriner Sanierungsgebiet der letzten Jahre. In diesem stimmungsvollen Wohn- und Büroviertel, besonders in der **Puschkinstraße**, haben sich kulturelle Einrichtungen wie das Schleswig-Holstein-Haus und das Musikkonservatorium etabliert, dazu Läden, Szene- lokale und Bars mit jungem Publikum. Ins Auge prangt das **Neustädtische Palais** 11, auch Marienpalais genannt, ein repräsentativer Prachtbau in der Puschkinstraße 19, in dem das Justizministerium beheimatet ist. Schöne und individuelle Geschäfte, die Handwerkliches und Dekoratives verkaufen, reihen sich in der **Münzstraße** aneinander. An manchen Häusern sind Täfelchen angebracht, die von der historischen Nutzung des Hauses erzählen, zum Beispiel gab es hier eine **Gelbgießerwerkstatt** in der Münzstraße 28 und eine **Fischhandlung** in der Münzstraße 26.

Weithin sichtbar grüßt der Turm der **Kirche St. Nikolai** 12 auf dem Schelfmarkt. Das stolze backsteinerne Gotteshaus, auch einfach **Schelfkirche** genannt, wurde 1712 von Leonhard Christoph Sturm vollendet und ist der erste nachreformatorische Kirchenbau in ganz Mecklenburg.

Das **Schleswig-Holstein-Haus** 13 (Puschkinstr. 12, Tel. 0385 55 55 27) ist ein alter Backsteinbau mit sehr schöner Atmosphäre, der bis 1843 als Gasthaus diente. Hier finden fortlaufend Ausstellungen zur zeitgenössischen bildenden Kunst und Fotografie, dazu Vorlesungen, Diskussionen und Konzerte statt.

Am Pfaffenteich

Der **Pfaffenteich** heißt so, weil er einst dem Schweriner Domkapitel gehörte und die bischöflichen Gärten gleich nebenan lagen. Der künstlich angelegte See wurde schon im 12. Jh. angestaut, als er noch am Stadtrand lag. Mit seinen Wasserspielen und Uferpromenaden erinnert das Gewässer viele Hamburger an ihre Binnenalster. Möchte man schnell auf die andere Seite des Pfaffenteichs gelangen, kann man die **»Petermännchen-Fähre«** besteigen, die im Viertelstundentakt zwischen den vier Anlegestellen am West-, Ost- und Südufer hin- und herpendelt (Ostern–3. Okt. tgl. 10–18 Uhr, 1/0,50€).

Am Südufer des Teiches befindet sich das **Wohnhaus Georg Adolf Demmlers** 14, am Westufer liegt das von Demmler erbaute **Arsenal** 15 (s. S. 272).

Außerhalb des Zentrums

Strandbad Zippendorf ▶ A 5
Der weitläufige und helle, feinsandige Badestrand am Südrand von Schwerin (Richtung Mueß) wird gesäumt von einer Villenzeile an der historischen Strandpromenade, wo sich Cafés und Gaststätten angesiedelt haben. Besonderheit: Die **Weiße Flotte Schwerin** fährt im Rahmen der sogenannten »Inseltour« vom Schiffsanleger am Schweriner Schloss in einer halben Stunde nach Zippendorf und holt einen abends auch wieder ab (s. S. 270).

Freilichtmuseum Mueß ▶ B 5
Alte Crivitzer Landstraße 13, Tel. 0385 20 84 10, 25. April–Sept. Di–So 10–18,

Lieblingsort

Ein Viertel zum Wohlfühlen

Am meisten liebe ich in Schwerin das Schelfviertel, dessen Häuser fast alle aus dem 18. Jh. stammen. Als Herzstück mittendrin platziert und lauschig von Bäumen umgeben ist die Schelfkirche. Schon immer haben sich vornehmlich in diesem Viertel Schwerins Dichter, Musiker und Künstler aufgehalten. Sehr gern gehe ich um den Schelfmarkt herum spazieren, lasse mich einfach treiben und genieße die stimmungsvolle Atmosphäre mit den vielen idyllischen Hinterhöfen, in denen Platz für Spiele ist, den individuellen Läden, den Bars und den kulturellen Einrichtungen.

Okt. Di–So 10–17 Uhr sowie Sonderöff-nungen zu zu allen Feiertagen
In idyllischer Lage am Südufer des Schweriner Sees wartet das Freilicht-museum Mueß mit einem Ensemble ländlicher Volksarchitektur auf. Es be-steht aus derzeit 17 rekonstruierten Gebäuden, die im Bereich des alten Mueßer Dorfkerns liegen. Neben ei-nem niederdeutschen Hallenhaus aus dem 17. Jh. gibt es hier u. a. eine alte Dorfschmiede, ein Spritzenhaus und eine Dorfschule vom Ende des 19. Jh. zu bewundern.

Übernachten

Vornehm – **Niederländischer Hof 1**: Alexandrinenstr. 12-13, Tel. 0385 59 11 00, www.niederlaendischer-hof.de, DZ 125–170 €, Studio/App. 147–192 €. Stil-

Mein Tipp

Gelungener Stilmix
Ein unglaublich schönes Herrenhaus aus dem 19. Jahrhundert ist das **Schlosshotel Basthorst** nahe dem Glambecksee; die Mischung aus Anti-quitäteninterieur im Landhausstil und formschönen modernen Möbeln macht einfach Spaß. Dazu ein großer Park, Restaurant, Spa und Wellnessbe-reich, wobei Schwimmbad und Sauna auch für Außer-Haus-Gäste nutzbar sind (Schlossstr. 18, Crivitz, ca. 20 km östl. von Schwerin, OT Basthorst, Tel. 03863 52 50, www.schloss-bast horst.de, DZ 138–154 €, Suiten 172–188 €, Hauptgericht 15,50–23 €, 3-Gang-Menü 32 €).

voll eingerichtetes Haus der Jahrhun-dertwende, direkt am Pfaffenteich. Eine Freude ist die Zimmereinrichtung in englischem Mobiliar und mit Mar-morbädern.
Zentral und trotzdem ruhig – **Zur Traube 2**: Ferdinand-Schultz-Str. 20, Tel. 0385 55 58 58 48, www.traube-schwerin.de, DZ 70 €. Romantisch möb-liertes Hotel, Zimmer teilweise mit Blick auf den Schweriner See. Mit Gast-haus, sehr netter Biergarten.

Essen & Trinken

Traditionell – **Weinhaus Uhle 1**: Schusterstr. 13–15, Tel. 0385 477 30 30, tgl. ab 10 Uhr, Hauptgericht 17–29 €. Domnahes, echtes Schweriner Traditi-onshaus mit sehr schönen und gedie-genen Repräsentationsräumen. Aus-gesprochen umfangreiche Weinkarte, herzhafte regionale Spezialitäten.
Renommiert – **Historisches Weinhaus Wöhler 2**: Puschkinstr. 26, Tel. 0385 55 58 30, 11 Uhr bis Mitternacht, www. weinhaus-woehler.de, Hauptgericht 9,60–20,50 €. Schönes altes Weinkontor von 1750 mit Fachwerkschmuckfassade und hanseatischer Gemütlichkeit. Ge-lungener Spagat zwischen traditionel-ler und modern-kreativer Kochkunst.
Kinderfreundlich – **Brinkama's Restau-rant 3**: Lübecker Str. 33, Tel. 0385 550 75 44, www.brinkamas.de, So–Do 11.30–22, Fr–Sa 11.30–23 Uhr, Haupt-gericht 8–17 €. Vom »Der Feinschme-cker« prämierte tgl. wechselnde, le-ckere und herzlich dargebotene italie-nische mensa di mezzogiorno mit Pasta und Pizza, netter Sommergarten!
Lifestyle – **Friedrichs 4**: Friedrichstr. 2, im Haus der Kücken-Stiftung, Tel. 0385 55 54 73, tgl. 11–24 Uhr, www. restaurant-friedrichs.com, Haupt-gericht 7,50–14,50 €. Anspruchsvolleres Café-Restaurant im Bistrostil mit korb-

Schlachtermarkt: Einkauf mit Muße an den Marktagen Mittwoch und Freitag

bestuhlter Gartenterrasse und Blick aufs Wasser. Leichte frische Speisen, auch Vegetarisches.

Ideal für zwischendurch – **Suppenstube 5**: Puschkinstr. 55 (direkt am Markt), Tel. 0172 382 50 38, Mo–Fr 11–16 Uhr, Suppe 3,50–5,50 €. Gute, sättigende Mahlzeiten ohne viel Brimborium; Frühstücksangebot und täglich wechselnde Suppen bzw. Eintöpfe.

Sehen und gesehen werden – **Café Röntgen:** im Säulengebäude **8**, Tel. 0385 521 37 40, www.classic-conditorei.com. Café mit der längsten Kuchen- und Tortenzeile Schwerins.

Einkaufen

Individuelles Einkaufen ist auf dem Areal zwischen Schmiede-, Mecklenburg-, Puschkin- und Schlossstraße möglich. Mittelpunkt ist natürlich der Altstädtische Markt. Netterweise etablieren sich auch im Schelfviertel, insbesondere um die Puschkin- und Münzstraße, immer mehr Lädchen.

Steinzeug – **Töpferei Loza Fina 1**: Puschkinstr. 51–53, Tel. 0385 20 23 41 22, www.schlossgaertnerei-wiligrad.de/handwerk/keramik, Werkstattverkauf Mo–Sa 10–18 Uhr. Üppiges Sortiment an Steinzeugtonware, auch Anfertigung nach persönlichen Wünschen. Offene Werkstatt mit sehr gemütlicher und anregender Atmosphäre.

Aktiv & Kreativ

Fahrrad fahren

Kurzweilig – Der letzte Abschnitt des **Residenzstädte-Rundwegs Schwerin–Ludwigslust** ist ein ca. 54 km langer Weg. Eine genaue Beschreibung findet sich in der kostenlosen Broschüre

279

Mein Tipp

Schwerins Trendbar

Im **Zeitgeist** [4] schwelgt man in einer gemütlichen Lounge mit behaglichen Sofas und historischem Gewölbekeller. Die Küche bietet leckere Kleinigkeiten wie Kartoffeliges, gefüllte Fladenbrote oder Kaffeespezialitäten. Ideal auch bei Sportevents (Puschkinstr. 22, Tel. 0385 20 88 89 66, Di–Do ab 18, Fr–Sa ab 19 Uhr, www.zeitgeist-schwerin.de).

»Mit dem Rad durch den Norden« des Tourismusverbandes Mecklenburg-Vorpommern e. V. (s. S. 14). Zurück kann man den Zug nehmen.

Abends & Nachts

Urig – **Zum Freischütz** [1]: Ziegenmarkt 11, Tel. 0385 56 14 31, Mo–Fr 11 bis open end, Sa/So ab 18 Uhr (Küche bis 24 Uhr), www.zum-freischuetz.de, Hauptgericht ab 8 €. Wegen seiner 100-jährigen Tradition auch gern als »Mutter aller Schweriner Kneipen« bezeichnetes Lokal in stimmungsvollem Altbau. Eher intellektuelles Publikum. *Individuell –* **Cocktailbar Phillies** [2]: Wittenburger Str. 51, Tel. 0385 71 31 01, www.phillies-schwerin.de (Gutscheine auf Webseite erhältlich), tgl. 19–ca. 2 Uhr, am Wochenende auch gern bis 3/4 Uhr. Phillies ist die beliebteste Cocktailbar der Stadt, mit großem Angebot. *Loungemäßig gemütlich –* **Kabana** [3]: Friedrichstr. 1, Tel. 0385 593 68 99, www.kabana-bar.de, tgl. ab 15 Uhr, wochentags bis 1 Uhr, am Wochenende bis 4 Uhr, tgl. Happy hour 16–20 Uhr. Die zweistöckige Restaurant-Bar

zieht angenehm gemischtes Publikum an und verwöhnt mit Cocktails, dazu House-Musik und eine Zigarren-Lounge gibt es auch!
Außerordentlich – **Mecklenburgisches Staatstheater** [4]: www.theater-schwerin.de, Programm u. Karten: Tel. 0385 530 01 23, Di–Fr 10–18, Sa 10–13 Uhr, an der Abendkasse eine Std. vor Vorstellungsbeginn. Aufführungen in den drei Sparten Oper, Schauspiel und Ballett. *Im umgebauten Elektrizitätswerk –* **Kammerbühne** [5]: Dependance des Mecklenburgischen Staatstheaters (Programminfo und Kartenservice s. dort). Hier laufen u. a. die plattdeutschen Stücke der Fritz-Reuter-Bühne.

Infos & Termine

Touristenbüro

Touristeninformation Schwerin: Am Markt 14, 19055 Schwerin, Infos u. Zimmervermittlung: Tel. 0385 592 52-12, Fax 0385 55 50 94, Gruppenreisen und Gästeführung: Tel. 0385 592 52 22, Fax 0385 56 27 39, www.schwerin.info.

Feste & Veranstaltungen

FilmKunstFest Schwerin: Ende April/Anfang Mai; dann wird Schwerin zu einer Art Hochburg für Kino-Kunst. **Schlossfestspiele Schwerin:** International renommiertes Festival im Juni, Juli und teilweise August mit großer Oper auf der Freilichtbühne im Schlossgarten Schwerin, www.theater-schwerin.de/schlossfestspiele/.
Schweriner Töpfermarkt: Am ersten Juli-Wochenende verkaufen Töpfer ihre Waren vom Gebrauchsgeschirr bis zum Kunsthandwerk auf dem Marktplatz. **Drachenbootfestival:** Drachenbootspektakel und -wettrennen im August in unübertroffener Farbigkeit auf dem Pfaffenteich, jährlich über 100 Teams.

Mäkelborger Wiehnachtsmarkt: Großer Weihnachtsmarkt in der Altstadt.

Verkehr

Siehe Infobox S. 266
Vom Hbf fahren Busse nach Parchim, Plau, Neubrandenburg und Güstrow, Tel. 0385 750 26 46 od. 75 00.

Ludwigslust ! ▶ B 6/7

Das schöne »Lulu«, wie die Barockstadt Ludwigslust auch gern genannt wird, liegt etwa eine halbe Stunde Autofahrt von Schwerin entfernt. Heute hat Ludwigslust etwa 13 000 Einwohner. Bei einem Spaziergang durch Ludwigslust fällt bald auf, dass Schloss und Stadtkirche eine Achse bilden, zu der der fast schachbrettartige Innenstadtgrundriss im nahezu rechten Winkel liegt. Dies zeigt, dass Ludwigslust auf dem Reißbrett entworfen wurde, eine städtebauliche Meisterleistung, bei der die Residenz den Hauptbezugspunkt bildet, der sich der Bereich des Bürgerlichen unterordnete. Interessanterweise hat Ludwigslust bis heute keinen Marktplatz!

Stadtgeschichte

Namensgeber von Ludwigslust war der Kunstsinnige Herzog Christian Ludwig II. (1683–1756), der das kleine Dörfchen Klenow zum bevorzugten Aufenthaltsort für seine Jagdausflüge machte und sich hier 1731 ein Jagdschlösschen baute. Er benannte es kurzerhand um in Ludwigs-Lust! Aber erst sein gebildeter und pietistisch geprägter Sohn Friedrich der Fromme (1717–1785) bestimmte den Ort 1756 zum Regierungssitz und gewann Johann Joachim Busch als Baumeister für die neue Barockresidenz nach dem

Vorbild von Versailles. So musste der ganze Hofstaat von Schwerin in die Provinz umziehen. Ludwigslust wuchs und gedieh, denn die Verlegung der Hofhaltung zog immer mehr Menschen nach. Ab 1808 folgte die klassizistische Bauperiode unter dem Baumeister Johann Georg Barca. Als Großherzog Paul Friedrich 1837 die Thronfolge antrat, entschied er die Rückverlegung der Residenz nach Schwerin und für Ludwigslust, das 80 Jahre lang der Mittelpunkt Westmecklenburgs gewesen war, gingen die großen Zeiten zu Ende. Schließlich verlieh Großherzog Friedrich Franz II. dem Ort 1876 das Stadtrecht und Ludwigslust musste fortan wirtschaftlich auf eigenen Füßen stehen. Heute stellt die historische Ludwigsluster Innenstadt ein einmaliges barockes Flächendenkmal dar, weil sie so homogen erhalten ist.

Sehenswertes

Schloss

Tel. 03874 571 90, www.schloss-lud wigslust.de, 15. April–14. Okt. Di–So 10–18, 15. Okt.–14. April Di–So, Fei 10–17 Uhr, 5 €/3 €, Führungen: 15.April–14. Okt. Mo–Fr 14, Sa–So 11, 14, 15 Uhr, 15. Okt.–14. April Sa–So 14 Uhr, Besichtigung auch ohne Führung möglich, Museumsshop
Die Sandsteinfassade von Schloss Ludwigslust, einem wuchtigen viergeschossigen Bau, beeindruckt durch ihr dominierendes Mittelrisalit und das mit 40 allegorischen Statuen geschmückte Attikageschoss. Die Innenräume präsentieren sich als **Schlossmuseum**. Im Erdgeschoss, der sogenannten Festetage, wohnten die Herzöge. Absolute Höhepunkte sind hier der in höfischem Glanz aufwendiger Rokoko-Dekoration erstrahlende

Perfekte ›Attrappen‹: Die Säulen im Goldenen Saal sind aus Pappmaschee

Goldene Saal und der **Thronsaal**. Hier zeigt sich eine Besonderheit, für die Ludwigslust mittlerweile berühmt ist: wichtige Bauteile und Dekorationselemente wie Säulen, Prunkvasen, Möbel und Büsten, sind nicht – wie man vielleicht meinen könnte, aus Marmor, Porzellan oder Holz, sondern aus **Ludwigsluster Carton**, einem täuschend echt bemalten, witterungsbeständigen Pappmaschee, das das Fürstenhaus ab Mitte des 18. Jh. in einer Manufaktur herstellen ließ und das aufgrund seiner Kostenersparnis zu einem echten Exportschlager avancierte. Der Klopftest beweist es! An der Wiederherstellung des zweiten Geschosses, in dem sich die **herzoglichen Kinderzimmer** befanden, wird gearbeitet.

Schlosspark

Ein echter Lulu-Genuss ist ein Spaziergang durch den weitläufigen Schlosspark, der mit 150 ha der größte in ganz Mecklenburg ist. Die ursprünglich streng geometrisch gepflanzte Anlage wurde in der Mitte des 19. Jh. durch den preußischen Gartengestalter Peter Joseph Lenné im englischen Landschaftsstil überformt. Anmutige Wasserspiele, exotische Bäume, tanzende Nymphen, Brücken, Kanäle, eine Grotte und ein Mausoleum sind in das Wegekreuz eingestreut. Und das beste ist: In Lulu darf man (noch) mit dem Fahrrad durch den Park fahren, sodass man binnen Kurzem auch bis in die hintersten Winkel kommt (Faltblatt »Schlosspark Ludwigslust« bei der Ludwigslust-Info, Fahrradverleih).

Kaskaden

Am Südrand des Schlossplatzes kann man anhand der Kaskaden erkennen, welch besondere Bedeutung das Wasser für Ludwigslust hatte. Die künstlichen Wasserfälle sind verziert durch zwei Sandsteinfiguren des böhmischen Bildhauers Rudolf Kaplunger. Dargestellt sind die Flussgötter der Stör und der Regnitz – zwei Flüsse, die 1760 durch den 28 km langen Ludwigsluster Kanal miteinander verbunden wurden. Von hier aus zieht sich der Kanal schnurgerade durch den gesamten Schlosspark.

Schlossanlage

Stadtkirche
Gottesdienst So 10 Uhr, Tel. 03874 219 68, Mai–Sept. Di–So 11–17, Okt. Di–So 11–16, So 12–16, Nov.–März nach Absprache, April Di–Sa 11–12, 15–16 Uhr.
In der Schlossachse liegt die 1770 geweihte tempelartige Stadtkirche, weithin erkennbar an den übergroßen altgriechischen Buchstaben »chi« und »rho«, die gemeinsam das Christogramm, also den Namen Christi bilden. In dem wunderbar schlicht gestalteten Innenraum sieht man vis à vis des riesigen Altargemäldes des Hofmalers Dietrich Findorff (1722–1772) die Fürstenloge, in der die Hoheiten saßen.

Bürgerhäuser
Ludwigslust hat noch in vielen seiner Bürgerhäuser zahlreiche Sehenswürdigkeiten und Erinnerungen an die Zeit der Residenzstadt zu bieten. Die Tourist-Information veranstaltet Führungen und gibt eine Broschüre heraus, mit der man sich auf Wanderschaft entlang den Straßen **Am Bassin**, **Schlossstraße**, **Alexandrinenplatz** und **Kanalstraße** begeben kann.

Ausflug zum Landgestüt Redefin ► A 6

Etwa 18 km westlich von Ludwigslust liegt das **Landgestüt Redefin** (Betriebsgelände 1, 19230 Redefin, Tel. 038854 62 00, www.landgestuet-re

defin.de). Umgeben von Wiesen und Koppeln werden seit 1812 Hengste aus der Rasse der »Mecklenburger« gezüchtet. Alljährlicher Höhepunkt für die Reiterwelt ist die Redefiner Hengstparade (s. u.).

Übernachten, Essen

Hier stimmt alles – **Restaurant »Ambiente« im Landhotel de Weimar:** Schlossstr. 15, Tel. 03874 41 80, tgl. 12–24 Uhr, warme Küche 12–14, 18–21 Uhr, www.landhotel-de-weimar.de, DZ 85–125 €, Hauptgericht 14–29 €, 5-Gänge-Menü 50–68 €. Saisonale Küche von allerbester Produktqualität. Eleganter glasüberdachter Hotelinnenhof; eine Augenweide ist die ansehnliche Obstbrandsammlung.

Aktiv & Kreativ

Fahrrad fahren
Zentral – **Fahrradverleih Karl-Heinz Winkelmann:** Lindenstr. 17, Tel. 03874 220 33.

Infos & Termine

Ludwigslust-Information: Schlossstr. 36, 19288 Ludwigslust, Tel. 03874 52 62 51/52, Fax 03874 52 61 09, www.stadt ludwigslust.de, 1. Mai–15. Sept. Mo–Di, Do–Fr 10–18, Mi 10–12, Sa–So 10–15 Uhr ohne Kartenservice, 16. Sept.–30. April Mo, Do 10–12, 13–16, Di 10–12, 13–18, Mi, Fr 10–12 Uhr.

Feste & Veranstaltungen
Redefiner Hengstparade: An allen Sept.-Wochenenden, s. S. 33.
Picknick-Pferde-Sinfoniekonzerte: an einem Wochenendtag im August, s. S. 32 u. 66.

Register

Register

Abbildungsnachweis/Impressum

Abbildungsnachweis

Bildagentur Huber, Garmisch-Partenkirchen: S. 11 o. re., 144/145 (von Dachsberg)

Bilderberg, Hamburg: S. 62, 73, 139, 159, 220, 232 li., 235, 238, 246 (Böttcher), 186 li., 189 (Knoll), 112 li., 115 (Ellerbrock), 12/13, 38/39, 121 (Engler)

DuMont Bildarchiv, Ostfildern/Peter Frischmuth, Hamburg: S. 26, 40, 56/57, 58, 66/67, 138 o. li., 148, 182/183, 199, 210/211, 264 re., 265, 272, 279, 282, Umschlagrückseite

Getty Images, München: S. 54 (Rosing)

IFA, München: S. 138 re., 154/155 (Lecom)

laif, Köln: S. 49 (Frommann), 74 (Kaiser), 9, 61, 76/77, 79, 103, 161, 172/173 (Kirchner), Titelbild (Lengler), 78 re., 96/97, 279 (Modrow), 15 (Müller), 36, 260, 264 li., 271 (Westrich),71 (Zanettini)

Monika Lawrenz,Woosten: S. 69, 112 re., 136/137, 232 re., 252/253

Angela Liebich, Leipzig: S. 10 o. li., 10 u. re.,10 u. li., 11 o. li., 11 u. li., 11 u. re., 50, 52/53, 90, 106/107, 113, 128, 130, 134/135, 170, 176, 178, 180/181, 187, 203, 206/207, 212 li., 213, 215, 225, 228/229, 233, 240, 243, 250/251, 259, 276/277

Look, München: S. 218 (age fotostock), 110/111, 160 re., 168 (Wohner)

Mauritius Images, Mittenwald: S. 17, 29 (imagebroker), 55 (Starfoto), 141 (age fotostock), 151 (Linke), 160 li., 163 (euroluftbild.de), 186 re., 197 (Krüger)

Okapia, Frankfurt a. M.: S. 92 (Wernicke)

Dr. Christiane Petri : S. 8, 25, 132, 142, 201, 242, 262

picture alliance/dpa, Frankfurt a. M.: S. 46/47 (Buchhorn), 125 (Büttner), 81 (Lade/Ott), 78 li., 86 (R. Schmid/Huber), 212 re., 222 (Wüstneck)

transit, Leipzig: Umschlagklappe vorn (Meinhardt), S. 194 (Hirth)

Kartografie

DuMont Reisekartografie, Fürstenfeldbruck

© DuMont Reiseverlag, Ostfildern

Umschlagfotos

Titelbild: Kanufahrer auf dem Labussee

Umschlagklappe vorn: Blühendes Rappsfeld bei Schwerin

Hinweis: Autorin und Verlag haben alle Informationen mit größtmöglicher Sorgfalt geprüft. Gleichwohl sind Fehler nicht vollständig auszuschließen. Alle Angaben erfolgen ohne Gewähr. Bitte, schreiben Sie uns! Über Ihre Rückmeldung zum Buch und über Verbesserungsvorschläge freuen sich Autorin und Verlag: **DuMont Reiseverlag,** Postfach 3151, 73751 Ostfildern, info@dumontreise.de, www.dumontreise.de

3., aktualisierte Auflage 2013

© DuMont Reiseverlag, Ostfildern

Alle Rechte vorbehalten

Redaktion/Lektorat: Katharina John, Susanne Pütz

Grafisches Konzept: Groschwitz/Blachnierek, Hamburg

Printed in China

MIX
Paper from
responsible sources
FSC
www.fsc.org
FSC® C002957